W0247943

NOS ANCÊTRES LES GAULOIS

Du même auteur

Les Gaulois
Sanctuaires et rites
Errance, 1986

Monnaies gauloises découvertes en fouilles
(textes réunis sous la dir. de J.-L. Brunaux et K. Gruel)
Errance, 1987

Guerre et armement chez les Gaulois
450-52 av. J.-C.
(avec B. Lambot)
Errance, 1988

Les Sanctuaires celtiques et leurs rapports
avec le monde méditerranéen
Actes du colloque de Saint-Riquier, 8 au 11 novembre 1990
(textes réunis par J.-L. Brunaux)
Errance, 1991

Les Religions gauloises
Rituels celtiques de la Gaule indépendante
Errance, 1996
Nouvelle édition revue, augmentée et illustrée, 2000

La Résidence aristocratique de Montmartin, Oise
Du IIIe au IIe siècle av. J.-C.
(avec P. Méniel et al.*)*
Éditions de la Maison des sciences de l'homme, 1997

Guerre et religion en Gaule
Essai d'anthropologie celtique
Errance, 2003

Cultes et sanctuaires en France à l'âge du fer
(avec P. Arcelin et al.*)*
revue « Gallia », Éditions du CNRS, 2003

Les Gaulois
Belles Lettres, « Guide Belles Lettres des civilisations », 2005

Les Druides
Des philosophes chez les Barbares
Seuil, 2006

JEAN-LOUIS BRUNAUX

NOS ANCÊTRES LES GAULOIS

ÉDITIONS DU SEUIL
27, rue Jacob, Paris VIe

Ce livre est publié dans la collection
L'UNIVERS HISTORIQUE
dirigée par Laurence Devillairs

ISBN 978-2-02-094321-5

www.seuil.com

Remerciements

L'auteur remercie chaleureusement
Laurence Devillairs qui a eu l'initiative de cet ouvrage
et lui a donné sa forme
et Camille Wolff qui en a fait la relecture
et lui a apporté de précieuses corrections.

Redécouvrir la Gaule

Notre époque n'hésite pas à recourir à des appellations issues du plus lointain passé. On s'injurie de nos jours en des termes qu'on pourrait croire obsolètes : « Gaulois », « Barbares ». Le sens attribué à ces qualificatifs est plus étrange encore. Le premier désignerait des Blancs, français depuis longtemps, et s'opposerait au second, regroupant une population plus bigarrée, définie par sa couleur de peau, sa qualité d'étranger ou de Français d'immigration récente. L'historien, qui sait qu'avant la Révolution française les habitants de ce pays, et plus précisément ceux d'origine noble, se revendiquaient comme les descendants des Francs et ne concédaient au tiers état qu'une lointaine origine gauloise, a tout lieu de s'en étonner et de méditer sur la vanité de l'espèce humaine, qui déclare les uns rois un jour et les mêmes simples mendiants quelques décennies plus tard. Lentement acquise dans l'Antiquité par les habitants de la Gaule, l'identité gauloise a ensuite sombré dans l'oubli pendant un millénaire et demi avant qu'elle ne devienne, aux époques moderne et contemporaine, un enjeu idéologique majeur pour les Français. Le langage qui s'empare une fois encore de ces notions anciennes, au lourd passé, prouve que les Gaulois n'ont pas déserté l'univers historique des Français et qu'ils continuent d'occuper leur imaginaire politique. Krzystof Pomian dans *Les Lieux de mémoire* l'a bien noté :

> L'importance accordée aux Gaulois par les Français est plus grande que celle dont ils créditent les autres peuples ayant habité jadis le territoire de la France, y compris les Francs mêmes. Il y a

là un trait qui singularise la mémoire française parmi celles des autres nations européennes, tout autant que l'importance accordée aux Germains singularise la mémoire allemande et l'importance accordée à Rome la mémoire italienne.

Il y a lieu cependant de s'interroger sur la matière de cette mémoire. De quoi est-elle faite ? Il y a quelques décennies, quand la Gaule était encore au programme des écoles et des lycées, le sociologue Henri Lefèvre donnait une première réponse qui reste toujours valide : « Qui n'a appris à l'école sur la Gaule et les Gaulois quelques formules fameuses, quelques stéréotypes ? » Les années ont passé et ces images, de nature très diverse, sont restées. De façon paradoxale, elles se sont même ancrées plus solidement encore dans les esprits, parce qu'elles ne sont plus seulement la mauvaise illustration d'un enseignement désuet mais comblent de façon satisfaisante les lacunes agaçantes de notre connaissance. Nous savons qu'il y eut jadis sur le sol de France des Gaulois mais nous ignorons qui ils étaient vraiment et ce que signifie, dans la réalité géographique, le terme de « Gaule ». C'est pourquoi l'homme du commun se raccroche à quelques idées reçues, parfois justes, rarement tout à fait fausses, mais presque toujours partiellement inexactes.

Les Gaulois seraient nos ancêtres. La Gaule de Vercingétorix préfigurerait la nation française. Mais les guerriers gaulois, bien que terribles combattants, auraient été trop querelleurs pour affronter unis l'invincible conquérante que fut Rome. D'ailleurs, la civilisation gauloise était trop en retard sur celle des conquérants pour résister. La Gaule était couverte de forêts et ses habitants vivaient dans de simples huttes. Même leur religion était l'héritière des plus lointains temps préhistoriques, leurs druides pratiquant encore les sacrifices humains.

Voilà, en quelques clichés, le bagage commun qu'à peu près chacun de nous possède sur le sujet. Il est bien léger, autant par le poids que par la qualité. Il paraît cependant suffire à beaucoup d'entre nous, parce que nous avons perdu l'appétit de ce genre de nourriture intellectuelle. Les historiens depuis près d'un siècle ont en effet déserté le terrain de la Gaule pour des raisons qu'il faudra expliquer. Quant aux spécialistes, les archéologues, les conservateurs de musée, les numismates et autres amateurs d'art antique, ils se sont repliés, les uns après les autres, sur leur pré carré, une tour d'ivoire d'où ils dominent les vastes terres de notre ignorance, mais où ils sont précisément inaccessibles : leur discours nous est incompréhensible et l'objet de leur préoccupation si étroit qu'il ne suscite guère l'intérêt. Les uns comme les autres manquent à leur premier devoir, celui de l'historien, qui est de susciter la curiosité et de lui répondre, par le récit ou par un questionnement attractif.

Il faut donc réinvestir cette histoire de la Gaule dont l'existence ne fut finalement qu'éphémère. Portée sur les fonts baptismaux en 1828 par Amédée, le frère du grand Augustin Thierry injustement demeuré dans son ombre, qui écrivit la première *Histoire des Gaulois*, elle n'a guère prospéré que pendant un siècle, jusqu'au dernier tome de l'*Histoire de la Gaule* de Camille Jullian en 1926. Autant dire qu'elle a disparu avant même d'atteindre sa maturité, puisqu'elle s'est seulement nourrie de la matière habituelle de l'histoire, les sources littéraires, sans avoir pu profiter d'autres matériaux – tous ceux, par exemple, que livre la pratique de l'archéologie et que les sciences les plus diverses auscultent sous leurs différentes facettes. On le voit bien, les idées reçues touchent aussi la discipline historique. Contrairement à ce que beaucoup croient, les historiens français n'ont pas toujours eu d'affection particulière pour ce lointain passé national. Ce n'est que tardivement (depuis le milieu du XIXe siècle) qu'ils se sont intéressés à la Gaule – et les Français avec eux –, et avec trop peu de conviction et de méthode pour que le sujet reste une étape obligée dans l'apprentissage des enfants. Ainsi la civilisation gauloise a-t-elle depuis quelques années disparu des manuels scolaires, tant à l'école primaire que dans l'enseignement secondaire. Sa connaissance n'est plus considérée comme l'un des fondamentaux culturels qui permettent à l'enfant de comprendre le monde où il vit. Il est vrai que la place fluctuante que la Gaule occupait dans les livres d'histoire, insérée artificiellement tantôt à la fin de la préhistoire, tantôt aux côtés des civilisations grecque et mésopotamienne, mais plus souvent intégrée à l'histoire de Rome, témoignait des difficultés que l'on éprouvait à la situer dans le tableau des civilisations anciennes. Difficultés chronologiques tout d'abord : comment expliquer qu'une société ancienne apparemment issue de la préhistoire ait pu tenir tête à la grande Rome ? Difficultés du jugement porté sur elle : comment illustrer en quelques phrases et quelques images la grandeur d'une civilisation qui n'usait pas de l'écriture, n'a laissé aucune œuvre d'art imposante pas plus qu'une architecture monumentale ? La solution la plus simple parut aux rédacteurs des récents programmes scolaires de passer sous silence la période historique et les hommes qui l'avaient animée. La décision n'est cependant pas sans conséquence.

En évacuant du champ historique officiel les cinq siècles du second âge du fer – nom scientifique donné à la période gauloise –, l'institution scolaire laisse entendre tacitement que la civilisation occidentale est presque entièrement l'héritière de la Grèce et de Rome, sources de la culture. Cela revient à nier tout génie propre aux peuples autochtones et à faire passer aux oubliettes de l'histoire les milliers d'années d'expérimentation des temps préhistoriques dont ce même âge du fer n'est que la conclusion encore anonyme. Aujourd'hui, alors que l'on découvre avec tellement de retard les bienfaits des sociétés primitives que, par une condescendance un peu honteuse, on qualifie de « premières », n'est-ce pas un peu court et, à coup sûr, paradoxal ? Pour être intéressantes ces sociétés primitives doivent-elles être forcément exotiques ? Et l'exotisme doit-il toujours rimer avec l'éloignement et le dépaysement ? C'est malheureusement probable. Ainsi le voit-on dans le domaine de l'histoire ancienne, précisément, où les cultures classiques sont maintenant délaissées au profit de l'Égypte pharaonique qui attire toutes les passions, même celle des plus jeunes. Or peut-on concevoir un univers imaginaire qui nous soit plus étranger et nous renseigne aussi peu sur notre propre environnement ?

L'exotisme n'a pas plus de sens en histoire qu'il n'en a en ethnologie. Flatter ce goût, c'est favoriser la démarche de l'amateur d'art, une forme de dilettantisme qui reste toutefois louable dans sa dimension d'ouverture à l'autre. Mais elle diffère grandement de l'approche raisonnée de l'historien qui tente de mettre les faits en perspective et obéit à d'autres nécessités qu'à celle du pur plaisir. L'historien se doit de décrire tous les acteurs et toutes les actions du passé, en quelque lieu que ce soit. Il n'a pas à privilégier les uns et les unes par rapport aux autres : dès que des hommes sont en jeu, chaque scène historique se vaut. Les jugements de valeur ne seront le fait que du lecteur qui trouvera à tel moment et à tel lieu plus d'intérêt qu'à d'autres, au seul gré de ses intérêts personnels. L'historien ne saurait attribuer de début à l'histoire. Pour lui, elle commence seulement là où elle se perçoit. Or sur le sol où nous vivons, l'histoire sous ses aspects sociaux, politiques, événementiels ne prend corps qu'avec la période gauloise, au VIe siècle avant notre ère précisément, quand des Grecs fuyant leur ville de Phocée viennent s'installer sur un lieu qui deviendra Marseille et découvrent dans leur réalité physique de nouvelles races d'hommes qu'ils ne connaissaient que par la légende. C'est ce qui fait tout l'intérêt de l'étude de la Gaule : l'histoire naissante des premières sociétés humaines identifiables qui ont habité des terres que nous foulons.

Contrairement aux Britanniques qui ont fait leurs les origines mixtes de leur peuplement, à la fois autochtones et continentales, à l'inverse des Allemands qui se revendiquent descendants des Germains, ou des Suisses qui se réclament des Helvètes, occupants pourtant temporaires des plateaux alpins, les Français ne se sont jamais pleinement approprié la Gaule. C'est une chance. Car dans l'environnement politique et ethnique qui est celui de l'Europe actuelle, ils peuvent maintenant le faire avec une plus grande sérénité et sans courir le risque de sombrer dans un patriotisme historique qui serait à la fois un non-sens et un obstacle à la bonne compréhension d'un passé qu'ils doivent partager avec plusieurs de leurs voisins : Anglais, Belges, Hollandais, Allemands, Suisses et Italiens, comme eux héritiers lointains des peuples gaulois. Longtemps, très longtemps même, les Français ne se sont nullement considérés comme les descendants des Gaulois. Ils furent tout d'abord des Francs avant de devenir des Français, autrement dit les habitants de la *Francia occidentalis*, fraction de l'ancien empire de Charlemagne ou première France. Mais déjà régnait parmi ces Francs un mythe des origines qui nous paraît aujourd'hui surprenant mais qui fut aussi partagé par les Romains et les Bretons de Grande-Bretagne. On en trouve la plus ancienne version dans la *Chronique* dite « du pseudo-Frédégaire », rédigée au VIIe siècle. Selon elle, les Francs seraient d'origine troyenne. Partis après la destruction de leur ville, ils auraient traversé l'Asie et l'Europe sous la direction d'un certain Francion qui aurait donné son nom au peuple. Il ne s'agit que d'un pastiche assez médiocre de l'histoire d'Énée, imaginée par Virgile. Elle en avait le même but, octroyer une origine grecque à ceux qu'on déclarait descendants des Troyens.

Curieusement, la légende connut un succès considérable et il fallut attendre la Renaissance pour que les humanistes la remettent en cause, avec grande difficulté. Car lorsque Nicolas Fréret exposa officiellement en 1714 devant Louis XIV la théorie selon laquelle les Francs étaient un peuple germanique qui s'était installé de force en Gaule en soumettant un peuple indigène, gaulois donc, d'où dérivait l'immense majorité du peuple français, une certaine émotion fut perceptible. Celle du roi se traduisit par l'ordre d'embastiller quelques mois l'iconoclaste. S'ensuivit une période confuse au cours de laquelle la noblesse française revendiqua pour elle seule l'ascendance franque qui justifiait sa position et ses droits, tandis que l'origine gauloise était reconnue à ce qui allait devenir le tiers état. Et ce n'est qu'avec la Révolution française qu'on osa résolument se réclamer d'une ascendance gauloise, en invitant les nobles, qui justifiaient leurs privilèges par leurs racines franques, à retourner « dans leurs forêts de Franconie ». Cependant, même cette libération d'une pesante histoire officielle ne déclencha pas immédiatement un intérêt manifeste pour la Gaule préromaine. Il fallut attendre encore une trentaine d'années avant qu'Amédée Thierry ne publie son ouvrage majeur et ce n'est que dans la seconde moitié du XIXe siècle que les politiques s'emparèrent de cette origine gauloise qui devenait tout à coup providentielle : elle distinguait, au plus profond, les Français, fils des Gaulois, des Allemands, fils des Germains.

La découverte des Gaulois arrivait toutefois trop tard. Depuis la Renaissance, les Français avaient appris à aimer l'Antiquité gréco-romaine. Ils avaient reconnu les monuments spectaculaires qu'elle avait laissés sur leur sol : le pont du Gard, les arènes de Nîmes et d'Arles, le théâtre d'Orange, la Maison Carré de Nîmes et le temple d'Auguste et de Livie à Vienne, ainsi que tant d'autres témoignages architecturaux moins impressionnants mais tout aussi attachants parce que disséminés sur la totalité du territoire. Toutes les places fortes antiques, même celles que les archéologues ont reconnues plus tard comme des constructions celtiques, étaient depuis longtemps portées au compte du seul César. Les uniques témoignages que les populations rurales attribuaient aux Gaulois étaient les menhirs, dolmens et autres alignements de pierre dont précisément, en ce XIXe siècle, les archéologues révisaient la chronologie : ils les retiraient aux Gaulois pour les rendre définitivement à leurs lointains prédécesseurs de l'époque néolithique. Ainsi ne fut-il guère facile aux historiens de donner une matérialité à un peuple aussi ancien qui n'avait transmis aucun document écrit sur lui-même, n'avait laissé derrière lui aucun héritage prestigieux, que ce soit en matière d'art, d'architecture ou d'aménagement du territoire. Comment faire comprendre à la population française de la fin du XIXe siècle que des hommes aussi dénudés pouvaient avoir possédé une civilisation brillante, à l'égale de celle des Gréco-Romains dont les vestiges étaient encore omniprésents dans les canons artistiques, et dans la majorité des cartons architecturaux ?

En l'absence des témoignages matériels que les archéologues ont depuis découverts et attribués aux Gaulois, les historiens ne disposaient que de quelques textes littéraires, dus pour la plupart à César, des descriptions vagues et incomplètes et surtout, déjà, des lieux communs qui circulaient à Rome sur le compte de leurs bouillants voisins. Les constructions imaginaires auxquelles ils parvinrent étaient de qualité médiocre, peu réalistes et peu vivantes. Elles n'inspirèrent même pas les romantiques, pourtant avides d'un passé étrange et exotique. Seuls les idéologues de la Troisième République se passionnèrent pour ces ancêtres dans lesquels ils voyaient des précurseurs de la nation française et un exemple à méditer : les Gaulois, trop divisés, avaient perdu face à l'ennemi. Mais même cette exploitation patriotique du modèle gaulois ne parvint pas à le rendre vraiment populaire auprès d'une population qui en avait toujours des images inauthentiques : figure du guerrier moustachu sur les placards publicitaires, les affiches de propagande et la statuaire héroïque de la Première Guerre mondiale.

Après le second conflit mondial, historiens et archéologues se trouvèrent désemparés face à ces créatures du passé qui leur avaient échappé. Les habits dont elles étaient revêtues leur paraissaient trop étroits et démodés. Mais il semblait impossible de les ôter. Telle est la force des idées reçues que la science elle-même se croit parfois impuissante à les combattre. En l'occurrence, il ne s'agissait pas exactement de science mais seulement d'une histoire renouvelée et d'une archéologie enfin adulte. L'une et l'autre ne se sentaient probablement pas assez sûres d'elles pour affronter un terrain d'étude aussi fangeux. Elles préférèrent élargir leurs perspectives en ne considérant plus seulement les Gaulois historiques mais l'ensemble plus vaste de peuples indo-européens que la linguistique comparative commençait à mettre en évidence, les Celtes. Ces derniers avaient l'avantage sur les Gaulois d'être les acteurs quasi anonymes d'une histoire que la chronologie (le premier millénaire avant notre ère) et l'espace géographique (l'Europe, de la mer Noire aux îles Britanniques) paraissaient rendre commune. Cet anonymat virtuel n'était pourtant qu'un leurre. Il ne préservait pas les Celtes de futures appropriations idéologiques et leur ôtait une grande partie de leur historicité. Essentiellement porteurs d'une culture matérielle commune – l'art et l'armement surtout –, les Celtes n'offrent guère d'attrait pour le discours historique. Les purs historiens se sont progressivement détournés d'eux et ont seulement appris à jongler avec les termes de « gaulois » et de « celtique », quand cela leur était nécessaire, dans l'histoire méditerranéenne antique notamment.

En revanche, ce sujet d'étude élargi a fait naître une nouvelle forme de celtomanie, plus seulement folklorique ou patriotique, comme elle l'avait été dans les îles Britanniques et en Bretagne aux XVIIIe et XIXe siècles, mais théorique et idéologique. Elle répandit un discours aux allures scientifiques qui affirmait qu'une même entité de peuplement avait occupé l'Europe continentale au premier millénaire avant notre ère, partageant la même langue, les mêmes conceptions religieuses, la même culture matérielle, les unes et les autres laissant de profondes traces dans la civilisation occidentale, encore perceptibles de nos jours. En ancrant l'origine du peuplement celtique dans la préhistoire indo-européenne, cette théorie en suggérait la naissance et le développement sur place. Elle faisait des Celtes les plus anciens habitants d'Europe, reconnaissables à leur langue et à leur tradition spirituelle et religieuse communes. Or ces deux éléments sont des concepts très vagues. Pour le premier, il s'agit de l'appartenance à un groupe vaste et ramifié de langues celtiques. Quant au second, il se réfère à des croyances aussi peu originales que l'observation de la course du Soleil et l'établissement de fêtes à ses étapes remarquables, les solstices et les équinoxes. Mais cela a paru suffisant pour considérer comme d'authentiques Celtes les habitants actuels des régions les plus occidentales d'Europe, celles qui auraient le mieux résisté non seulement à Rome, mais aussi au christianisme. Il est aisé de saisir le danger d'un tel discours : il laisse croire qu'il y aurait un peuplement naturel de l'Europe, qui assurerait l'harmonie avec les pays sur lesquels il s'étendait. Migrations et colonisations ne seraient donc que des accidents de l'histoire, des atteintes à une prétendue pureté celtique.

Ce discours se diffusa largement pendant la seconde moitié du XIXe siècle, surtout sous l'action des archéologues qui parurent lui donner une caution scientifique, en abandonnant toute référence aux Gaulois, même à propos des habitants de l'ancienne Gaule à la période préromaine. Il ne rencontra cependant de succès qu'auprès des spécialistes et des adeptes de la celtomanie. Le grand public n'y trouva pas son compte. Il se demande encore ce que sont devenus « ses » Gaulois dont beaucoup gardent le souvenir certes flou, mais attachant. Quel est le rapport entre ces nouveaux Celtes et les constructeurs de mégalithes dont on croyait, il y a peu encore – une certaine bande dessinée en perpétue le mythe –, qu'ils étaient gaulois ou celtes ? Ainsi, beaucoup seraient bien incapables de dire quand les Celtes apparaissent dans l'histoire, quand ils en disparaissent et quels sont leurs rapports avec les Gaulois dont le nom comme l'image ne se sont heureusement pas totalement éteints. À ces confusions très répandues, les savants ont cru porter remède en procédant à des distinctions entre les différents Celtes : Celtes historiques, Celtes du premier âge du fer, Celtes linguistiques, etc. Il ne semble pas que ces subtilités aient atteint leur but et qu'elles permettent de répondre à des questions insidieuses que la théorie celtique fait elle-même émerger : les Germains, certaines populations nordiques, les Illyriens, sont-ils des Celtes ? Ne confond-on pas, finalement, appellation ethnique et culture matérielle ? Or justement cette dernière, dans sa technologie des armes, des outils, des véhicules terrestres, a connu un succès indéniable non seulement auprès des « Barbares » d'Europe centrale et du Nord, mais aussi chez les Illyriens, les Étrusques et les populations italiques qui les ont largement adoptés, sans pour autant devenir elles-mêmes des populations celtiques.

Le plus simple n'est-il pas de revenir à l'appellation que les acteurs historiques eux-mêmes utilisaient pour désigner les hommes qu'ils avaient à décrire, à combattre, puis à administrer, autrement dit les « Gaulois », et de ne réserver la dénomination de « Celtes » qu'aux populations qui leur sont parentes et périphériques mais que l'histoire a laissées dans l'anonymat ? La plus ancienne mention qu'on possède du terme de Gaulois sous la forme *Gallei* paraît être une mention sur les actes triomphaux de Rome où elle est associée au triomphe de Camille, vainqueur des Gaulois en 385 avant J.-C. Il ne fait guère de doute que c'est sous ce nom que les premiers migrants franchissant les Alpes à la fin du ve siècle pour occuper les rives du Pô se sont fait connaître des populations italiques. Il s'agissait soit du nom de la confédération qu'ils avaient formée pour se déplacer et combattre à l'étranger, soit d'un nom de guerre. Le mot lui-même a pu ensuite servir d'appellation au coq, *gallus* en latin, de la même manière que les Grecs appelaient le volatile *mèdos* ou *persikos*, par une allusion moqueuse à leur ennemi héréditaire, les Perses ou Mèdes. Dès le IVe siècle, le terme de « Gaulois » désigne pour les Romains tous les peuples celtiques nouvellement installés entre les Alpes et les Marches. Ce pays, très vite, sera appelé *Gallia*, tandis que les mêmes Romains prendront conscience de l'existence d'autres Gaulois vivant au nord des Alpes et plus nombreux encore que ceux de la péninsule, des cousins, auxquels ces derniers font appel pour lutter contre Rome. Il y a dès lors pour eux deux *Galliae*, l'une dite « cisalpine » et l'autre « transalpine ». Les historiens et géographes grecs ne tarderont pas à s'apercevoir que cette dernière n'est autre que la *Keltiké*, le territoire occupé par les indigènes que rencontrèrent les Phocéens qui fondèrent Marseille. Peu à peu donc, entre la fin du VIIe et celle du Ve siècle, les Gaulois sont lentement mais sûrement sortis de l'anonymat de la préhistoire pour entrer dans la pleine lumière de l'histoire.

Sur les populations celtiques extérieures à la Gaule au sens large – d'Ancône aux rives du Rhin –, il n'est pas possible de tenir un discours historique, car nous ne connaissons ni le nom de leurs principales entités ni celui qu'elles donnaient à leur territoire. Nous ne savons rien non plus des étapes de leur formation ethnique, encore moins de leur organisation politique. Mais il en va tout différemment des Gaulois qui ont commercé très tôt avec les Grecs, ont combattu précocement les Romains, ont établi des traités commerciaux et politiques avec les uns et les autres, au point d'entrer plusieurs siècles avant le début de notre ère dans les archives officielles de ces États. Certes, on a dit à juste raison que nous ne connaissions l'histoire de ces Gaulois qu'à travers celle de leurs voisins du monde méditerranéen, ce qui les a fait placer dans une catégorie particulière de la préhistoire, la « protohistoire » – une histoire en demi-teinte en quelque sorte, parce qu'elle serait celle de l'Autre. Ce n'est que partiellement justifié. Les Gaulois eux aussi ont pratiqué leur propre histoire, parce qu'ils en ressentaient le besoin, et avec leurs méthodes personnelles, comme les Perses qui rédigèrent leur histoire bien avant que les Grecs ne songent à coucher la leur par écrit. César nous apprend en effet que les druides conservaient la mémoire des grands événements de chaque peuple, notamment les différentes étapes de ses migrations. Ils avaient plaisir, pour des raisons religieuses, à noter les anniversaires. Les Gaulois ne sont donc pas un peuple sans histoire, ainsi qu'on le dit de certaines civilisations «primitives». Celle-ci ne s'est pas conservée. Mais elle existe – évidemment sous une autre forme – dans celle de ses deux plus prestigieux voisins, les Grecs et les Romains. La documentation est présente, hétérogène, mais abondante. Incomplète par nature, l'histoire des Gaulois ne l'est pas moins que celle des Étrusques, par exemple. Aujourd'hui, elle peut en outre être enrichie par l'exploration d'éléments qui n'ont guère été mis à son service jusqu'à présent, ceux révélés par l'archéologie, et profiter d'une discipline qui n'est pas nouvelle mais n'a guère été appliquée au corpus des textes concernant les Gaulois, la philologie.

L'archéologie livre des documents matériels, habituellement les objets de la vie quotidienne et les parures et accessoires accompagnant le mort dans sa sépulture. Mais depuis quelques décennies, la réalité de cette civilisation disparue s'élargit à d'autres objets moins nobles mais tout aussi instructifs : vestiges osseux, restes végétaux (graines, pollens, bois), ainsi même que les traces qu'ont laissées dans le sol les travaux agricoles, l'activité des animaux, les transformations produites par la végétation. L'habitat, l'agriculture, l'artisanat, le commerce, la vie quotidienne des populations passées deviennent ainsi progressivement des réalités que l'on peut apprécier par des exemples concrets, des statistiques, des comparaisons entre régions. Loin de s'opposer aux sources littéraires comme un domaine autonome, la réalité archéologique en est le prolongement naturel. Elle nous parle de ce que les historiens antiques taisent, soit que les événements historiques n'en aient cure, soit que cet épiderme d'une civilisation leur ait paru inintéressant ou trop commun. Mais on sait maintenant qu'une grande part de la vérité d'un peuple réside dans la physiologie de ses individus, dans leurs conditions d'existence et leur comportement quotidien. On est donc en droit d'espérer que les textes anciens et les produits de l'archéologie se complètent. Ils le feront d'autant mieux que la philologie peut accorder leurs sonorités propres sur deux plans, celui de la chronologie et celui de l'espace.

Le philologue se donne pour mission, entre autres, de remonter au texte le plus ancien qui a ensuite généré une série de copies plus ou moins respectueuses. Ce faisant, il permet de dater et parfois localiser – plus ou moins précisément – des textes qu'on croyait généralement beaucoup plus tardifs. Ainsi en est-il de la description de la société gauloise par César, directement recopiée de l'œuvre de Poseidonios d'Apamée qui écrivit au début du Ier siècle avant J.-C. en utilisant parfois des matériaux littéraires tirés d'auteurs plus anciens, tels que Timée de Taormine qui a vécu au début du IIIe siècle. De telles précisions changent totalement le regard que l'on portera sur une œuvre aussi précieuse que la *Guerre des Gaules* pour la compréhension de la civilisation gauloise. Elles bouleverseront aussi l'utilisation qu'on en fera : nous savons maintenant que le récit proprement guerrier que fait César est une source documentaire de première importance pour l'histoire du Ier siècle avant notre ère, tandis que les chapitres ethnographiques du livre VI sont la plus importante contribution historique à notre connaissance des IIIe et IIe siècles. Cette utilisation concertée de sources documentaires qui, jusqu'à présent, s'ignoraient va cependant bien au-delà de la simple complémentarité, elle crée un dialogue ou plutôt un mutuel jeu d'éclairage entre les traces qu'ont laissées les faits et les mots pour les décrire. Ainsi l'armement des Gaulois décrit très précisément par Strabon au début de notre ère et qui s'avère datable du début du IIIe siècle grâce à des découvertes archéologiques récentes, prouve que la source littéraire initiale est due soit à Timée, soit à un autre auteur contemporain, comme le présumaient déjà les philologues.

La Gaule demeure donc entièrement à redécouvrir. Encore faut-il poser sur elle un regard neuf, autrement dit sans préjugé, sans idées préconçues. Il faut au préalable se débarrasser de toutes nos idées reçues sur le sujet, et elles sont fort nombreuses. C'est ce que propose cet ouvrage, de façon un peu systématique. Nous avons sélectionné une quinzaine de lieux communs qui regroupent tout le pseudo-savoir sur la Gaule constitué au cours du XIXe siècle et qui a persisté jusqu'à nos jours. À travers les sujets étudiés, c'est un panorama de la civilisation gauloise qui se dessine. À chaque lieu commun nous apportons une réponse en deux parties : nous expliquons l'origine et l'évolution dans le temps de l'idée reçue avant de faire le point des connaissances actuelles sur le sujet abordé.

Nota bene : Il est préférable de procéder à une lecture linéaire, du début à la fin, car, pour éviter les redites, des notions essentielles à la compréhension d'un sujet ne sont pas systématiquement exposées de nouveau dans les chapitres suivants. Cependant, à ceux qui seront tentés par une lecture aléatoire, en picorant à la faveur de thèmes qui les inspirent, nous conseillons de se reporter aussi à l'index qui leur permettra de retrouver aisément les informations complémentaires.

PREMIÈRE PARTIE

La Gaule
Le pays qui préfigure la France ?

CHAPITRE I

La Gaule est-elle la France ?

L'idée reçue la plus tenace sur la Gaule, même si elle est rarement exprimée sous cette forme quelque peu caricaturale, veut que Gaule et France soient une même entité géographique. Pour beaucoup il ne fait aucun doute que la Gaule, à quelques détails près – des nuances sans conséquence –, avait à peu près les frontières qui sont celles de la France actuelle. Cette idée relativement simple a évidemment des conséquences sur les plans de l'histoire et de la politique : certains se sont plu à imaginer qu'une telle identité territoriale est le fruit d'une histoire continue qui lierait en un même mouvement les deux extrémités de cette chaîne, la Gaule, quelque part du côté des origines et, à l'autre bout, la France que nous connaissons. Poussant le raisonnement à son extrême, d'aucuns n'hésitent pas à affirmer que le pays France s'est formé dès son origine gauloise. Il serait, sous sa configuration territoriale actuelle, l'un des plus vieux pays du monde, ce qui justifierait sa place privilégiée sur la scène internationale.

On sait ce qu'a généralement de factice une telle revendication des origines pour des pays encore plus anciens, tels que l'Égypte ou la Chine. Mais qu'en est-il pour la France ? Sommes-nous prêts à accepter la réalité historique ?

Il est toujours bon, pour comprendre une idée reçue et lui apporter une réponse, de rechercher sa source et suivre son cheminement au cours du temps. Nous avons vu dans l'introduction que l'intérêt pour la Gaule et les Gaulois était chose relativement récente. Il n'a guère pris vie qu'au cours du XIXe siècle et trouve son apogée au début du siècle dernier, avant et après la Première

Guerre mondiale. Pendant tout le Moyen Âge, les habitants de ce qui s'appelait encore *Gallia*, avant de devenir la France, n'avaient aucun moyen d'invoquer une origine antérieure à celle des Francs. L'histoire demeurait amplement généalogique, elle pouvait remonter jusqu'à l'Empire romain d'Occident mais pas au-delà. C'est pour cela, comme nous l'avons vu, que le mythe absurde mais courant d'une souche troyenne put connaître un succès qui nous semble aujourd'hui incompréhensible. La Renaissance, là comme ailleurs, provoqua un profond bouleversement des mentalités qui ne fut cependant pas immédiatement perceptible. Les humanistes rassemblèrent, éditèrent et traduisirent la plus grande partie de la littérature antique, grecque et latine, et découvrirent du même coup une documentation nouvelle, considérable et sulfureuse sur l'histoire ancienne de l'Europe occidentale. Ils comprirent en effet que la France avait été tout d'abord occupée par les Gaulois qui furent conquis par César avant que les Romains eux-mêmes ne soient battus par ceux qu'on appelait du terme général de « Francs » – en réalité des populations barbares venues d'outre-Rhin. Une telle réalité était difficile à accepter. Rabelais et Ronsard se contentèrent de moquer gentiment la thèse de l'origine troyenne. Mais les choses n'allèrent guère plus loin.

Il fallut attendre le début du XVIIIe siècle pour qu'un grand savant plein d'audace, Nicolas Fréret, rétablisse la vérité au grand jour : les Francs sont un peuple germanique installé par force aux dépens d'une population antérieure à laquelle appartenait l'immense majorité du peuple français. Son *Mémoire sur l'origine des Francs*, lu devant le roi Louis XIV, lui valut un embastillement provisoire et ne fut publié qu'en 1796. Il était difficile pour la noblesse de reconnaître qu'elle descendait de Barbares. Néanmoins, très rapidement, un autre historien, pourtant très lié à Fréret, Henri de Boulainvillers, retourna les thèses de ce dernier au service de la suivante : selon lui, seule la noblesse d'épée, directement issue des Francs, avait le droit légitime d'exercer le pouvoir grâce à cette filiation, tandis que le peuple, descendant des Gaulois vaincus par les Francs, ne pouvait prétendre à quelque autorité. Autant dire que les Gaulois étaient vus par les derniers prétendants du système féodal comme la lie des Barbares, vaincus à deux reprises par les Romains puis par les Francs. Seuls des événements politiques importants, bouleversant radicalement la structure de la société française, pouvaient modifier l'image négative de l'ancienne population gauloise. Ils se produisent à partir de 1789 avec la Révolution française. L'abbé Sieyès, faisant fi de son appartenance à l'ordre ecclésiastique, assimile le tiers état à l'ensemble du peuple et revendique fièrement pour lui l'origine gauloise. Les Gaulois, selon ses propres termes, seraient les « racines du peuple ». On sait qu'il lutta pour la réunion des trois ordres et pour le remplacement de l'appellation « états généraux » par celle d'« assemblée nationale ».

Si les idées des historiens sur l'origine gauloise des Français ne sont pas encore populaires, elles cheminent néanmoins dans l'esprit de quelques révolutionnaires. C'est certainement le cas de Danton qui, allant au bout des idées de Sieyès, trouve dans l'œuvre que Jules César consacra à sa conquête de la Gaule des arguments de poids pour justifier les frontières qu'il veut donner à la nouvelle France, celle qui combat les vieilles royautés européennes. « Les limites de la France sont marquées par la nature. Nous les atteindrons dans leurs quatre points : à l'Océan, au Rhin, aux Alpes et aux Pyrénées », écrit-il. Comme nous le verrons, ce sont exactement les « limites naturelles » que César, à la suite des géographes grecs, donne à la Gaule. Chargé d'une mission en Belgique, Danton plaidera pour l'annexion de celle-ci à la France, ce qui sera chose faite en 1794, après la bataille de Fleurus.

Pour autant, l'ascendance gauloise ne parvient pas encore à s'imposer dans les esprits. Peut-être tout simplement parce qu'il n'existe pas d'école publique et que les anciens manuels, souvent rédigés par les ecclésiastiques, continuent de diffuser les théories chères à l'Ancien Régime. En 1807, l'abbé Louis-Pierre Anquetil, un assez mauvais historien, a néanmoins le mérite d'écrire une *Histoire de France* qui commence aux Gaulois. Il ne fait guère qu'y résumer les passages les plus importants de l'œuvre de César. Le signal est cependant donné pour une nouvelle approche de ce pan inexploité de l'histoire antique. Un historien va s'en charger avec sérieux et obstination, Amédée Thierry. Il publie en 1828 son *Histoire des Gaulois depuis les temps les plus reculés jusqu'à l'entière soumission de la Gaule à la domination romaine*. C'est un ouvrage remarquable et volumineux qui fut réédité pendant presque tout le XIXe siècle. L'auteur, dans une synthèse incomparable pour son époque, met en œuvre tous les matériaux qu'il a pu rassembler, c'est-à-dire la presque totalité des textes antiques concernant la Gaule et les Gaulois. Il en tire un tableau très complet de leur civilisation et en brosse l'histoire, selon une chronologie déjà définitive. Le travail est si parfait que, jusqu'à Jullian quasiment, la plupart des historiens ne feront qu'y puiser, sans prendre la peine de vérifier par eux-mêmes les sources qu'il cite.

Amédée Thierry est le premier à développer l'idée que la Gaule et la France sont un même pays et une même patrie, à travers des figures héroïques qui ont marqué les débuts de leur histoire. Il dresse les portraits individuels de quelques Gaulois prestigieux, pour la plupart ceux qui ont résisté au conquérant romain, Vercingétorix au premier plan mais aussi Commios l'Atrébate et Corréos le Bellovaque. Il fait même de la présence de ces grands acteurs de l'histoire une distinction importante entre Gaulois et Germains : « [Nous trouvons] à chaque page de l'histoire des Gaulois, des personnages originaux qui excitent vivement et concentrent sur eux notre sympathie, en nous faisant oublier les masses, tandis que, dans l'histoire des Germains, c'est ordinairement des masses que ressort tout l'effet. » C'est lui qui fait la véritable découverte de Vercingétorix, en en faisant une figure éminemment charismatique qu'il n'hésite pas à qualifier de « patriote gaulois ». Pour Amédée Thierry, l'idée de patrie garde beaucoup de son sens littéral, celui qui établit une filiation directe et réelle entre Gaulois et Français. Il l'indique très clairement dans son introduction : « Français, il [l'auteur] a voulu connaître et faire connaître une race de laquelle descendent les dix-neuf vingtièmes d'entre nous Français [...] [en puisant] dans les annales de vingt peuples, les titres d'une famille qui est la nôtre. »

Cette œuvre, très diffusée dans les milieux littéraires et enseignants, ne put cependant rencontrer une audience vraiment populaire en raison de son caractère trop volumineux et de sa forme trop scientifique : Amédée Thierry a pris soin d'indiquer les références de toutes ses sources antiques – une véritable mine d'or pour ses successeurs. Il faut donc attendre un autre littérateur qui était aussi un homme politique de premier plan – on ne saurait à son propos parler d'authentique historien au sens où nous l'entendons aujourd'hui – en la personne d'Henri Martin. Celui-ci, au cours de sa longue carrière, publie d'innombrables ouvrages littéraires et historiques, dont beaucoup relèvent d'ailleurs des deux genres, mais surtout plusieurs *Histoire de France*, dont la plus célèbre, publiée en dix-neuf volumes de 1837 à 1854, connut un énorme succès récompensé par des prix, et valut à son auteur d'entrer à l'Académie des sciences morales puis à l'Académie française. Grand admirateur de Thierry qu'il n'hésite pas à piller, il fait dans ses ouvrages une place importante à la Gaule et aux Gaulois. Il reprend d'ailleurs, jusqu'à la caricaturer, l'idée que l'histoire est faite par les grands hommes et que la succession dans le temps de telles figures héroïques est le ciment de la patrie française. Sans doute se place-t-il à l'extrémité de cette chaîne. Il écrivit les différentes versions de son *Histoire de France* entre 1830 et 1870, c'est-à-dire au cours d'une période marquée par trois révolutions et le coup d'État de Louis-Napoléon Bonaparte, où lui-même connut une activité politique intense. Il vit donc plus l'histoire qu'il ne l'étudie de façon savante, aussi écrit-il : « La France nouvelle, l'ancienne France, la Gaule sont une seule et même personne morale. » Il s'estime, avec ses contemporains français, descendant des Gaulois : « Le caractère des Gaulois a subsisté chez nous tous, comme leur sang a passé de génération en génération jusque dans nos veines. » Il instaure entre leurs ancêtres et les Français du XIXe siècle une véritable relation physique. Son œuvre qui tient plus du raccourci que de la synthèse, plus de l'image presque caricaturale que du tableau raisonné, lui permet de populariser les Gaulois jusque dans le peuple, ce que n'avait pas fait Michelet qui n'éprouvait guère d'intérêt pour ces lointains habitants de la France. Il y parvient d'autant mieux qu'il a l'idée, révolutionnaire pour l'époque, de faire une édition très illustrée de son *Histoire* et de l'ériger en modèle pour les premiers manuels d'instruction publique.

Dès le milieu du XIXe siècle, il ne fait donc plus de doute, aussi bien pour les historiens que pour le peuple cultivé, que les Gaulois sont les plus anciens ancêtres des Français et que le pays avait, dès cette époque, acquis les frontières qui étaient les siennes, à quelques exceptions près – la Belgique, dont certains historiens n'avaient pas beaucoup apprécié l'identité gauloise que lui avait attribuée Amédée Thierry, par exemple. Ces idées simples s'installent doucement dans l'opinion populaire, sans grande nouveauté, jusqu'à la guerre de 1870, à l'exception de l'apport de l'archéologie considérablement encouragée par la passion que lui voue l'empereur. Les fouilles qu'il engage en de multiples points du territoire donnent enfin une matérialité à ce qui n'était qu'idée ou image. De nombreuses fortifications que la croyance populaire attribuait au grand César sont rendues aux Gaulois. Leurs sépultures sont révélées au grand jour, jusqu'à l'ancienne capitale des Éduens, Bibracte, qui surgit des hauteurs embrumées du Mont-Beuvray. Des musées sont créés où l'on peut admirer les œuvres qu'ont produites l'art et l'artisanat de nos ancêtres. Les numismates découvrent avec frénésie des monnaies qu'ils attribuent généreusement – et souvent sans le moindre début de preuve scientifique – à tous les anciens peuples de la Gaule. Les Français commencent à s'adonner à une passion que les Italiens pratiquent depuis toujours et les Anglais depuis quelques siècles déjà : l'amour de leurs antiquités nationales.

Mais l'époque très troublée que constitue pour les relations internationales la seconde moitié du XIXe siècle colore la revendication de la patrie gauloise de nouvelles connotations lourdes de sens. Le débat sur les nationalités et leur représentation en termes de pays, qui agite un grand nombre d'États et de peuples européens pour aboutir aux grands conflits de la fin de ce siècle et du début du suivant, conforte les Français sur deux points alors en question, la réalité d'une nation française profondément ancrée dans l'histoire et la légitimité des frontières du pays. Avec les Anglais, ils sont les seuls à jouir d'une telle assurance qui sera pourtant remise en cause par la perte de l'Alsace et de la Lorraine. Dès lors, l'idée d'une patrie, associée depuis quelque temps à celle d'une nation – l'une et l'autre trouvant leur fondement chez nos plus lointains ancêtres –, est teintée d'un antigermanisme qu'on cherchera également à expliquer par l'histoire, précisément celle des temps les plus anciens qui nous intéressent: les Français descendent des Gaulois, peuple fort de l'Antiquité qui fit trembler Rome et la Grèce, avant de bénéficier de la culture gréco-latine, tandis que les Germains ont toujours été des Barbares que Rome elle-même a renoncé à coloniser. Curieusement, la défaite de Sedan puis le siège de Paris provoquent de nouvelles comparaisons avec les Gaulois, précisément avec les événements de la guerre des Gaules. L'invasion du Nord de la France par les Prussiens est assimilée à celle de la Gaule par les Romains, même si les comparaisons terme à terme ne s'imposent pas d'elles-mêmes. On a un peu de mal à voir dans Bismarck l'image de César et dans Napoléon III celle de Vercingétorix. On préfère d'ailleurs retrouver ce dernier dans la figure héroïque de Gambetta. Cette idéologie patriotique connaît évidemment son apogée avec la Grande Guerre. Les fameux poilus sont tenus pour les descendants directs des guerriers gaulois – c'est ce que diront plus tard quelques monuments aux morts –, ils arborent les mêmes moustaches et la même expression volontaire que donnaient à leurs ancêtres les gravures des premiers manuels scolaires.

L'entre-deux-guerres et le second conflit mondial n'apportent guère d'éléments neufs. La Gaule et la France apparaissent avec plus de force encore comme une même entité géographique. Le retour tant attendu de la frontière orientale sur le Rhin en est la preuve indubitable. Les Gaulois sont toujours considérés comme nos ancêtres, même si l'on sait désormais, grâce aux progrès des études préhistoriques, qu'ils ne sont pas les premiers. Ce sont plutôt les décennies qui suivent et qui closent le deuxième millénaire, peut-être sous l'influence de la construction européenne, qui modifieront sensiblement ce discours. Les savants, ainsi que nous l'avons indiqué en introduction, se détournent de plus en plus sûrement des Gaulois pour ne plus donner comme cadre à leurs études que le vaste ensemble ethnique auquel ils appartenaient, autrement dit les Celtes. Ce point de vue, plus chronologique et plus scientifique en apparence, permet d'éviter l'écueil des conflits idéologiques et des récupérations politiques qui ont marqué les recherches sur la Gaule depuis le début du XIXe siècle. Mais si on parle moins de Vercingétorix et si les plus jeunes le confondent parfois avec un autre héros, de bande dessinée cette fois-ci, Astérix, il n'en demeure pas moins évident pour chacun d'entre nous que cette Gaule, à la fois si proche et si étrange, préfigurait bien la France dans ses limites – les mêmes depuis plus de vingt siècles – et dans ses variétés régionales qui, elles, ont traversé l'histoire.

Nous venons de voir la lente naissance de ce mythe et en avons retracé les grandes lignes de son histoire. Il est temps de se demander s'il possède un réel fondement. Autrement dit, y a-t-il eu, au cours des cinq derniers siècles qui ont précédé notre ère, une entité géographique qui s'appelait Gaule dont les habitants reconnaissaient qu'elle était leur pays, tout autant que les peuples qui les entouraient ? Pour répondre à cette question, nous ne disposons que d'un seul moyen, l'analyse des textes géographiques et historiques écrits par les contemporains des Gaulois à propos du territoire que ceux-ci occupaient. Les informations que l'on tirera seront de deux natures. Ils renseigneront sur l'opinion qu'avaient leurs voisins, plus ou moins proches. Mais ils peuvent aussi refléter, de façon plus ou moins transparente, la conception que les Gaulois eux-mêmes se faisaient de leur pays, conception qu'ils avaient pu transmettre aux observateurs ayant alimenté les auteurs des textes en question. C'est ce double regard qu'on interrogera à travers les descriptions géographiques anciennes qui nous sont parvenues.

Le « spécialiste » que l'on est naturellement conduit à convoquer sur le sujet est évidemment Jules César, à la fois parce qu'il a bien connu la Gaule pour l'avoir parcourue en tous sens lors de ses guerres de conquête et parce qu'il a laissé le récit de cette entreprise, la *Guerre des Gaules*, qui demeure jusqu'à nos jours la plus importante somme de connaissances sur ce pays et ses habitants. Son témoignage est donc de très grande valeur, mais il n'en est pas moins problématique en ce qu'il réutilise des informations plus anciennes (trouvées chez les géographes grecs) qu'il adapte peu ou prou à l'époque particulière où il découvre le pays, dans les années 60-50 qui précèdent notre ère.

D'emblée, dès les toutes premières lignes de son récit, il éprouve le besoin de présenter le territoire et ceux qui le peuplent dans une description étonnante qui laisse perplexe :

> La Gaule dans sa totalité est divisée en trois parties. L'une est habitée par les Belges, une seconde par les Aquitains et la troisième par ceux qui s'appellent dans leur propre langue « Celtes » et que nous [les Romains] appelons « Gaulois ». Tous ces groupes diffèrent les uns des autres par la langue, les institutions et les lois [...].

On le constate, les choses sont loin d'être claires. Il y aurait donc un pays comprenant trois grandes régions, chacune étant habitée par un groupe humain plus ou moins étranger aux deux autres. Chez l'un de ces groupes, il y aurait même un désaccord entre l'appellation qu'il se donne et celle couramment admise par les Latins. On est donc en droit de se demander pourquoi César croit bon de nommer l'ensemble de ces trois régions *Gallia*, d'autant plus que les habitants de deux d'entre elles se désignent par des noms qui n'ont rien à voir avec ce mot, les Belges et les Aquitains. Pourquoi ne pas avoir parlé de trois pays, la Belgique, l'Aquitaine et la Celtique ou Gaule ? César n'apporte aucune réponse à cette question pourtant évidente. Ce qui suppose qu'il s'adresse à des lecteurs – les Romains du Ier siècle avant J.-C. – qui avaient, plus qu'une réelle connaissance, leur propre idée de ce qu'était la Gaule, un vaste pays situé au nord des Alpes et occupé par différents peuples qu'on pouvait considérer comme les habitants d'un même territoire.

En effet, immédiatement après ces deux phrases sibyllines, l'auteur dessine les frontières de ce pays d'une main très sûre, censée dissoudre tous les doutes.

> La partie de la Gaule qu'occupent les Gaulois, comme il a été dit, commence au Rhône, est limitée par la Garonne, l'Océan et la frontière avec les Belges ; elle touche aussi le fleuve Rhin, du côté des Séquanes et des Helvètes [...]. La partie des Belges commence aux frontières [septentrionales] de la Gaule, elle s'étend jusqu'au cours inférieur du Rhin [...]. L'Aquitaine s'étend du fleuve Garonne aux montagnes des Pyrénées et à la partie de l'Océan qui va jusqu'à l'Espagne.

On notera, une fois encore, le discours un peu contradictoire de César, qui, lorsqu'il décrit cette « Gaule tout entière », indique aussi les limites d'une seconde « Gaule » qu'il faudrait alors qualifier d'« intérieure ». Celle-ci correspondrait à la partie dont il disait précédemment qu'elle était occupée par les Celtes-Gaulois. Quoi qu'il en soit, le territoire de la « grande Gaule » que César nous présente paraît puissamment délimité. Les frontières sont matérialisées par la nature. Ce sont des éléments majeurs du relief et de la géographie (Pyrénées, Océan) ou les principaux fleuves d'Europe occidentale (le Rhin et une partie du Rhône). De nos jours, un Français y reconnaît assez aisément son pays.

À deux différences près, cependant. La frontière sud-est est terriblement floue : est-ce que le Rhône marquait véritablement une limite entre la Gaule et un autre pays qui n'est pas précisé ? Il semble que cette partie du Rhône, assez petite, sépare, en fait, la Gaule encore gauloise de l'époque de César et la *Provincia*, ce territoire qui est alors colonie romaine depuis presque un demi-siècle. Il est donc clair que, pour César, il n'est déjà plus question d'appeler *Gallia* cette colonie qui sera qualifiée plus tard de « Narbonnaise », de la même manière qu'il n'éprouve pas la nécessité d'évoquer la *Gallia togata* – littéralement « Gaule en toge » –, cette partie septentrionale de l'Italie, autrefois envahie par les Gaulois et colonisée par les Romains depuis le début du IIe siècle. César n'envisage ici que la Gaule purement gauloise. C'est là un détail dont on mesurera plus loin l'importance. Deuxième différence avec les limites actuelles de la France : au nord, le Rhin ne constitue plus aujourd'hui une frontière. Deux pays se sont insérés dans l'ancienne Gaule, la Belgique et le Luxembourg.

Le tableau physique de la Gaule que César a légué est si puissamment dessiné qu'il ne pouvait que plaire à des Français convaincus que l'hexagone à l'intérieur duquel ils vivent existe sous sa forme naturelle de toute éternité. Aussi fallait-il que ce soit un historien étranger qui émette la critique la plus forte sur cette théorie d'une filiation directe entre Gaule et France. Il s'agit de Karl Ferdinand Werner qui collabore en 1984 à l'*Histoire de France* dirigée par Jean Favier, où il publie *Les Origines avant l'an mil*. Ce titre pluriel et la précision chronologique donnent le ton : il ne saurait être question que cette France qui s'est constituée lentement, pendant près de mille ans, n'ait qu'une seule origine. Dans son examen des différents apports de population et de civilisation dont l'heureux mélange forme le pays que nous connaissons, l'auteur est ainsi amené à étudier ce qu'il appelle le « mythe gaulois », celui de la « nation gauloise, considérée comme préfiguration de la nation française ». C'est d'ailleurs pourquoi K.F. Werner est également conduit à revenir sur les propos de César. Pour lui, la description césarienne serait la preuve que la Gaule est une invention romaine, justifiant ainsi la double appellation de « Gaulois » et de « Celtes » pour les habitants du centre de la Gaule. Il va plus loin en interprétant la limite du Rhin comme une frontière artificielle qui aurait également permis à César de créer de façon tout aussi artificielle un autre pays, la Germanie. Il explique même pourquoi le général romain aurait procédé à ces corrections géographiques et politiques : en attribuant à la Gaule des limites fortes, il favorisait l'éclosion d'un sentiment national chez ses habitants qui serait un futur rempart contre les Germains. Le Rhin constituerait de cette manière une barrière contre les envahisseurs, tout autant que la limite ultime donnée par César à sa conquête : il avait battu un peuple et annexé un nouveau pays au futur empire. C'était une plus grande victoire que de simplement s'approprier une petite part de l'immense territoire des Celtes.

Cette thèse est tout aussi séduisante que radicale, même si son auteur et ceux qui le suivent ne poussent pas le raisonnement jusqu'à son terme. On doit, si on admet la justesse de leurs arguments, en conclure que ni la Gaule ni les Gaulois n'ont d'existence historique légitime – pas plus que les Germains d'ailleurs – et qu'il vaudrait mieux, dès lors, ne parler, pour les uns comme pour les autres, que de Celtes. Si nous voulons poursuivre notre projet et continuer à parler de la Gaule, il est donc nécessaire de soumettre les arguments de Werner à un examen consciencieux et les remettre au moins partiellement en cause. Si ce n'était le cas, notre entreprise n'aurait plus de sens, même si cet abandon avant la bataille laisserait le lecteur sur sa faim. L'examen des propos de César – cette fois-ci considérés dans leur contexte littéraire, celui de l'œuvre complète qu'est la *Guerre des Gaules* – sera conduit ici dans une double perspective qui n'est nullement prise en compte par Werner, le rapport de l'œuvre géographique et historique à ses antécédents, car César n'est pas le premier à écrire sur ces questions, et le point de vue des acteurs, c'est-à-dire les peuples de la Gaule et leurs représentants, et pas seulement celui de l'auteur animé de préoccupations politiques et stratégiques.

On ne peut plus aujourd'hui écrire – comme quelques historiens français ont continué de le faire jusqu'à la fin du XXe siècle – l'histoire des peuples celtiques en utilisant comme unique source documentaire l'œuvre de César, en considérant que ses écrits rapportent ce qu'il a vu ou entendu lors de ses campagnes militaires, et constituent ainsi les descriptions les plus anciennes et les plus fiables. Nous savons désormais que le conquérant n'a pu se livrer qu'à des observations partielles, souvent déformées et surtout peu nombreuses, et, d'autre part, qu'avant lui – au moins depuis le IVe siècle avant J.-C. – les Grecs avaient écrit des ouvrages de géographie et d'histoire qui consacraient des passages entiers à cette partie occidentale de l'Europe. Depuis près d'un siècle et demi, grâce aux travaux des philologues allemands, nous avons même la certitude que César a largement puisé dans ces œuvres anciennes pour rédiger nombre de pages de la *Guerre des Gaules*, notamment les chapitres XI à XXVIII du livre VI, qui procèdent à une présentation ethnographique et sociopolitique des Gaulois et des Germains. Il s'avère que ces dernières informations sont directement tirées, c'est-à-dire triées et résumées, du livre XXIII des *Histoires* de Poseidonios d'Apamée qui le rédigea au début du Ier siècle avant J.-C., quelques années après un séjour qu'il avait fait en Gaule. D'autres copies et résumés de cette œuvre présents chez d'autres auteurs – Strabon, Diodore de Sicile, Ammien Marcellin – nous apprennent, de plus, que la description géographique de la Gaule par César qui vient d'être évoquée est elle-même issue de Poseidonios. C'est celui-ci, par exemple, qui aurait remarqué la qualité des frontières de la Gaule qu'il comparait à de puissantes défenses naturelles, à moins qu'il n'ait trouvé cette comparaison chez un auteur plus ancien, Timée de Taormine, qui avait beaucoup écrit sur le même sujet et qui devint, à partir du IIIe siècle avant J.-C., l'un des meilleurs informateurs sur la Gaule pour les géographes et historiens grecs.

Il est donc temps de « rendre à César ce qui appartient à César » et de ne pas lui en prêter plus. Il n'a fait aucun effort de synthèse pour présenter l'objet de sa conquête à ses lecteurs, il s'est contenté d'adapter des sortes de manuels existants dont il lui a fallu gommer les aspects les plus obsolètes, les mœurs les plus archaïques, par exemple un armement qui n'était plus d'actualité chez les Gaulois du début du Ier siècle. En revanche, il a procédé à une mise en scène de ses opérations guerrières qui est incontestablement une œuvre littéraire. Cependant, les deux ensembles de textes ne forment qu'une unité de façade qui ne résiste guère à l'analyse. Ainsi la description sociologique de la population au livre VI n'est-elle nullement confirmée par une réalité perceptible dans le récit des batailles : on n'y rencontre ni les druides ni les *equites* – ou « chevaliers » – pourtant qualifiés de « personnages les plus importants et les seuls à compter vraiment dans la société ». On se demande d'ailleurs pourquoi la description ethnographique ne figure pas à sa place naturelle au livre I, après le tableau géographique justement. César, comme cela a été remarqué et signalé par nombre d'analystes, a donc comblé quelques lacunes dans les rapports annuels de campagne qu'il faisait parvenir au sénat romain et qui sont l'ossature de son ouvrage, en remaniant ce qu'il a trouvé dans ses lectures.

Ainsi, non seulement la description de la société gauloise au livre VI, mais aussi celle de la géographie physique au livre I, sont-elles entièrement redevables à Poseidonios d'Apamée. Sans doute ce dernier employait-il plutôt le terme *Keltiké* (que Strabon a conservé dans le résumé qu'il a fait du même texte) là où César parle de *Gallia*, mais les deux mots désignaient la même entité géographique et humaine. D'ailleurs Poseidonios se servait couramment du mot *Galatos* pour désigner l'habitant, ce qui était une adaptation grecque du mot « Gaulois » que les Romains rendaient par *Gallus*. César n'a donc pas inventé cette *tota Gallia* – ou « grande Gaule » –, mais il n'est pas non plus le créateur du mot *Germanus* appliqué aux habitants d'outre-Rhin. Ce mot transcrit en grec se rencontre aussi dans l'œuvre de Poseidonios, au livre XXX des *Histoires*, qui devait être en partie consacré à l'ethnographie de ces peuples. Poseidonios qui n'avait pas voyagé dans cette partie du monde avait réussi à recueillir des informations précises sur ses habitants, leurs origines ethniques, leurs coutumes sociales et religieuses et leur histoire. L'usage littéraire du mot *Germanus* était donc courant plusieurs décennies avant que César ne lui donne une plus grande publicité avec son récit de guerre.

En revanche, il semble que César soit bien, sinon le premier, tout au moins l'un des premiers à systématiser l'emploi du mot *Germania*, fondant ainsi la conception d'un pays qui serait celui des Germains. Cette notion ne va pas de soi et Poseidonios, très soucieux des problèmes ethniques et géographiques, n'avait pas osé la formuler. C'est que, parmi les nombreux sujets d'étude qui le passionnaient, figurait en effet l'« ethnogenèse » des peuples barbares. Ce néologisme désigne l'étude des origines, des filiations et des liens de parenté entre les ethnies. Poseidonios est loin d'être le premier Grec à s'y intéresser mais il est l'un des tout premiers à la conduire de façon scientifique. Pour ce faire, il utilise notamment la théorie de l'influence du climat sur la géographie humaine dont il est l'auteur : le climat conditionnerait directement l'anatomie humaine et animale, ainsi que les comportements sociaux et les aptitudes humaines. Plusieurs raisons le poussaient à entreprendre des enquêtes approfondies en ce domaine. Il voulait, comme tout Grec, connaître les rapports entre les Celtes et les mythiques Hyperboréens qui hantaient les légendes de son pays. Il désirait aussi, peut-être à la demande des Romains, mieux connaître les terribles Cimbres et Teutons qui, trois siècles après les Gaulois, avaient fait trembler Rome.

Pour effectuer ces recherches sur les habitants de l'Europe occidentale et centrale, Poseidonios avait pris en compte les vieilles légendes, les rapports de voyageurs (tels ceux de Pythéas le Massaliote), les textes des géographes anciens, et l'opinion que les indigènes se faisaient de leurs propres origines et de leur histoire. À partir des idées extrêmement divergentes qui émanaient de ces différents interlocuteurs, il avait fait une vaste synthèse sur les Gaulois, les Celtes et les Germains. Pour lui, tous ces peuples appartenaient à un même et vaste ensemble ethnique caractérisé par des traits physiologiques communs (hommes grands, plutôt blonds, à la peau blanche, aux muscles mous, souffrant de la chaleur) et des modes de vie assez similaires (rudesse, passion pour la guerre, préférence pour l'élevage sur l'agriculture, goût assez faible pour la vie sédentaire). Néanmoins, des différences assez marquées séparaient ces hommes en grands groupes. Ceux du Sud, plus sédentaires, plus civilisés, pratiquaient l'agriculture et l'industrie, grâce à un climat plus favorable et la proximité des civilisations grecque et romaine qui leur avaient apporté de multiples bienfaits. Ceux du Nord étaient plus grands, plus blonds, plus guerriers, plus nomades surtout. À ces derniers, on ne pouvait donc attribuer de pays propre puisque leurs errances se perdaient dans les confins septentrionaux du monde connu, alors que les premiers étaient établis de façon stable sur un territoire que les anciens Grecs avaient appelé *Keltiké* et les Latins *Gallia*. Si ses habitants pouvaient être qualifiés de Gaulois, il n'en était pas de même pour les autres et, afin d'éviter toute confusion avec le mot « Celtes » que les anciens auteurs grecs appliquaient aux habitants de la Gaule, Poseidonios avait préféré employer un nouveau mot d'origine latine, utilisé pour qualifier des frères, le mot *germanus*, qui a donné en français « germain », accolé à « cousin » pour désigner les cousins les plus proches. « Germain » sous la plume de Poseidonios était un terme qui devait montrer la parenté ethnique et une ascendance commune entre Gaulois et Germains, tout en insistant sur leurs différences non négligeables.

Pour Poseidonios, qui était un subtil observateur des hommes et de leur milieu, il ne faisait aucun doute que Gaulois et Germains entretenaient des rapports de parenté complexes et qu'il n'y avait pas d'un côté les bons Gaulois et de l'autre les mauvais Germains. Le peuplement de la Gaule qu'il découvrit dans les années 90 avant notre ère était diversifié. Il était surtout déjà le fruit d'un certain nombre de flux migratoires. Là encore, Poseidonios était parvenu à une synthèse satisfaisante qui, dans ses grandes lignes, fut admise par tous ses successeurs. Remarquons seulement au passage qu'elle n'était pas seulement le résultat de ses recherches mais aussi, du moins partiellement, celui auquel étaient parvenus les Gaulois eux-mêmes et plus précisément les druides dont il reproduit une part des théories. Le tableau d'ensemble était assez simple. Au centre de la Gaule se trouvaient les Celtes qui se dénommaient eux-mêmes de cette manière et qui étaient les plus anciennement établis : on ignorait quand et d'où ils venaient, on pensait même qu'ils étaient indigènes. C'étaient eux qui, à une époque bien antérieure, parce qu'ils étaient trop nombreux sur leur territoire, avaient organisé des migrations d'une partie de la population, la plus célèbre étant celle qui s'était rendue en Italie. Dans le Sud de la Gaule, la situation était beaucoup plus complexe. À l'ouest, les versants des Pyrénées étaient occupés par les Ibères. Ce sont les relations de ces derniers avec des populations celtiques migrantes qui auraient donné les Aquitains, des peuples plus proches des Ibères que des autres Gaulois. À l'est, tout autour de Marseille, les choses étaient encore plus compliquées : Ligures, Ibères, Celtes s'y étaient succédé, et, surtout, les civilisations grecque, romaine puis gauloise y avaient laissé à tour de rôle de fortes empreintes matérielles qui ne permettaient plus guère de déterminer l'origine ethnique de chaque peuple. Au nord et au nord-ouest, la situation était plus compréhensible parce que les migrations étaient plus récentes et avaient été enregistrées par l'historiographie gauloise. Il y avait là des indigènes anciennement établis

– c'était le cas, disait-on, des Rèmes –, mais des populations venues d'outre-Rhin par vagues successives entre le Ve et la fin du IIIe siècle s'étaient partagé tous les territoires situés entre la Loire et le Rhin. Les premiers arrivés semblent avoir été les Armoricains suivis par ceux qui se faisaient appeler Belges.

Pour Poseidonios, il est assez évident que ces derniers peuples sont d'anciens Germains que leur sédentarisation plus ou moins ancienne a rendus gaulois, au même titre que les habitants du centre du pays. Selon lui, le critère essentiel n'est pas le côté du Rhin où on se trouve, mais plutôt d'avoir conquis un territoire à l'intérieur de la Gaule, un pays qui paraît avoir le pouvoir presque magique de rendre les populations celtiques sédentaires et de les distinguer dès lors de celles qui errent de l'autre côté du Rhin. Il y a bien chez cet auteur et peut-être, comme on l'a dit, chez certains de ceux qui l'ont précédé (Ératosthène, Timée, Pythéas) la conviction que la Gaule forme un pays homogène. Ammien Marcellin, dans ses *Histoires*, conserve la vision qu'en avaient ces géographes anciens : « Cette partie des Gaules [la Transalpine], en raison de la masse de ses montagnes à pic, effrayantes par leurs neiges éternelles, était presque inconnue auparavant des habitants du reste du monde, sauf dans les régions côtières. Des remparts l'enserrent de toutes parts, disposés par la nature comme par la main de l'homme. » Flavius Josèphe, utilisant les mêmes sources, ne dit pas autre chose dans la *Guerre des Juifs* : « Les Gaulois à qui la nature a donné de si bons remparts, au levant les Alpes, du côté de l'Ourse le fleuve du Rhin, au midi les Pyrénées, au couchant l'Océan. » Ainsi, c'est plus la nature que les habitants qui a façonné le pays. Cette manière de voir est propre aux Grecs, car elle reflète la conception qu'ils se font de leur propre pays, des peuples divers qui l'occupent et d'une histoire marquée par les installations successives en terre inconnue.

Toutefois, la meilleure argumentation pour s'opposer aux thèses de K.F. Werner devrait venir des intéressés eux-mêmes, les habitants de ce pays. Avaient-ils clairement conscience d'habiter un pays commun, malgré la diversité de leurs origines ? Pour une fois, ce point de vue des indigènes ne nous est pas inaccessible. Dans l'ouvrage qu'il a consacré à la conquête de la Gaule, César nous livre aussi un grand nombre d'informations précieuses qui peuvent être mises à contribution.

On sait que la conquête romaine a pris pour prétexte l'émigration des Helvètes qui, s'estimant trop à l'étroit sur le plateau suisse, projetèrent de s'installer sur le territoire des Santons, c'est-à-dire près de l'embouchure de la Garonne : il leur fallait pour cela traverser la *Provincia* romaine par où passe le plus court chemin pour s'y rendre. Mais ce n'est pas la seule raison qui poussa César à entraîner Rome dans l'aventure gauloise. Il en indique une autre dès les premières lignes : le chef des Helvètes, Orgétorix, avec l'aide de deux autres nobles influents des tribus voisines, Casticos le Séquane et Dumnorix l'Éduen, avait prévu de prendre le pouvoir de la « Gaule tout entière ». C'est d'ailleurs pour mieux expliquer à son lecteur la véracité et la dangerosité de ce complot que l'auteur a brossé le tableau de la Gaule physique. Il est révélateur que trois dirigeants gaulois aient pu s'imaginer qu'il leur était possible de prendre la direction d'une multitude de peuples sur un territoire si disparate que César est obligé de le qualifier de « Gaule tout entière ». Le complot, si l'on en croit César, a été ourdi dès l'année 61, c'est-à-dire bien avant son arrivée en Gaule. On ne peut donc imaginer que le général romain ait inventé de toutes pièces cette conjuration pour justifier son entreprise belliqueuse.

Cette hypothèse est d'autant plus improbable que, dans tout le reste de l'ouvrage, il n'est question que de semblables tentatives d'hégémonie sur la Gaule qui remontent au moins au début du IIe siècle avant J.-C. Jadis, c'étaient les Arvernes et les Éduens qui se disputaient ce que César appelle le « principat » sur la Gaule, c'est-à-dire une position dominante en matière d'économie, de diplomatie et de politique internationale. Au moment de la guerre des Gaules, cette concurrence se joue entre Séquanes et Éduens. Nous avons un peu de mal à nous représenter comment de petits États, à l'échelle de ces différents peuples, pouvaient accepter le leadership de l'un d'entre eux et en quoi exactement consistait leur soumission partielle. À ce sujet encore, César n'est pas avare de détails. Il nous explique qu'en Gaule, comme à Rome, le moteur politique essentiel est le système du clientélisme, une relation de confiance et de respect réciproques entre un patron et des citoyens qu'il protège, ses clients. En Gaule, nous dit César, cette institution, dont l'origine est avant tout militaire, ne concerne pas seulement les individus mais aussi des villes et surtout des peuples-États qui prennent soit le statut de patron, soit celui de client. Ainsi les Bituriges, Sénons et Parisii étaient clients des Éduens, de la même manière qu'un peuple belge, les Bellovaques. À cette relation politique qui avait des incidences économiques et stratégiques, s'ajoutaient les liens de parenté entre les grandes familles des différents peuples-États. Dumnorix l'Éduen en est le meilleur exemple : Orgétorix lui avait donné sa fille en mariage, lui-même avait remarié sa mère avec un édile biturige et organisé le mariage de plusieurs de ses sœurs avec d'autres grands personnages des différents peuples avec lesquels il voulait se lier. Il ne fait nul doute que ces liens de diverse nature établis entre des peuples et des représentants de leur noblesse souvent éloignés géographiquement contribuaient efficacement à la lente mais sûre émergence du sentiment d'un pays commun.

Ce pays, comme on le verra plus loin avec l'examen du fonctionnement proprement politique, n'existait dans la pensée des habitants, et surtout dans celle de leur élite, qu'en des domaines précis : ceux de la guerre et du pouvoir exécutif, notamment, n'étaient pas concernés. Cette dissociation des différents rouages du pouvoir est pour nous difficile à comprendre. Elle était cependant courante dans le monde antique. César en livre un excellent exemple qui donne véritablement matière à méditer. Il s'agit du passage du livre VI de la *Guerre des Gaules* où l'activité des druides est décrite et où est signalée l'assemblée annuelle qu'ils tiennent dans le pays des Carnutes. Rappelons que César ne fait ici que résumer les écrits de Poseidonios d'Apamée, lequel a, selon toute probabilité, trouvé son information lors d'une conversation qu'il a eue avec un « intellectuel » gaulois, un druide probablement, ou un autre noble ayant reçu une éducation druidique. Les faits remontent donc au tout début du Ier siècle, voire à la fin du siècle précédent. « À une date fixe de l'année, ils siègent en un lieu consacré du pays des Carnutes considéré comme le centre de toute la Gaule. Là, de partout, tous ceux qui ont des différends se réunissent, obéissent à leurs décisions, à leurs jugements. » L'information est brève mais néanmoins capitale. Elle signifie que les différents peuples-États de cette Gaule dont le lieu d'assemblée serait le centre y envoient un ou plusieurs représentants de leurs druides et qu'ils acceptent que les différends soient jugés par une sorte de tribunal international. De tels faits laissent supposer que les problèmes juridiques et sans doute aussi de nature religieuse – les druides présidaient à la religion et jouaient le rôle de théologiens – échappaient au contrôle des petits États et se trouvaient sous une juridiction commune, qu'on l'appelle nationale ou confédérale. Il y avait donc chez ces peuples la conscience très nette d'une communauté religieuse et juridique qui primait sur les individualités ethniques.

Le même passage nous donne des indications extrêmement précises sur l'étendue géographique de cette communauté, cette Gaule dont il est question. Les Gaulois pensaient que le centre en était ce lieu d'assemblée en pays carnute. De toute évidence, cette conviction était avant tout celle des druides, savants, experts en mathématique et en géométrie et qui avaient pu bénéficier des travaux géographiques des Grecs. Les résultats des calculs qui leur avaient permis de découvrir le centre de cette aire ne doivent donc pas être sous-estimés : ils pâtissent probablement d'une marge d'erreur due aux méthodes de mesure des distances qui n'avaient évidemment pas la précision qu'on leur connaît aujourd'hui. Cependant, il est tout à fait raisonnable de penser que cette différence n'excédait pas deux à trois dizaines de kilomètres et que, par conséquent, la Gaule concernée par cette assemblée druidique avait bien son centre à l'intérieur du territoire des Carnutes. Sur une carte de la France d'aujourd'hui, ce dernier correspond aux départements d'Eure-et-Loir, du Loir-et-Cher, et à la partie occidentale du Loiret. À l'évidence, il ne s'agit là nullement du centre de l'actuelle France, pas plus que du centre de la Gaule Celtique dont parle César, qui s'étend de la Garonne à la Seine et du Rhin inférieur à l'Océan. En revanche, si on accole la Gaule Belgique à cette Gaule Celtique et si l'on considère cette fois un territoire qui va de la Garonne jusqu'à l'embouchure du Rhin, le pays des Carnutes, et plus précisément la région de l'ancienne Cenabum (Orléans), répond tout à fait à la position centrale recherchée. Que les territoires méridionaux occupés par les Aquitains et par les peuples dits « celto-ligures » et « celtibères » qui ont été englobés dans la *Provincia* romaine, ne figurent pas à l'intérieur de cette aire géographique, cela ne doit pas étonner. Ils ne partageaient pas les mêmes institutions, les mêmes lois ni la même langue que leurs voisins du Nord. Et l'on n'est pas sûr qu'il y ait jamais eu des druides chez eux.

Les Gaulois avaient donc, à un niveau juridique et théologique, la conception d'un espace qui leur était commun et qui primait sur celui des peuples-États où ne s'exerçaient que les actions communautaires les plus pragmatiques, administration et guerre. Pour des raisons qui tiennent à l'histoire des relations ethniques et politiques, dans les premières décennies du Ier siècle, seuls les Gaulois Celtes et Belges partageaient cette façon de voir leur pays.

La Gaule préfigure-t-elle la France ? La réponse ne peut être que nuancée. Bien avant l'arrivée de César, la conscience de l'existence d'un pays dont nous traduisons le nom par « Gaule » se trouvait chez ses propres habitants mais aussi, d'un accord commun, chez ses voisins latins et grecs. Cependant, ce pays n'avait pas tout à fait les frontières qu'on lui connaît aujourd'hui et, surtout, la conception que s'en faisaient ses habitants n'était pas celle que nous lui reconnaissons. Il n'était ni le territoire d'une patrie dans son sens ethnique ni celui d'une nation qui l'aurait fait sien. Il était plutôt une terre de conquête que se seraient partagée plusieurs vagues d'immigrations celtes et qui, au fil du temps, devenait un territoire commun, socle de nouvelles institutions, la justice, les confédérations guerrières et politiques. Plutôt que d'un pays qu'aurait rencontré César lors de sa conquête, il vaudrait mieux parler d'un « pays en devenir ».

CHAPITRE II

La Gaule était-elle couverte de profondes forêts ?

« Ce que l'on admire partout dans les Gaules, ce qui fait le principal caractère de ce pays, ce sont les forêts. » C'est par ces mots que Chateaubriand, dans *Les Martyrs*, commence sa description de l'Armorique où se déroule l'un des passages les plus célèbres de son épopée, l'histoire de la druidesse Velléda. On est en 1804, Chateaubriand écrit dans une tradition qui remonte à la Renaissance, et le tableau qu'il fait de la Gaule et des cérémonies religieuses marquera durablement les esprits pendant plus d'un siècle. L'excellente analyse historique que reproduira une vingtaine d'années plus tard Amédée Thierry n'y changera rien. « Le sol de la Gaule était très fertile », écrit ce dernier, qui continue cependant à voir des forêts partout : « Dans le reste de la Gaule, [...] des bois immenses entretenaient une perpétuelle humidité. [...] Le chêne, le bouleau, l'ormeau, le pin composaient ces vastes forêts dont l'Armorique et la Belgique étaient encombrées. » Même Camille Jullian, l'historien le plus célèbre de la Gaule, écrit encore en 1920 : « Les Gaulois n'appliquaient pas encore leur énergie à transformer leur pays, à lutter contre la forêt et le marécage. Le travail consistait chez eux à exploiter la nature plutôt qu'à conquérir sur elle. » Enfin, aujourd'hui, la bande dessinée *Astérix* reproduit toujours avec succès le mythe de la forêt gauloise, l'une des idées reçues les plus tenaces au sujet de la Gaule.

Comme souvent quand il s'agit des Gaulois, l'opinion populaire trouve sa source dans l'Antiquité. En l'occurrence, c'est surtout à Rome que se développe une image globalement négative des

Gaulois, à l'intérieur de laquelle la théorie d'une immense forêt gauloise prendra peu à peu place. Il est évidemment difficile de situer son origine chronologique exacte. Il est probable qu'elle s'est constituée au moment où les Romains ont pris conscience de l'existence d'une Gaule Transalpine. Auparavant, ils ne connaissaient que les Gaulois de Cisalpine (Italie du Nord) auxquels ils avaient appliqué l'étiquette de « Barbares », c'est-à-dire d'hommes non civilisés, incultes et grossiers, et ne parlant pas leur langue. Ainsi le très sérieux historien grec Polybe avait-il pu croire, certainement sur la foi des militaires romains, que les Gaulois de Cisalpine ne pratiquaient pas l'agriculture et ne possédaient que le produit de leur pillage et leurs troupeaux. Quand ces mêmes Romains découvrent qu'il existe, au-delà des Alpes, un pays typiquement gaulois, ils donnent à ce pays une image similaire à celle de celui des Gaulois d'Italie. Le pays ne peut être que barbare, il ne porte pas l'empreinte de la civilisation, il est resté à l'état de nature. Et les forêts en sont la meilleure preuve. Cicéron prétend encore en - 51 que « les Gaulois trouvent honteux de se procurer du blé par leur travail. Aussi vont-ils, les armes à la main, couper la moisson sur le champ d'autrui ». Quelques décennies plus tard, les mêmes propos seront tenus sur les Germains, cette fois par l'historien Tacite.

Mais ce sont surtout César et Pline l'Ancien qui, involontairement, accréditent le mieux la conception d'une Gaule presque entièrement boisée. Dans son récit de la conquête, César évoque à plusieurs reprises les combats, les escarmouches et la retraite de l'ennemi dans des régions boisées. À cela, rien d'étonnant : en situation désespérée, le couvert végétal offrait naturellement une protection, surtout contre des troupes ennemies très structurées et habituées à combattre à découvert. César évoque aussi souvent les champs, les pâturages et tous les lieux où il peut réquisitionner du blé et du fourrage. Mais ses lecteurs ne retiennent que l'évocation du milieu végétal, propre à susciter le mystère, la surprise et l'idée que ce terrain naturel, promis à une sorte d'éternité, a pu garder vivant et enfoui le souvenir de leurs glorieux ancêtres. Cependant, c'est surtout un texte de Pline l'Ancien et un passage du long poème *La Guerre Civile* de

Lucain qui ont marqué durablement les esprits. Le premier développe un épisode bien connu : le récit de la cueillette du gui par les druides. Au milieu d'une profonde forêt, les druides en grande cérémonie s'activent à la cueillette et font procéder au sacrifice solennel de deux bœufs. De la Renaissance au XXe siècle, historiens des Gaulois et historiens de la religion ont conclu de ce texte que les forêts étaient omniprésentes en Gaule, qu'elles étaient les seules à accueillir les cérémonies religieuses et que, enfin, les druides y vivaient reclus. La description d'un bois sacré dans l'arrière-pays de Marseille par Lucain a semblé accréditer ces théories. Le poète dépeint un bois sombre, maléfique, objet des superstitions les plus inquiétantes où les prêtres mêmes n'osent pénétrer.

Ces deux documents ont suffi à des générations d'historiens pour dessiner l'image d'une Gaule couverte de forêts et de marécages qui furent un frein à la civilisation, jusqu'à ce que les Romains s'y installent et transforment radicalement l'apparence de ce pays en le cultivant presque entièrement, en y construisant routes et ponts et en y installant des villes. Cette croyance en une Gaule non civilisée fut d'autant plus forte à la Renaissance que les humanistes qui découvraient la littérature antique s'étaient pris d'une folle passion pour la civilisation gréco-romaine dont ils faisaient découler tous les bienfaits. Avant elle régnait le chaos, avec elle le pays et ses habitants étaient devenus charmants. Il n'était aucune invention, aucune technologie, aucun aménagement que l'on portât au crédit des Gaulois. Les choses ne changèrent dans une moindre mesure qu'avec les romantiques qui admiraient la nature, surtout à cause de son côté primaire et inquiétant. Les artistes français, toutefois, ne trouvèrent chez leurs ancêtres aucune figure digne de devenir un héros historique : ils avaient mal lu leur condisciple Amédée Thierry qui venait pourtant de faire surgir de l'anonymat l'Arverne Vercingétorix. Contrairement aux forêts germaines, celles de la Gaule ne devinrent pas vraiment le foyer d'ancêtres mythiques.

À la fin du XIXe et au cours du XXe siècle, les forêts gauloises prirent une apparence plus rassurante, due sans aucun doute à un naturisme se muant lentement en mouvement écologique. La critique d'une civilisation trop matérialiste s'étendit progressivement à ses plus lointaines racines, c'est-à-dire ses brillantes représentantes de l'Antiquité. Dans ce cadre, les sociétés indigènes prenaient de l'intérêt, et allaient jusqu'à devenir les modèles d'une harmonie totale entre l'homme et la nature. Le Gaulois devenait un « bon sauvage » à la Rousseau. Les forêts et les sols non cultivés n'étaient plus objet de honte mais, au contraire, la marque même d'un profond respect de l'environnement naturel. Cette appréciation plus positive du milieu naturel des Gaulois n'a pas rendu plus facile la critique objective de la théorie de la forêt gauloise. Pour beaucoup de Français, les Gaulois demeurent les derniers des hommes préhistoriques, des ancêtres qui rendent perceptible une nuit des temps où la nature inchangée garderait encore quelque chose d'un paradis détruit par la civilisation.

La réalité est toute différente. À l'échelle de l'évolution humaine, les Gaulois sont très proches de nous et n'ont rien de lointains ancêtres. Leur environnement reflète cette proximité. Il était probablement assez similaire à celui que nous connaissons, à l'exception bien sûr des immenses aménagements urbains et routiers qui, au cours du siècle dernier, ont profondément affecté le paysage. Avant de décrire dans le détail le cadre naturel de l'âge du fer, c'est-à-dire des cinq siècles qui ont précédé le début de notre ère, il est nécessaire de revenir sur un autre mythe, plus courant encore, selon lequel non seulement le couvert végétal aurait changé au cours du temps mais aussi le relief. On s'imagine assez facilement que le sol sur lequel nous marchons n'est pas celui que foulaient les hommes de l'époque néolithique ni même ceux du Moyen Âge. L'opinion populaire veut croire que des niveaux successifs de remblais se sont accumulé les uns sur les autres et que les vestiges archéologiques sont d'autant plus anciens qu'ils sont profondément enfoncés dans la terre. Encore une fois, si l'on excepte les villes qui, depuis l'Antiquité, se sont régulièrement élevées par l'amoncellement des déchets et des remblais de toute nature et qui font aujourd'hui l'objet de terrassements mécaniques gigantesques, le relief du reste du territoire a relativement peu changé. Seuls sont notables les effets de l'érosion due à l'agriculture et au défrichement de bois et de talus. Elle touche les fonds de vallée qui sont plus ou moins encombrés de la terre végétale glissant des pentes, qui se trouvent elles-mêmes parfois dénudées et font apparaître la roche. Ces mouvements de terrain ne sont guère perceptibles que par les archéologues qui doivent, selon les cas, s'enfoncer dans le sol d'une trentaine de centimètres à plusieurs mètres pour accéder aux vestiges des civilisations anciennes. Ils ne le sont pratiquement pas pour le promeneur dont le regard peut embrasser des aires de plusieurs centaines d'hectares. Ainsi, dans la plupart des cas, vivons-nous sur un sol que nos prédécesseurs plus ou moins lointains – dont les Gaulois – parcouraient déjà. Nous trouverions à sa surface les restes de leurs activités si, au cours des derniers millénaires, quelque charrue ne l'avait déchiré, brisant ces mêmes restes et les rendant plus vulnérables encore à l'action des intempéries.

Cette persistance d'un même relief, au moins au cours des deux ou trois millénaires précédents, explique la connaissance assez satisfaisante que nous avons acquise de l'occupation de notre territoire à ces mêmes époques. Des types variés d'investigation scientifique ont pu se développer sur de vastes régions et nous donner une bonne image de la répartition de l'habitat, des nécropoles et des aménagements agricoles : les différentes sortes de prospection – au sol, en recueillant tous les vestiges et en les cartographiant, électrique, magnétique ou radar, en sondant le sous-sol par un signal dont l'écho est enregistré –, les fouilles d'urgence réalisées à l'occasion de grands travaux, les études scientifiques appliquées aux niveaux archéologiques, la palynologie ou étude des pollens anciens, par exemple.

Le développement spectaculaire de la photographie aérienne à partir des années 1960 a rapidement révélé que des régions entières de la France, la Picardie, l'Île-de-France, le Nord, l'Ouest et le Centre, sont parsemées de milliers d'établissements agricoles de l'époque gallo-romaine, que les archéologues nomment « villas ». Leur densité est stupéfiante. En Picardie, sur l'ensemble du territoire, on rencontre une villa tous les six cents ou sept cents mètres. Certes, elles n'ont pas toutes prospéré à la même époque. Mais si l'on imagine que ces établissements généralement importants disposaient d'un domaine de plusieurs centaines d'hectares, on se convainc aisément que c'est l'ensemble du territoire qui faisait l'objet de ces exploitations. Bien sûr, les terres n'étaient pas toutes cultivées et l'on estime que la plus grosse part était vouée au pâturage. On peut raisonnablement penser que des bois avaient été réservés pour la construction, le chauffage et comme garenne. Néanmoins, dans le cadre de cette mise en culture intensive, peu de place était laissée aux véritables forêts. L'actuelle forêt de Compiègne offre un exemple remarquable, elle qui, à cette époque, était presque totalement mise en culture (à l'exception de ce qui était désigné au Moyen Âge comme la forêt de Cuise), bien que les sols y soient particulièrement sablonneux et marécageux. Une certitude s'impose donc : dans les premiers siècles de notre ère, une vaste partie de la France – celle qui n'est pas occupée par des massifs montagneux – avait déjà fait l'objet d'une large déforestation et, si ce n'est le rapport entre terres labourées et pâturages qui était inversé, paysage et relief dans leur ensemble ne devaient guère différer de ce qu'ils sont aujourd'hui.

Ces résultats, relativement inattendus au milieu du siècle précédent, ont paru confirmer le bien-fondé du discours des historiens depuis la Renaissance : ce sont les Romains qui ont apporté en Gaule toutes les grandes technologies et qui ont bouleversé son paysage, son économie et les structures de la société. Cette opinion a prévalu jusque dans les années 1980. Mais le temps passant et les fouilles d'urgence se multipliant en milieu rural, la nécessité d'une correction s'est imposée avec plus de force. D'innombrables représentantes de ces villas gallo-romaines ont dû être fouillées en totalité, ce qui, pour des raisons surtout financières, n'avait été que rarement le cas auparavant. Or dans presque tous les cas se sont révélés sous les vestiges gallo-romains, ou le plus souvent à proximité, ceux d'installations plus anciennes, gauloises donc, et datant des trois derniers siècles avant notre ère. Ces fermes gauloises ont assez généralement la même étendue que les villas qui paraissent leur avoir succédé. Et l'on est amené à penser que c'est souvent le même domaine agricole qui s'est perpétué de la fin de l'âge du fer à l'époque gallo-romaine.

Les conséquences de ces découvertes, confirmées chaque année par de nouvelles fouilles dues à la multiplication des infrastructures routières et ferroviaires dans la moitié nord de la France, sont tout simplement révolutionnaires. Ce ne sont pas les Romains qui ont mis en culture le territoire de la Gaule jusqu'alors laissé en jachère, mais bien les Gaulois eux-mêmes. Les archéologues sont même en mesure de préciser la chronologie et les modalités de l'exploitation de ces terres. On sait en effet que la culture de céréales et de légumineuses était pratiquée depuis l'époque néolithique. Mais elle ne l'était qu'à une petite échelle et sur des terroirs bien spécifiques, tels que les terrasses alluviales des vallées. Plateaux et versants n'étaient pas cultivés. Cette situation perdure jusqu'au début du second âge du fer, au moment où les premiers peuples-États se mettent en place en Gaule. Le grand changement se produit aux environs du IIIe siècle et il est bien perceptible dans le Nord de la France. En un siècle, environ, le territoire se couvre de fermes gauloises qui, contrairement à celles qui les ont précédées, occupent désormais autant les plateaux que les versants ou des zones humides. Les agriculteurs occupent donc tous les terrains disponibles.

Cette expansion sans précédent de l'agriculture peut être expliquée par plusieurs causes : l'augmentation très sensible de la population, l'aptitude de cette dernière pour les travaux agricoles, et une profonde modification des techniques et des outils. Le moment relativement bref où ce changement s'opère suggère que les acteurs ne sont autres que les peuples belges dont toutes les sources antiques nous apprennent qu'ils s'installent à cette époque entre Seine et Rhin. César nous dit qu'ils « chassent » les populations indigènes : en réalité, ils les soumettent et les transforment peut-être en travailleurs agricoles. Les Belges sont avant tout de grands guerriers. Pourtant, ils introduisent deux techniques nouvelles qui permettront à l'agriculture de faire ce saut qualitatif. La première touche à la nature des sols. Les limons gras qui couvrent une bonne partie des plateaux ne sont pas naturellement fertiles mais doivent être amendés : c'est ce que font les nouveaux habitants grâce au marnage, un apport régulier et assez massif de craie blanche qu'ils extraient du sous-sol. Pline le confirme: «Les Gaulois donnent à la marne de couleur colombine, dans leur langue, le nom d'*églocopalam*; on la tire par blocs comme la pierre; le soleil et la gelée la dissolvent tellement, qu'elle se fend en lamelles très minces; elle est aussi bonne pour le blé que pour le fourrage.» La seconde technique concerne le labour rendu difficile par la lourdeur et la qualité plastique des limons. Pour y remédier, les agriculteurs emploient un araire muni d'un large soc de fer tiré par un attelage de bœufs. La multiplication des études palynologiques sur ces fouilles en milieu rural confirme pleinement l'extension extraordinaire des plantes cultivées et des herbes utilisées pour le fourrage au détriment des arbres. Le recul de la forêt est très net dans toutes les régions connues actuellement pour leur agriculture. Mais les bois de toutes sortes, bosquets, talus, taillis, demeurent abondants; ils limitent les parcelles mises en culture, les parcs à bestiaux et ponctuent les espaces libres pour le pâturage.

Il ne faudrait pas conclure qu'en ces régions la forêt a totalement ou quasi disparu. Elle était trop nécessaire à la vie des hommes qui lui demandaient une matière première indispensable à leur habitat et leur artisanat. Les Gaulois excellaient dans les métiers du bois. Leurs constructions se composaient principalement de ce matériau, non seulement pour les supports verticaux (poteaux, pans de bois, colombage) et pour la charpente, mais aussi, parfois, pour leurs revêtements de planches et de bardeaux. Le bois était la matière noble de l'artisanat. Les Gaulois furent parmi les meilleurs charrons de l'Antiquité, ils transmirent aux Romains quelques-uns de leurs véhicules dont ces derniers conservèrent même les noms gaulois. Ils inventèrent, dit-on, le tonneau, ce qui n'a rien de surprenant car ils avaient aussi une grande réputation dans la construction des navires. L'assemblage de planches était encore utilisé dans le boisage des mines qui étaient nombreuses dans tout le Massif central et en Aquitaine. Si on ajoute à ces différentes industries le bois de chauffe, nécessaire à la métallurgie du fer et du bronze où les

Gaulois n'étaient pas moins réputés, on doit imaginer que la consommation de ce matériau était gigantesque. Cela suppose que les massifs forestiers diminuaient progressivement mais surtout qu'ils durent faire très tôt l'objet d'une gestion raisonnée et d'un entretien visant à sélectionner les essences et à favoriser la croissance d'arbres propres à ces différentes utilisations.

Ainsi la forêt n'était-elle plus un espace naturel laissé à son propre développement, dernier vestige d'une nature préhistorique non maîtrisée, mais une véritable richesse soignée et régulée, au même titre que les champs et les pâturages. Elle faisait l'objet de droits de propriété, soit de l'État, soit de particuliers qui lui accordaient au moins la même valeur qu'aux autres couverts végétaux. D'autant plus qu'elle-même pouvait abriter deux autres types de richesse, les minerais dont regorgeait le sous-sol de quelques régions (fer, argent et or pour l'essentiel) et surtout les animaux sauvages qui, eux, se rencontraient partout. La chasse était en effet une activité prisée de la noblesse, surtout de ceux qui s'étaient destinés au métier de la guerre. Hors des campagnes militaires, elle était, comme les autres exercices physiques, quasi quotidienne. Il fallait donc gérer le gibier comme le milieu qui le protégeait, en favorisant sa multiplication et sa croissance, en ne procédant qu'à des prélèvements mesurés.

La réalité est donc très éloignée de l'image d'Épinal. Les forêts gauloises étaient certainement beaucoup plus proches des belles forêts du XVIIIe siècle, conçues pour les chasses du Roi-Soleil et l'élevage d'arbres destinés à la construction de sa flotte que de cette sorte de forêt primitive, chère aux gravures du XIXe siècle, que ce soient celles des artistes romantiques ou celles des premiers manuels d'histoire.

CHAPITRE III

La Gaule était-elle une nation ?

À la Gaule imaginée comme l'ancêtre de la France, l'idée qu'elle était également une nation, évidemment elle-même ancêtre de la nation française, a très tôt été associée. Nous avons vu dans le premier chapitre ce qu'il faut penser de la Gaule comme pays. Il faut maintenant examiner la conception floue et fluctuante de nation gauloise, qui a évolué dans le temps et a fini par installer dans l'opinion populaire la certitude que la nation française s'enracine profondément dans l'histoire, dans l'Antiquité même. Cet examen est d'autant plus délicat que le mot « nation » en français a différentes acceptions qui sont précisément en cause dans l'idée vague de cette prétendue « nation gauloise ».

Bien que la théorie d'une nation gauloise soit relativement récente, on doit souligner que le mot de *natio* est déjà utilisé par César pour désigner l'ensemble des Gaulois, notamment lorsqu'il les oppose aux Germains qui, eux aussi, sous sa plume, forment une nation. Le sens du mot latin ne fait pas difficulté, il s'agit de la « race » gauloise ou ensemble des peuples gaulois et, de toute évidence, le conquérant de la Gaule n'y met aucune connotation politique. Il traduit très certainement le terme grec *phylé* (« groupe de tribus ») employé par Poseidonios d'Apamée, sa source principale. Il s'agit donc d'une distinction ethnique, rien de plus. Néanmoins, les historiens du XIXe siècle trouveront dans cette formule césarienne une preuve de la véracité de leur théorie. Il est cocasse de remarquer que les mêmes idéologues se garderont bien d'appliquer le même raisonnement à l'autre

« nation » citée par César, celle des Germains, qui se verrait alors honorée de la même légitimité antique.

La notion de nation gauloise telle que nous la connaissons dans toute son ambiguïté où se mêlent appréciations ethnique et politique, n'est pas apparue d'emblée avec la découverte des Gaulois, ni à la Renaissance quand les lettrés lurent leur histoire écrite par les Grecs et les Latins. Elle ne naît pas non plus après la Révolution française lorsque les premiers historiens commencent à défricher le désert historique qu'était la France aux derniers siècles précédant notre ère. Amédée Thierry, bien qu'il écrive à une période fortement marquée par le nationalisme, prend bien garde de ne pas employer le mot de nation à propos des Gaulois. Il préfère, à la suite de Poseidonios d'Apamée et de Strabon, parler de « race » ou de « famille », les deux termes ayant sous sa plume un même sens ethnique. Bien sûr, aujourd'hui, on n'oserait plus employer l'expression de « race gauloise ». Mais pour cet auteur, elle désigne seulement l'ensemble des ethnies de la Gaule. En revanche, lorsqu'il parle des « nations gauloises », c'est une façon intelligente de traduire un mot employé constamment par César, celui de *civitas*, qui pose toujours problème parce qu'il recouvre trois réalités : à la fois la région occupée par un peuple gaulois, ce peuple lui-même et l'État qu'il a mis en place. On se contente souvent de traduire ce terme par « peuple-État » sans que cela soit très satisfaisant.

Comme il arrive souvent, les précautions d'usage et les subtiles distinctions par lesquelles un savant met un point d'honneur à préciser son discours ne sont guère respectées par ses lecteurs et surtout par ses successeurs. On n'en fera pas grief aux deux autres grands historiens de ce même siècle, Michelet et Fustel de Coulanges, qui, l'un et l'autre, mais pour des raisons différentes, n'éprouvent guère d'intérêt pour les Gaulois et éludent rapidement le problème de la nation. Voici ce qu'écrit le second, sous l'influence du premier :

> Les Gaulois n'étaient pas une nation ; ils n'avaient pas plus l'unité politique que l'unité de race. Ils ne possédaient pas un système d'institutions et de mœurs publiques qui fût de nature

> de former d'eux un seul corps. Ils étaient environ soixante peuples que n'unissaient ni le lien fédéral, ni une autorité supérieure, ni même l'idée nettement conçue d'une commune patrie.

Il n'en va pas de même pour l'historien officiel qui popularisera ces derniers, Henri Martin. Il fait des nations gauloises d'Amédée Thierry une nation unique et homogène. À vrai dire, la plupart du temps il préfère employer le mot « patrie », plus à la mode au moment où il écrit, dans les années 1840-1860. Ainsi, sous sa plume, Vercingétorix apparaît comme un patriote, le défenseur d'une patrie qu'est la Gaule tout entière. On perçoit là le lointain écho des luttes de 1792 quand les révolutionnaires affrontent les puissances coalisées. Pour Martin, la patrie gauloise reflète l'heureuse harmonie entre un pays défini une fois pour toutes et une nation peuplée de nos ancêtres. Le pays et ses hommes ont généré une longue filiation qui se poursuit jusqu'à nous. C'est ce qu'il exprime par cette phrase quelque peu curieuse : « La France nouvelle, l'ancienne France, la Gaule sont une seule et même personne morale. » Cette « personne morale » est la patrie qui mérite bien son nom puisqu'elle est faite d'une succession de pères au cours de plus de deux millénaires. Pour lui, trois grandes périodes scandent l'histoire de cette France : la Gaule, la France de l'Ancien Régime et celle qui naît de la Révolution.

L'expression de « patrie gauloise » employée par Martin dès les années 1840 était promise à un beau succès en ce XIXe siècle où la recherche historique allait devenir une passion nationale autant qu'une précieuse auxiliaire de la politique. De plus en plus, on demande à cette discipline, que certains veulent hisser au rang de science, de légitimer les aspirations de la France. Au moment des querelles des « nationalités » qui agitent l'Empire autrichien finissant, la France se sent rassurée par son ancienneté comme nation : grâce aux Gaulois, elle devient en effet la plus vieille d'Europe. Les luttes pour l'unité allemande ne font que renforcer ce nouvel ancrage des Français dans leur histoire. La patrie gauloise, expression un peu mythique, acquiert un nouveau sens : elle relie directement la France actuelle à la plus haute Antiquité – au point que certains n'hésiteront pas à effacer le rôle des Francs, évidemment trop teintés de germanisme. De fait, à partir la guerre de 1870, l'anti-germanisme s'installe durablement. Et l'affrontement entre les deux pays se joue aussi au niveau de l'histoire, les uns se revendiquant des Gaulois, les autres des Germains. L'exemple le plus caricatural de cette recherche des héritages est l'érection presque simultanée des statues colossales des deux héros nationaux, Arminius, vainqueur des armées de Varus, en forêt de Teutoburg, et Vercingétorix, adversaire de César, sur la colline d'Alésia.

La nouvelle image des Gaulois comme « premiers Français » s'installe d'autant plus fortement dans l'opinion que, dans le même temps, les vrais historiens sont absents du débat. Curieusement, l'école historique dite « méthodique » – ancêtre de l'école des Annales –, qui investit alors les universités et les grandes écoles, ne s'intéresse pas encore à la Gaule. La première édition de la célèbre *Histoire de France* de Lavisse ne lui consacre aucune place. Ce sont donc des histoires populaires – comme on parle de « romans populaires », celles qui s'adressent à ce peuple n'ayant connu qu'une scolarité rudimentaire – qui occupent le terrain, s'emparent de la thématique gauloise sans s'embarrasser des subtilités de méthode et de discours. Le fameux *Tour de la France par deux enfants* de G. Bruno, qui fut un phénoménal succès d'édition, écrit tout bonnement : « La France notre patrie [...] s'appelait la Gaule. » Les premiers manuels d'histoire diffusés dans les écoles primaires à l'époque de Jules Ferry tiennent exactement les mêmes propos, et proposent un raccourci fantastique et imagé : « Il y a deux mille ans notre pays s'appelait la Gaule. [...] Comme les Gaulois étaient divisés, ils ne surent pas se défendre. La Gaule fut conquise par le Romain Jules César, malgré la vaillante défense du Gaulois Vercingétorix, qui est le premier héros de notre histoire. » Ces discours étaient conçus pour être accompagnés d'images qui impriment plus facilement ce message dans les mémoires. Vercingétorix y prenait place auprès des autres héros nationaux : Jeanne d'Arc, Jeanne Hachette, le Grand Ferré, etc.

La pauvreté désolante du discours historique transmis aux élèves comme au public plus large n'était pas seulement due à la volonté de simplifier les idées qui paraissaient les plus fortes, la patrie, la division de ses habitants et le sursaut de quelques grands hommes. Elle s'explique aussi par l'absence d'une véritable recherche historique. Depuis Amédée Thierry qui travailla uniquement sur les sources littéraires, les historiens n'avaient pas progressé. Ils n'avaient notamment pas tenté de faire la synthèse entre les textes antiques et toute une nouvelle documentation qui surgissait des innombrables fouilles accomplies en France depuis les travaux pionniers entrepris sous l'impulsion de Napoléon III. En l'absence d'une matière établie solidement par les historiens, l'imagination a occupé le terrain. Derrière la notion vague de patrie, on s'est imaginé une nation dont l'acception est beaucoup plus large : un peuple uni politiquement et administrativement par un État qui incarne, de manière supérieure, cette unité. Pour rendre ce message cohérent, il fallait que les « divisions » des Gaulois, évoquées par tous les manuels, soient interprétées comme des querelles individuelles ou familiales, au mieux comme des dissensions politiques.

À l'approche de la Grande Guerre, il n'était pas bon de s'attaquer au mythe de l'ancienne nation gauloise, en rappelant la coexistence dans un même pays d'innombrables ethnies conservant chacune sa part d'autonomie politique et guerrière. Camille Jullian lui-même ne s'y risque pas. Il réussit le tour de force de ménager les susceptibilités et de décrire un pays cependant plus conforme à la vision que nous en avait laissée son conquérant, Jules César. Après avoir décrit le cadre géographique et les populations dans une diversité toute relative, il en arrive à la conclusion suivante :

> Cependant, quels que soient le caractère et le nom de ces diverses populations, Celtes, Belges, Gallo-Germains, Ligures, Celto-Ligures, Aquitains, Ibères, il n'y a pas entre elles des divergences fondamentales, des contrastes saisissants [...]. Elles n'avaient point un même tempérament, elles n'étaient pas également barbares ou civilisées. Mais leurs institutions, pour ne pas être arrivées partout au même degré de formation, étaient cependant de nature semblable.

On voit la subtilité et on perçoit une contradiction un peu gênante : comment des peuples n'ayant pas atteint le même stade de civilisation peuvent-ils posséder des institutions identiques ? Jullian ne se pose pas la question, parce que, en réalité, il ne s'interroge pas sur la véritable nature de ces institutions. La similarité qu'il leur suppose lui permet seulement de procéder à des généralisations sur la tribu, la royauté, l'administration en évitant le seul problème vraiment intéressant, le fonctionnement de ces tribus avec leurs institutions plus ou moins semblables à l'intérieur d'un même pays.

Le schéma didactique et astucieux de Jullian sera repris systématiquement par tous ses successeurs, Henri Hubert, Ferdinand Lot, Albert Grenier. Il préserve le mythe et expose une situation ethnique et politique complexe qui ne peut cependant guère être relayée par les manuels scolaires et, de là, dans le grand public. À ces difficultés s'en ajoutent d'autres. Au cours de la première moitié du XXe siècle, les archéologues ont rencontré les Celtes, nom par lequel sont désormais désignés tous les peuples européens de l'âge du fer disposant de la même culture matérielle. Quelle est la place des Gaulois parmi ces Celtes ? L'expliquer est une tâche à laquelle renoncent tous ceux qui ont la charge de vulgariser le discours historique. Les traumatismes de la Seconde Guerre mondiale paraissent simplifier les choses : les historiens et les archéologues jugent préférable de ne plus distinguer Gaulois et Germains mais de les regrouper dans le vaste ensemble des Celtes. Une telle manière de voir fait disparaître le débat. Les historiens, fatigués de la question du nationalisme, désertent une nouvelle fois le terrain de l'histoire gauloise et laissent le champ libre aux archéologues qui pensent tenir un discours plus scientifique en appelant indistinctement Celtes tous les habitants d'une vaste zone géographique allant des îles Britanniques à la mer Noire et du Danemark à la plaine du Pô. Avec les dernières réformes des programmes d'histoire, dans les années 1980, la Gaule quitte définitivement les manuels scolaires. Un certain nombre de Français qui ont appris la Gaule à l'école ou qui continuent de livre l'œuvre de César sont orphelins de cette histoire. Ils ont les plus grandes peines à trouver dans la littérature historique un discours synthétique sur les notions de nation, d'État, de politique dans la Gaule qui a précédé le début de notre ère.

Pour apporter la réponse la plus claire à ces interrogations, il est nécessaire de mettre un peu d'ordre dans le concept de nation, vague et fluctuant selon les époques. On en retiendra les deux aspects principaux, correspondant aux deux sens les plus habituels. Le premier est le sens ancien – mais il a laissé des traces indélébiles dans l'opinion populaire – dont on peut reprendre la définition au *Petit Robert*: « Groupe d'hommes auxquels on suppose une origine commune. » Il s'agit donc d'une représentation essentiellement ethnique. Le second sens, le plus habituel de nos jours, est, suivant le même dictionnaire, un « groupe humain, généralement assez vaste, qui se caractérise par la conscience de son unité (historique, sociale, culturelle) et la volonté de vivre en commun ». La définition est cette fois beaucoup plus complexe, voire même composite, puisqu'elle associe des critères aussi différents qu'une histoire commune, une même culture et finalement un gouvernement partagé.

Considérons tout d'abord le premier sens. La question de l'origine ethnique des Gaulois peut être résolue grâce à une documentation ancienne et de bonne qualité. C'était le genre de problème qui passionnait les géographes et les historiens grecs, au point de devenir l'exercice obligé de toute description d'un pays ou d'une région du monde. Déjà Hérodote, dans ses *Histoires*, y avait consacré de larges passages à propos des peuples de l'Orient. Mais sur les confins occidentaux de ce qui paraissait alors le monde habité, il ne disposait d'aucune information fiable. Ce n'est qu'avec les travaux du géographe Ératosthène et du voyageur massaliote Pythéas que se dessine une première géographie de la Gaule. Celle-ci sera toutefois enrichie d'informations ethniques, sociales et culturelles par l'historien Timée de Taormine qui le fera dans son cabinet à partir de livres et de rapports acquis à grand prix. Son œuvre sera mise à profit par Poseidonios d'Apamée, qui, contrairement à ses prédécesseurs, se rend sur place au tout début du Ier siècle avant J.-C., au cours d'un voyage qui l'amène de Marseille à Toulouse et peut-être jusqu'à l'Océan.

Poseidonios était un grand savant, doué d'un esprit véritablement scientifique. Astronome, climatologue, historien et philosophe, ses recherches historiques l'avaient par ailleurs amené à entreprendre de véritables enquêtes sur les Cimmériens, les Cimbres, les Ibères, les Celtes et les Germains. Il était donc passé maître dans les questions extrêmement difficiles des origines ethniques, des filiations et des parentés entre les peuples. C'est ainsi qu'il a réussi à faire la synthèse du peuplement de la Gaule, un tableau ensuite repris par tous les historiens et géographes de l'Antiquité, notamment César au tout début de la *Guerre des Gaules*. Comme les autres informations qu'il a puisées dans l'œuvre de Poseidonios, celles-ci sont réduites à l'extrême, dépouillées de toutes les précisions et subtilités dont le Grec avait enrichi la présentation. Aussi désincarné soit-il, le résumé lapidaire de César est catégorique et ne laisse place à aucune ambiguïté.

> La Gaule dans sa totalité est divisée en trois parties. L'une est habitée par les Belges, une seconde par les Aquitains et la troisième par ceux qui s'appellent dans leur propre langue « Celtes » et que nous [les Romains] appelons « Gaulois ». Tous ces groupes diffèrent les uns des autres par la langue, les institutions et les lois [...].

Comme nous l'avons vu dans le premier chapitre, la Gaule est donc peuplée de trois grands groupes ethniques, parfaitement distincts. Au début du Ier siècle avant J.-C., et *a fortiori* dans les deux siècles qui l'ont précédé, période au cours de laquelle les Grecs ont dessiné la première géographie de la Gaule, celle-ci n'était pas occupée par un peuple homogène et qui se reconnaissait comme tel. Les habitants de la Gaule n'avaient nullement le sentiment d'appartenir à une même nation.

En revanche, si l'on considère toujours le sens ethnique du mot « nation », on est en droit de se demander si, à l'intérieur de chacune des trois parties de la Gaule, les différentes tribus avaient la conscience d'appartenir à un ensemble ethnique qui pourrait s'assimiler plus ou moins à une nation. Autrement dit, en Gaule, n'y avait-il pas trois nations plus ou moins associées ? Il est beaucoup plus difficile de répondre à cette question. Toutes les luttes entre tribus qu'évoque à loisir le récit de la conquête nous poussent instinctivement à répondre par la négative. Comment expliquer autrement les luttes fratricides entre Éduens et Séquanes, appartenant tous deux à la Celtique, ou celles non moins durables entre Bellovaques et Rèmes pourtant composantes, les uns et les autres, de la Belgique ? Mais, à l'inverse, comment comprendre qu'Éduens et Séquanes se revendiquent comme des Celtes et appellent Celtique tout le centre de la Gaule et que Bellovaques et Rèmes se reconnaissent comme des Belges ? Ces distinctions ne sont nullement le résultat des élucubrations de Poseidonios d'Apamée. Celui-ci s'est seulement contenté de mettre en forme les informations qui lui venaient des Gaulois eux-mêmes. À l'évidence, les uns se considéraient comme des Celtes, les autres comme des Belges et ils s'imaginaient, à tort ou à raison, qu'à l'intérieur de chacun de ces groupes les différentes tribus possédaient entre elles des liens de parenté.

Les conceptions que ces hommes se faisaient de leur nationalité étaient plus subtiles qu'on ne l'imagine habituellement. On le voit bien à travers l'attitude que les Rèmes adoptent lors de la première campagne de César en Gaule Belgique, et les renseignements qu'ils lui fournissent. Ils se disent « les plus proches de la Gaule [Celtique] » et se désolidarisent des autres Belges dont ils disent ne pas partager les choix politiques et stratégiques. Or ce peuple habite la Champagne, région très peuplée et florissante aux Vᵉ-IVᵉ siècles, c'est-à-dire avant l'arrivée des Belges venus d'outre-Rhin aux IVᵉ-IIIᵉ siècles. Leur nom de *Remi* signifie les « premiers », ce qui peut faire allusion autant à leur antique puissance qu'à leur ancienneté sur le territoire. Il est probable qu'une partie de la population rème était composée des descendants de la population autochtone installée sur place au début du second âge du fer et que, par conséquent, ils ne se sentaient pas tout à fait belges, en tout cas moins belges que les autres peuples arrivés plus tard. Néanmoins, ils appartenaient à la confédération belge et étaient reconnus comme tels par tous leurs voisins, Belges et Gaulois de la Celtique. Les Celtes, et plus particulièrement les Gaulois, avaient en effet l'habitude de donner au pays qu'ils venaient de conquérir le nom de la tribu ou des tribus qui, parmi eux, étaient les plus puissantes. Ainsi les Belges appelèrent-ils leur nouveau territoire (nord de l'Île-de-France, Picardie, Haute-Normandie) le *Belgium*, les Insubres, qui s'installèrent en Cisalpine, *Insubrium*, et les Boïens, qui s'établirent dans l'actuelle Bohême, le *Boiohaemum*. Une fois ce nom donné, il semble que tous les peuples l'habitant aient pris l'habitude de se désigner, au moins dans les confédérations guerrières et politiques, par le nom de ce pays. Il y avait en quelque sorte une confusion ou une fusion entretenue entre droit du sang et droit du sol. Ces deux conceptions de la nationalité se fondaient d'autant mieux entre elles que les nobles et les peuples tout entiers ne cessaient de tisser des liens de parenté et de dépendance.

Ainsi le tableau de la Gaule que faisait Poseidonios dans les années 90 avant J.-C. avait-il certainement quelque chose d'artificiel et n'avait-il probablement pas plus de réalité au moment où César le recopie au début de son ouvrage. Les liens de clientèle s'étaient multipliés et commençaient à ignorer la frontière entre Belgique et Celtique. Entre ces deux « parties » de la Gaule, une union se dessinait, attestée par deux faits. Nous avons déjà évoqué l'un d'eux au premier chapitre, il s'agit des assises dans le pays des Carnutes. L'autre preuve d'une union réside dans l'exclusion des Aquitains de cette Gaule : ils ne participaient probablement pas aux assises des Carnutes, et, en outre, leur langue et leur apparence physique les distinguaient nettement des autres Gaulois et les rapprochaient des Ibères. C'est ce que dit textuellement Strabon qui, lui aussi, résume les informations données par Poseidonios et semble mieux rendre cette distinction importante que César, au contraire, avait minimisée.

Poseidonios ne se contentait pas de rapporter les distinctions ethniques que les Gaulois eux-mêmes soulignaient, il essayait d'en comprendre la genèse. Il put d'autant mieux le faire qu'il enquêta sur les Germains, ces « cousins » ou « frères » des Gaulois, ainsi que sur les Cimbres qu'il ne confond généralement pas avec les Germains. En s'appuyant notamment sur les résultats de l'historiographie que les druides avaient établie sur le peuplement de la Gaule, il avait compris que la Gaule, très peuplée au moment où il la découvre (on estime généralement la population à une vingtaine de millions d'âmes), était initialement occupée par des autochtones. Ceux-ci avaient développé une brillante civilisation dans la partie centrale de la Gaule, à la fin du premier âge du fer et au début du second. Mais dès le Ve siècle, ou tout au moins au début du IVe, une première vague d'immigrants belges avait envahi la partie occidentale de la Gaule du Centre – ils seront appelés ensuite « Parocéanites » ou « Armoricains » ; quelques décennies plus tard, une deuxième vague de Belges avait déferlé sur l'Île-de-France et le Nord ; enfin, quelques peuples des régions rhénanes avaient encore des velléités de s'installer en Gaule. Les conflits, les accords puis les alliances entraînés par les arrivées différées de tous ces peuples avaient produit une profonde mixité entre les Belges tout d'abord, et progressivement entre les Gaulois de la Celtique et les Belges. Celle-ci venait aussi des besoins mutuels et d'une réelle complémentarité. Les Belges étaient extrêmement guerriers et pouvaient offrir leurs services de mercenaires ou de défenseurs, tandis que les Gaulois du Centre disposaient de matières premières et de biens de luxe provenant des bords de la Méditerranée.

La Gaule présentait donc un ensemble ethnique assez complexe, difficile à décrire, plus encore à caricaturer en quelques lignes. Mais il n'en allait pas différemment de l'Italie à la même époque ou de la Grèce quelques siècles plus tôt. Les Gaulois se répartissaient en tribus fières de leur autonomie et de leur particularisme tout en affirmant, dans le même temps, appartenir à deux grands groupes ethniques. Il est probable qu'ils se sentaient de façon diffuse les habitants d'un même pays dont les frontières n'étaient pas aussi claires qu'elles le sont aujourd'hui. Il n'est pas sûr qu'ils aient reconnu les Aquitains comme les habitants de la Gaule pas plus que certaines tribus germaines riveraines du Rhin. Il y avait donc une double appartenance ethnique, à la tribu tout d'abord (ce que César appelle *civitas*) et, à un niveau supérieur, à l'un des deux grands ensembles, Celtes ou Belges.

D'un point de vue ethnique, au premier sens du terme donc, les Gaulois ne formaient pas une véritable nation. Mais on pourrait faire le même constat à propos de beaucoup de nations actuelles – particulièrement de la nation française –, ce qui nous incline à examiner maintenant la seconde signification du mot, plus contemporaine, qui désigne un ensemble d'individus se reconnaissant une même histoire, une même culture et exprimant surtout le désir de vivre ensemble, donc d'être gouvernés par un même État. Ce sont ces quatre aspects qui doivent être étudiés.

Les Gaulois, peuples sans écriture, n'étaient pas pour autant des peuples sans histoire. Dans un passage célèbre de ses *Histoires*, Ammien Marcellin rapporte un morceau de l'œuvre de l'auteur grec Timagène, consacrée à l'histoire des Gaulois. Ce dernier, une fois de plus, avait trouvé sa documentation dans le livre XXIII des *Histoires* de Poseidonios. Voici un résumé de ses propos. Les auteurs grecs anciens avaient des doutes sur l'origine antique des Gaulois mais des recherches récentes – celles de Poseidonios – avaient permis de faire la lumière sur la question. Trois histoires concurrentes circulaient, dont deux étaient mythiques. Selon la première, la race gauloise serait issue de l'union d'Hercule et de la fille d'un roi celte dont le fils aîné aurait eu pour nom Galatès. Il s'agit d'une légende probablement relayée par les premiers voyageurs grecs en Gaule et qui devint très populaire dans ce pays au cours des quatre derniers siècles avant notre ère. La deuxième, plus savante et certainement due à quelque auteur grec ancien, imaginait que les Gaulois descendaient des Doriens qui se seraient établis sur les rives de l'Océan. La troisième, à laquelle se ralliait Poseidonios d'Apamée, est plus crédible. Elle affirmait qu'« une partie de ce peuple était d'origine indigène mais que celle-ci s'était trouvée grossie de populations venant d'îles lointaines et de régions situées au-delà du Rhin, chassées de leurs demeures par la fréquence des guerres et par les raz-de-marée ». L'auteur précise que ces théories étaient diffusées par les druides, ce qui n'a rien d'étonnant. Ces grands savants disposaient entre autres de deux charges nécessaires à l'établissement de cette historiographie, la mesure du temps et l'archivage – eux seuls bénéficiaient de l'usage de l'écriture. Une information que César a recueillie auprès des Rèmes donne le plus grand crédit à cette histoire druidique : il rapporte que « la plupart des Belges étaient issus de chez les Germains, qu'ils avaient franchi le Rhin autrefois », bien avant l'invasion des Cimbres et des Teutons, et qu'ils étaient les seuls à avoir pu leur interdire l'accès à leur territoire. Les druides conservaient donc la mémoire de faits remontant à plusieurs siècles. Leur documentation historique concernait les événements guerriers, les relations internationales mais aussi la philosophie et la théologie, comme le précise encore César à propos de l'origine des théories druidiques. Elle ne se limitait donc nullement à la tribu mais s'élargissait souvent à la destinée de la Celtique et de la Belgique, voire de la « Gaule tout entière », dans le sens que lui donne César. Cela n'a rien d'étonnant car les druides entraient dans des confréries qui se situaient au-dessus des limites des peuplades, à l'instar de l'assemblée annuelle chez les Carnutes. D'autre part, les grands événements guerriers, migratoires et politiques étaient toujours de nature confédérale, ils associaient des peuples voisins et parfois aussi des tribus très distantes, comme les Helvètes avec les Santons dans le projet de migration des premiers, les Bellovaques avec les Éduens dans le cadre d'une relation de clientèle.

Cette communauté d'intérêts était tout aussi évidente en matière culturelle. Les habitants de chacune des trois parties de la Gaule parlaient une même langue qui se distinguait de celle parlée dans les deux autres parties. Strabon laisse entendre que ce sont surtout les Aquitains qui se séparaient le plus nettement des autres Gaulois. Le nom des différents peuples de Gaule le confirme. Dans ceux des tribus de Celtique et de Belgique se retrouvent des racines celtiques communes qui ont donné des substantifs et des noms propres, tandis que les noms des peuples aquitains (Cocosates, Sibuzates, par exemple) ne montrent pas de caractère celtique évident. Le récit de la guerre des Gaules ne fait apparaître par ailleurs aucun problème de compréhension entre Gaulois du centre et Gaulois du nord. On est donc amené à penser que ces hommes parlaient des langues parentes qui se distinguaient seulement par un vocabulaire et quelques aspects grammaticaux présentant des régionalismes. Ces patois n'étaient pas un obstacle au dialogue mais plus certainement la marque d'une affirmation tribale tenace, comme l'indique une remarque étonnante de saint Jérôme dans son *Épître aux Galates*: «Les Galates [d'Asie Mineure] ont seuls conservé leur langue particulière; et cette langue est à peu de chose près celle dont on se sert à Trêves.» Ainsi, au Ve siècle après J.-C., deux peuples aussi éloignés géographiquement avaient conservé un dialecte peut-être issu d'une même origine belge.

La culture au sens large, qui inclut les mœurs, les coutumes, les institutions, les usages de la vie quotidienne, l'expression artistique et la religion, ne saurait, dans le cadre de cette réflexion, être interrogée dans le détail. On se contentera, d'une part, des informations souvent très réalistes données par César et qui concernent le début du Ier siècle avant J.-C., d'autre part, des données matérielles recueillies en grand nombre par l'archéologie. Le premier nous montre des hommes mais aussi des peuples qui partagent les mêmes valeurs, qui ont de semblables préoccupations guerrières ou politiques et disposent de moyens matériels identiques. Malgré des variantes régionales, ils disposent d'économies assez similaires, d'un armement et de troupes de même nature, des vêtements semblables et une infrastructure commune: routes terrestres et voies navigables, ports. Les types de relations entre les individus sont partagés par de nombreux peuples: on trouve les alliances matrimoniales et ce qui en découle (contrat de mariage, héritage, droit sur les enfants), la pratique de l'otage qui se superpose à un probable «fosterage» – les enfants sont confiés à une famille d'accueil avec laquelle ils développent de nouveaux liens de parenté –, les relations de clientèle. Le récit de la guerre des Gaules montre que ces mœurs sont communes à la plus grande partie des tribus gauloises, surtout celles de la Celtique et de la Belgique occidentale.

Les données matérielles, objets, parures, armes, vestiges de l'habitat ou d'autres aménagements, etc., composent un tableau assez similaire. Ce sont surtout l'armement et les parures qui présentent l'aspect le plus homogène. La céramique offre en revanche des variantes régionales. Toutefois, les services de table et de boisson témoignent de mêmes pratiques culinaires et usages de table. C'est le cas aussi, semble-t-il, du mobilier réduit à l'essentiel, coffres et tables basses en bois. La façon d'habiter et de vivre en famille est la même partout : les unités d'habitation sont de très petite taille, ne permettant que la préparation et la prise des repas et le couchage. Ce sont les possibilités d'approvisionnement qui conditionnent le choix des matériaux et la forme des constructions. Dans tout le Centre et le Nord de la Gaule, les maisons sont en bois et torchis, couvertes de chaume ou branchages. Dans l'Ouest et le Sud de la Gaule où les roches dures affleurent, les murs sont partiellement montés en pierres sèches. Les différences fondamentales se situent plutôt dans la répartition de l'habitat. En Champagne, dans le Sud-Est, dans l'Ouest apparaissent très tôt des villages ou hameaux, tandis que le Nord de la France, jusqu'à l'arrivée des Romains, n'est occupé que par une multitude d'établissements agricoles de plusieurs types – de la villa aristocratique à des granges isolées. Les habitats fortifiés et les premières villes ne couvrent pas non plus uniformément la Gaule et n'apparaissent pas partout à la même époque. C'est dans le Sud-Est que se trouvent les plus anciennes cités fortifiées, souvent de très petite taille. Elles ont bénéficié d'une tradition de construction en pierres qui remonte au néolithique et surtout des influences grecque et ibère alors que dans le centre, les grands espaces fortifiés, que l'on nomme *oppida*, se développent surtout à partir du IIe siècle. Ces variations régionales, somme toute limitées, ne recoupent donc pas la tripartition géographico-ethnique rapportée par César.

Au contraire, les mœurs religieuses et funéraires reflètent mieux les distinctions ethniques. Les grands sanctuaires gaulois se répartissent presque uniquement dans la Gaule Belgique et en Armorique. Ils sont fondés dès le début du IIIe siècle, date où l'on situe l'arrivée d'importantes migrations belges. À la même époque et dans la même région se multiplient sur le territoire de petits ensembles funéraires comprenant exclusivement de petites fosses dans lesquelles sont déposés des restes incinérés accompagnés de céramiques. Auparavant, l'inhumation dominait largement. Cependant, ces pratiques rituelles ne supposent pas forcément de grandes différences dans la conception du monde divin et de ses représentants ni dans celle de l'outre-tombe. Les conceptions esthétiques témoignent d'une communauté plus homogène sur un vaste domaine des Pyrénées à la Flandre et de l'Océan à la vallée du Rhin. Cet art est marqué par des décors géométriques à la construction savante puis par une abstraction stylisée qui exclut toute représentation humaine ou animale, si ce n'est sous la forme d'allusion discrète. Le Sud-Est où se développe une statuaire anthropomorphique imposante fait figure de marge au même titre que le plateau suisse ou la Hesse, où l'influence des civilisations étrusque, grecque et vénète est également perceptible. Il apparaît donc, une fois encore, que les deux grandes parties de la Gaule partageaient une même culture : objets de la vie quotidienne, armes, œuvres d'art pouvaient circuler dans cet espace, tout autant que les individus pouvaient s'y déplacer et y élire un nouveau domicile.

Le dernier aspect de la nation dans son acception moderne touche au gouvernement des hommes. Tous les habitants de la Gaule vivaient-ils sous de mêmes lois, régis par une administration identique ? La réponse de la *Guerre des Gaules* de César est claire. Une soixantaine de peuples disposent d'un territoire fixe sur lequel ils mènent une vie autonome, tout en entretenant parfois des relations de clientèle avec d'autres peuples. Pour désigner ces petites entités ethniques, territoriales et administratives – on les a comparées à nos départements actuels dont ils ont souvent la taille –, César emploie le mot *civitas* qui semble être la traduction latine du grec *polis* (« cité »), que devait employer Poseidonios par comparaison avec les cités grecques qui présentent en effet quelques similitudes avec ces petits États gaulois. Chacun de ceux-ci disposait de sa propre administration et de son armée. Peu de temps avant l'arrivée des Romains en Gaule, il s'agissait, chez la plupart des peuples, de démocraties représentatives, dans lesquelles les lois et la désignation d'un magistrat et d'un stratège étaient à la charge de deux assemblées, un sénat réservé à la noblesse et une assemblée civique, probablement héritière des assemblées de guerriers. Il existait cependant quelques royautés et des tyrannies exercées par des nobles descendants de familles royales qui tentaient de reprendre le pouvoir. Certains peuples – au moins les Éduens – s'étaient dotés d'une véritable constitution très contraignante pour les magistrats et les stratèges élus pour une période d'une seule année et étroitement surveillés. Mais ces formes évoluées de gouvernement conservaient des vestiges de l'ancien pouvoir tribal. Les peuples étaient, en effet, composés de plusieurs tribus (généralement trois ou quatre) qui s'étaient associées autrefois. Elles conservaient une certaine réalité dans l'occupation du territoire divisé en autant de *pagi* (« pays » attribué à chaque tribu), dans la composition des armées – chaque tribu avait son propre corps de guerriers – et peut-être dans le mode électoral. Il est en effet probable que les électeurs d'une tribu appartenaient à un même collège disposant d'un nombre déterminé de représentants. Ces tribus ou *pagi* gardaient donc leur autonomie à la guerre, lors des migrations, et il arrivait que certaines se détachassent des peuples dont elles étaient pourtant partie intégrante.

Malgré l'autonomie réelle de l'administration et de la force militaire des peuples-États, on aurait tort d'imaginer la Gaule comme l'ensemble composite d'une soixantaine de petites nations, œuvrant chacune sur son territoire et ne se souciant qu'occasionnellement de ses voisins, si ce n'est pour les combattre ou s'allier avec eux, au hasard de la conjoncture. La *Guerre des Gaules* nous révèle aussi une autre réalité qui a marqué l'esprit des Français depuis la Renaissance : la division des Gaulois, se querellant, luttant parfois les uns contre les autres sans réussir à s'unir contre l'ennemi commun. Cette image de discorde nationale, repoussoir agité lors de chaque crise, est si forte qu'on oublie ou ignore l'original dont elle est la caricature. Les Français se représentent ainsi les Gaulois comme leurs ancêtres individuels, des hommes qui seraient déjà à leur image, sûrs de leur droit, aimant s'en prévaloir parfois jusqu'à l'affrontement physique. Mais ce n'est pas de querelles individuelles ou familiales qu'il est question dans les événements qui marquent le milieu du Ier siècle av. J.-C. Ce sont de véritables luttes entre familles, entre clans et entre peuples qui n'ont aucun caractère ethnique ni même territorial mais ont, au contraire, de véritables raisons politiques.

On néglige trop souvent le fait que les Gaulois sont passionnés de politique. C'est l'activité qu'ils pratiquent avec le plus d'excès, probablement à égalité avec la religion. César en explique très clairement les mécanismes en introduisant l'exposé de la rivalité entre Éduens et Séquanes. Voici ce qu'il en dit, en utilisant sans doute une fois de plus les informations de Poseidonios d'Apamée :

> En Gaule non seulement toutes les cités [peuples-États], tous les *pagi* et toutes les fractions de ces derniers, mais même les grandes familles, sont divisés en partis rivaux ; à la tête de ces partis se trouvent des chefs, ceux auxquels on accorde la plus grande autorité ; c'est à eux que revient l'arbitrage et la décision pour toute entreprise et toute délibération. C'est là une institution de la plus haute antiquité qui veut qu'un homme du peuple ne manque pas d'aide contre un plus puissant que lui, car le chef d'un parti ne doit pas souffrir qu'on maltraite ou qu'on trompe l'un de ses partisans : s'il faisait autrement, il perdrait toute autorité parmi les siens. Ce même système existe dans la Gaule tout entière ; en effet, tous les peuples y sont divisés en deux grands partis.

Ces lignes, d'une précision tout à fait exceptionnelle, nous élèvent bien au-dessus de la caricature de la division des Gaulois, développée en France depuis des siècles. Elles montrent un fonctionnement politique et social parfaitement rodé qui existe depuis une longue période (*antiquitus* signifie « depuis au moins deux ou trois siècles »). Ce « système » se pratique sur l'ensemble de la Gaule et repose sur une relation de clientélisme – probablement un lien d'homme à homme lors de son apparition dans le monde guerrier du début du premier âge du fer, pour gagner ensuite les familles entières, les tribus jusqu'à devenir une forme de fonctionnement politique. Un tel usage évoque pour nous immanquablement le Moyen Âge avec ses relations de vassalité, bien que, dans ce cas, la relation s'y exerçât entre deux hommes, le vassal et son suzerain. Il ne devait pas non plus étonner les lecteurs romains de César qui connaissaient eux aussi les relations de clientélisme politique, une forme plus proche de ce que ce mot a pris de péjoratif à notre époque.

Dans cet exercice de la politique, deux aspects importent. Son caractère universel, tout d'abord. César écrit : *in summa totius Galliae*, soit, mot à mot : « dans la totalité de la Gaule tout entière », ce qui suppose que, cette fois, la Celtique et la Belgique ne sont plus les seules concernées mais aussi l'Aquitaine et les régions rhénanes. Cette universalité de l'activité politique ne prend toutefois son intérêt que si on la met en relation avec le second aspect : la raison de ces luttes politiques incessantes. Ce que les Gaulois recherchent dans leurs assemblées et dans leurs alliances politiques avec d'autres cités, ce n'est évidemment pas un idéal de démocratie, car la recherche d'une constitution répond à des principes moraux. Ces préoccupations propres aux philosophes grecs ont bien existé en Gaule, mais elles n'ont été le fait que des druides. Les responsables politiques, des hommes tels que Dumnorix et Diviciacos les Éduens ou Orgétorix l'Helvète ont des buts bien plus terre à terre, les mêmes d'ailleurs que ceux de la plupart des hommes politiques romains : ils recherchent tout simplement le pouvoir. Mais un pouvoir non partagé : il est vrai que le pouvoir cherche toujours à être entier, et à s'étendre sur tout le domaine qu'il peut occuper. « Il n'y a pas le pouvoir, il n'y a que l'abus de pouvoir », écrivait Montherlant. C'est donc, comme l'a indiqué César dans le texte cité plus haut, l'autorité sur sa grande famille noble que le chef conquiert, puis celle sur l'ensemble de sa tribu, dans les deux cas par une relation de clientèle qui s'exprime dans les élections. Ensuite, il cherche à obtenir le pouvoir sur le peuple-État par une série de magistratures. Mais l'ambition des grands chefs ne s'arrête pas là – et telle est la véritable raison de l'intervention de César en Gaule –, ils recherchent l'hégémonie sur la Gaule. La chose n'était pas nouvelle. Déjà, avant la création de la *Provincia* en Gaule, les Arvernes combattaient les Éduens pour s'arroger ce pouvoir que César appelle généralement *principatum*, la « suprématie », la « prééminence ». Un principat, donc, qui s'exercerait sur la « Gaule tout entière ». Mais en 58 avant J.-C., cette tentative de prise de pouvoir par les trois chefs helvète, séquane et éduen menaçait directement les intérêts de Rome.

Comme notre source documentaire principale est l'ouvrage de César qui décrit la situation des années -65 à -50, on a tendance à penser que l'agitation politique qui règne alors en Gaule est purement conjoncturelle et que, par conséquent, les clivages comme les alliances évoqués ne valent que pour cette brève période et pour quelques peuples phares, ceux du Centre et du Centre-Est de la Gaule. Il s'agit d'un simple effet d'optique : la vie politique – Poseidonios l'avait bien compris – est depuis longtemps vivace en Gaule et les différents partis politiques qu'on pressent à l'œuvre au moment de la guerre de conquête sont également anciens. On le constate en lisant la relation que fait l'historien grec Polybe du passage d'Hannibal en Gaule en 218. Le Carthaginois doit tout d'abord convaincre les assemblées des différents peuples dont il veut traverser le territoire. Les réunions sont houleuses. Les jeunes représentants y affrontent leurs aînés, ce qui fait songer à l'habituelle opposition entre *juvenes* et *seniores* à Rome. Mais on devine aussi, chez chaque peuple, l'existence de deux partis antagonistes, l'un favorable aux Romains, l'autre hostile et par conséquent prêt à aider le guerrier punique. Ce sont très exactement ces mêmes partis que l'on retrouve cent cinquante plus tard. Le parti le plus visible en quelque sorte est celui que représente un homme tel que l'Éduen Diviciacos qui combat d'autres Gaulois aux côtés de César. On a parlé à son propos de « parti pro-romain ». Mais que faut-il entendre par là ? Qu'il s'agit de servir Rome pour lui permettre d'annexer la Gaule ? Certainement pas. Si c'était le cas, les partis pro-romains de Celtique ne chercheraient à gagner à leur cause que les peuples de la Celtique qu'ils contrôlent relativement bien, qui sont peu militarisés et déjà convaincus par les bienfaits de la civilisation romaine. Ils ne tenteraient pas de s'allier les peuples belges, si belliqueux et parfois si incontrôlables. Ce que ces partis visent, c'est le contrôle de la Gaule entière et une révolution des mentalités assurée par l'adoption de mœurs sociales et politiques et une économie à la romaine tournée vers le commerce méditerranéen. Ils demandent alors à Rome une aide militaire et la poursuite de sa politique économique qui réussit si bien aux Éduens et aux peuples situés sur les grands axes commerciaux. Les partis anti-romains, dont l'existence nous est suggérée par l'alliance entre les trois chefs conjurés, évoquée par César dès le début de la *Guerre des Gaules*, ont exactement le même désir d'un principat s'exerçant sur la même entité géographique. Ce qui distingue les uns des autres, ce sont donc les moyens utilisés pour obtenir ce pouvoir et surtout leur attitude vis-à-vis de Rome. Les premiers pensent qu'elle peut les aider militairement et qu'elle sera ensuite associée à l'exploitation économique du pays. Les deuxièmes craignent qu'elle ne soit un obstacle à leur entreprise et que toute ingérence de sa part marque un début de colonisation. L'histoire telle qu'elle est écrite par César donne raison à ces deux lectures de la situation: Rome peut être un auxiliaire formidable comme un redoutable danger pour la Gaule, suivant le point de vue où se place le citoyen gaulois.

Quoi qu'il en soit, l'enjeu de ces luttes politiques, qui prennent un caractère militaire à la faveur de la migration des Helvètes puis de l'intervention de César, est bien le principat sur une région qui va de la Garonne aux Flandres et de l'Océan aux Alpes. Il ne faut pas imaginer que les tenants des deux partis antagonistes aient cru possible de ranger cette immense région sous la loi de leur propre État, en y installant une royauté ou une tyrannie. Pas plus que les Arvernes au IIe siècle, les Éduens au Ier siècle n'ont espéré régner d'une façon quelconque sur la Gaule. Ils savaient la chose impossible. Ils voulaient seulement ériger leur peuple en patron de tous les autres par l'intermédiaire d'autres peuples patrons sur lesquels lui-même aurait la primauté. La Gaule, au moins depuis le début de l'extension arverne, était une sorte de pyramide du clientélisme en construction. Tous les degrés inférieurs et moyens étaient en place. Partout, de grands peuples dominaient un ensemble de quelques unités de peuples clients. Il ne restait plus qu'à asseoir au-dessus de ces ensembles un peuple qui en fût le chef d'orchestre. C'est ce sommet, le plus délicat à installer, qui était l'objet de tous les affrontements depuis des décennies.

Ces luttes pour l'hégémonie, depuis deux siècles avant l'arrivée de César, avaient dessiné l'espace politique cohérent que l'on vient d'évoquer, celui d'une Gaule presque idéale en harmonie avec les frontières naturelles que les géographes grecs se plaisaient à lui reconnaître. Comme cette Gaule ne bénéficiait pas d'une administration civile et militaire commune, il serait abusif de parler de nation gauloise, au sens où l'on entend aujourd'hui la nation française ou la nation allemande. Néanmoins, parce qu'ils partageaient une même histoire, une même culture et, à un niveau supérieur, un espace politique commun, on doit reconnaître qu'ils étaient à la recherche et déjà sur la voie de cette nation qu'ils ne parvinrent pas à se donner. De là à imaginer que cette nation gauloise introuvable ait pu préfigurer en quelque manière la nation française, il y a un pas qu'il est impossible de franchir. La romanisation a joué la carte d'un retour en arrière en renforçant l'autonomie des anciens peuples-États devenus *civitates* dont les liens de dépendance avec Rome avaient volontairement été diversifiés. On signifiait ainsi l'autonomie et on aiguisait la concurrence entre des entités administratives auxquelles une couleur ethnique artificielle avait été donnée. Les invasions barbares qui suivirent ne firent qu'amplifier les différences ethniques plus ou moins réelles et un régionalisme persistant. Aussi fallut-il des siècles pour que se constitue réellement une nation.

DEUXIÈME PARTIE

Les Gaulois, un peuple fruste ?

CHAPITRE I

Des guerriers farouches et querelleurs ?

Le Gaulois guerrier moustachu, au port hautain, est une image largement diffusée depuis un siècle et demi par les illustrations gravées des premiers manuels scolaires, les peintures et les sculptures de l'art pompier, les affiches publicitaires, à l'instar de celle d'une célèbre marque de cigarettes, et, plus récemment, par des films à grand spectacle. L'idée reçue qu'elle véhicule, celle du terrible guerrier aussi redoutable qu'incontrôlable, pourrait donc sembler récente. Il n'en est rien. Aussi loin qu'on remonte dans le temps, on retrouve ce cliché du guerrier, comme si, à tous les âges, les civilisations qui ont côtoyé le peuple gaulois ou qui en sont partiellement héritières ne lui reconnaissaient que la seule activité belliqueuse. Derrière l'image anecdotique se profile un débat plus sérieux : les Gaulois sont-ils les porteurs d'une authentique civilisation ou sont-ils des « Barbares », au sens où les Grecs employaient ce mot, c'est-à-dire un peuple qui ne partageait pas les valeurs culturelles du monde antique ? La question, ouverte par les philosophes grecs, n'a cessé d'agiter les intellectuels français jusqu'à la guerre de 1870, quand le nationalisme a brutalement mis à fin à toutes les réflexions éthiques. Aujourd'hui, avec plus d'un siècle de recul, on peut s'interroger sur l'ampleur du phénomène guerrier et la place qu'il occupe dans la civilisation gauloise.

Les Celtes, nom par lequel les Grecs désignent tout d'abord ceux que les Romains appelleront ensuite Gaulois, n'apparaissent dans l'histoire écrite qu'au IVe siècle avant J.-C. Auparavant, ils étaient confondus par les voyageurs et commerçants avec les Hyperboréens, « gens du Nord ». Leur apparition aux yeux du monde civilisé est brutale : ils déferlent en pays étrusque en 390 et font le siège de Rome. C'est à cette occasion que les Grecs entendent parler pour la première fois non seulement des Gaulois, mais aussi de Rome. Quelques années plus tard, les Grecs apprennent que ces Gaulois sont aux portes de leur pays, au nord-ouest, où ils sont aux prises avec d'autres Barbares, les Illyriens. Dans le même temps, Denys de Syracuse recrute en masse des Celtes de la région de l'Adriatique pour en faire des mercenaires à sa solde. Tout en eux étonne les premiers auteurs qui les décrivent, leur nombre, leur apparence, leur armement et leurs mœurs. Platon, l'un des premiers à les évoquer, ne livre sur eux qu'une information : ils ont l'habitude de s'enivrer. Peut-être a-t-il pu lui-même les observer au cours de ses deux séjours en Sicile. Sûrement en a-t-il beaucoup entendu parler. Dès cette époque, il apparaît clairement aux yeux des intellectuels grecs que les Celtes joueront un rôle important en Méditerranée. Philosophes et géographes se penchent alors sur ces curieux peuples qui se distinguent des autres Barbares sur de nombreux points. L'historien et géographe de cabinet Éphore recueille trois éléments importants. Les Celtes, dit-il, sont philhellènes : ils apprécient la compagnie des Grecs et collaborent avec eux pour le commerce, les expéditions et des formes plus culturelles de rapport, la mythologie et la religion. Il mentionne aussi une institution qui a certainement trait à la guerre, selon laquelle, en Gaule, on « s'exerce à ne pas s'engraisser, notamment du ventre, et on punit le jeune homme dont le tour de ceinture excède une mesure fixée ». Enfin, il donne écho à une légende, relayée par de nombreux auteurs : les Celtes ne quittent pas leurs maisons, même envahies par les flots. D'emblée, donc, les Celtes occupent dans l'imaginaire grec une situation ambivalente : ils suscitent la peur mais intéressent, attirent même la sympathie.

En Grèce, deux discours s'emparent du thème des Celtes. Le premier est l'œuvre des historiens et des philosophes qui cherchent à les comprendre, animés par des préoccupations qu'on qualifierait aujourd'hui de « géopolitiques ». Aristote en est le meilleur représentant. Dans son grand essai *Les Politiques*, il étudie les cités où « l'éducation et les lois sont ordonnées autour de la guerre». Lorsqu'il évoque les peuples au sein desquels «la valeur guerrière est en honneur», il cite naturellement les Celtes, les rangeant aussi parmi ces peuples qui sont capables d'augmenter leur puissance par la guerre. Le second discours sur les Celtes est celui du peuple, il nous est rapporté par les poètes et les auteurs de théâtre. Il fait fortune dans la littérature, surtout après le sac de Delphes par une expédition gauloise en 278. Callimaque, dans son *Hymne à Délos*, évoque les événements avec grandiloquence. Les envahisseurs sont comparés aux «derniers des Titans», soutenus par «l'épée barbare et l'Arès celte». Le poète n'hésite pas à qualifier les Galates de «race en délire». L'auteur comique Sopatros, dans sa pièce au titre évocateur, *Galataï*, se livre à des attaques plus ciblées: il accuse ces guerriers de mettre à mort leurs prisonniers, faute impardonnable pour les Grecs et contraire aux conventions internationales de la guerre.

Dans les décennies qui suivent, les Grecs apprennent à mieux connaître ceux qui deviennent souvent leurs alliés mais qu'il leur arrive parfois d'affronter. Les Gaulois acquièrent ainsi une solide réputation parmi les autres armées les plus renommées du monde méditerranéen, les Thraces, les Carthaginois, les Ibères. Leur bravoure s'affirme de plus en plus et apparaît au grand jour dans les guerres puniques. Lors des célèbres batailles de Télamon, de Cannes ou du lac Trasimène, ils occupent la place la plus exposée, au centre du front des coalisés. Ils subissent en conséquence les plus lourdes pertes mais assurent souvent à eux seuls la victoire. L'historien latin Fabius Pictor participa lui-même à la bataille de Télamon et il laissa une description célèbre des combattants gaulois, heureusement sauvée de l'oubli par Polybe. Il explique que les Gésates, des mercenaires gaulois de Transalpine recrutés par leurs lointains parents de Cisalpine, s'étaient totalement dévêtus pour être plus à l'aise au combat et ne pas être freinés par les buissons qui encombraient le champ de bataille.

> L'appareil et le vacarme de l'armée gauloise épouvantaient les Romains. Car la quantité des buccins et des fanfares était incalculable et il s'y ajoutait une si vaste et si forte clameur de toute cette armée poussant en chœur son chant de guerre que non

> seulement les instruments et les soldats, mais encore les lieux environnants qui en répercutaient l'écho paraissaient donner de la voix ; effrayants aussi étaient l'aspect et le mouvement de ces hommes nus du premier rang, remarquables par l'éclat de leur vigueur et de leur beauté. Tous ceux des premières lignes étaient parés de colliers et de bracelets d'or.

C'est toujours le même sentiment ambivalent qu'éprouvent leurs adversaires, partagés entre la frayeur et une réelle admiration pour la beauté et la puissance physique des guerriers.

Les Romains sont moins sensibles à cette beauté. La puissante musculature, la force impressionnante des coups, les rites guerriers – invectives, danse armée, cris de guerre – deviennent sous la plume de Tite-Live une attitude balourde, gauche, de la forfanterie, voire de la puérilité. Ainsi les duels héroïques fondateurs de la mythologie romaine que sont les combats de Manlius Torquatus et de Valerius Corvinus tournent-ils immanquablement à l'avantage du Romain favorisé par sa petite taille et son habileté à manier les armes, et au ridicule du Gaulois trop grand aux gestes imprécis. Dans les deux cas, le vainqueur s'empare même d'un des symboles gaulois, le premier le torque, le second le corbeau, dont chacun se fait un surnom. L'enjeu qui justifie ces légendes et les bruits que l'on fait courir sur les Gaulois sont de taille : il s'agit de relever le moral des soldats romains après le traumatisme de la prise de Rome. Le guerrier celte est donc toujours tourné en dérision, sa bravoure remise en cause et son armement critiqué. Polybe et Denys d'Halicarnasse dans leurs *Histoires* respectives se font l'écho de ce dénigrement. Le premier rapporte une curieuse histoire sur la trop grande souplesse des épées gauloises qui se ployaient au cours du combat et que le guerrier devait redresser à l'aide de ses pieds. Le second décrit l'étrange mode d'affrontement de ces ennemis :

> La façon de combattre des Barbares [autrement dit des Gaulois], avec son caractère brutal et furieux, avait quelque chose de désordonné et d'étranger à la science des armes. Tantôt élevant bien haut leurs épées, ils frappaient d'une façon sauvage, avec un

> mouvement de tout le corps comme des bûcherons ou des terrassiers ; tantôt ils portaient de côté leurs coups sans viser, comme s'ils allaient entailler leurs adversaires, corps et armes défensives tout à la fois.

Mais les mêmes historiens oublient, la plupart du temps, de signaler que le fameux défenseur de Rome, Camille, qui critiquait tant les armes des Gaulois, sut adapter les armes de ses soldats et que les Romains en vinrent à copier les Gaulois.

La perception de l'art militaire des Gaulois qui nous est rapportée par César est tout autre. Il est vrai qu'il connaît son sujet. En huit ans de campagne, il a pu mesurer les qualités et les faiblesses de ses adversaires. On est surtout frappé par la façon dont lui apparaissent ses premiers ennemis, les Helvètes. Que ce soit par l'équipement ou par la tactique, ils ne diffèrent pas fondamentalement des Romains, au point que l'officier P. Considius, « soldat très expérimenté » et chef des éclaireurs, confond Gaulois et Romains en se fondant sur leurs armes et leurs enseignes. Le combat qui s'engage ensuite ne dément pas ces ressemblances : les Helvètes, après la victoire de leur cavalerie sur celle de César, forment une phalange et montent à l'assaut de la première ligne romaine. Ils se montrent aussi pugnaces que les Romains, se battent pendant neuf heures de suite et César avoue que « personne ne put voir un ennemi tourner le dos ». Un an plus tard, César, aux prises avec les Belges Nerviens, éprouve la même admiration envers ses adversaires :

> Il fallait se convaincre, à un tel spectacle [celui des derniers défenseurs juchés sur le tas de cadavres que formaient leurs compatriotes morts], que d'avoir osé franchir une rivière très large, escalader une berge fort élevée, monter à l'assaut d'une position très forte, ce n'était pas une folle entreprise de la part de pareils guerriers : leur héroïsme l'avait rendue facile.

Il est rare de lire un tel hommage adressé à ses adversaires par un général. La considération de César pour ses ennemis n'est pas sans conséquence. Il engage de plus en plus de Gaulois dans sa propre armée pour combattre les autres Gaulois. Et le mouvement s'accentuera encore au cours des guerres civiles : les Gaulois seront les meilleurs auxiliaires de l'armée romaine.

Pourtant, et curieusement, ce ne sont pas les qualités d'efficacité, d'endurance, de fidélité même que les historiens ont retenues. Il est vrai que souvent l'arbre cache la forêt et que, obnubilés par la figure victorieuse de César, ils ont eu tendance à dévaloriser ceux qu'il combattit. En général, des opérations militaires de la conquête romaine, hormis les victoires romaines, on ne garde en mémoire que les sièges terribles des *oppida*, les embuscades et opérations de guérilla menées par l'armée de bric et de broc rassemblée par Vercingétorix. On oublie la discipline des troupes gauloises, leur connaissance parfaite de manœuvres difficiles, telles que le combat de cavalerie, la phalange, la tortue, et de techniques audacieuses comme la sape et les mines lors des sièges. Depuis la Renaissance, les historiens français se sont évertués à trouver des causes à la défaite gauloise et à l'occupation romaine. Convaincus que les Gaulois étaient des Barbares, encore que cette idée s'atténue au cours des siècles, ils se sont persuadés qu'elles ne pouvaient être que d'ordre matériel ou psychologique. On sait aujourd'hui que les vraies raisons sont de nature politique et économique, deux points de vue qu'il était impossible d'adopter il y a quelques décennies. Ainsi les Français croient-ils toujours que les compagnons de Vercingétorix ont été trahis par la mauvaise qualité de leurs armes – un fer trop mou et des boucliers faciles à transpercer – et surtout par leur propre caractère : l'individualisme du guerrier serait à l'image de celui des Gaulois, et, par un raccourci brandi comme un signe d'avertissement, celui des actuels Français.

Le mythe du guerrier gaulois s'est donc construit sur l'image de l'individu et non sur celle du groupe auquel il appartient : on a chaque fois considéré l'homme dans son comportement particulier à travers les ennemis célèbres : Brennus menace les Romains de son célèbre *Vae victis* (« Malheur aux vaincus »), le second Brennus profane le sanctuaire de Delphes, le roi Anéroeste se suicide après avoir tué tous les siens, Vercingétorix s'offre seul en sacrifice aux Romains, Commios l'Atrébate, bien après la reddition des autres Belges, continue de faire de la résistance. Sous l'angle de l'individualité qui n'est qu'une vague approche psychologique, la pratique de la violence apparemment gratuite, désordonnée et sans règle, se transforme en symbole de barbarie. Les auteurs latins ont développé le thème à outrance, à l'instar de Cicéron qui reproche aux Gaulois, plus particulièrement aux guerriers, la pratique du sacrifice humain et le manque de respect pour les dieux gréco-romains. Par un curieux retournement de l'histoire, il se trouve que c'est César qui apporte la meilleure réponse à de telles caricatures. Involontairement – c'est justement ce qui fait sa force –, il révèle une autre image, celle d'armées gauloises qui se plient à une authentique stratégie, parfois calculée à long terme, et utilisent des tactiques militaires classiques – en fait des pratiques qui obligent les guerriers à une conduite collective. Dans le récit de la guerre des Gaules, le comportement au combat des Helvètes, des Nerviens ou des Bellovaques n'a rien d'occasionnel et ne résulte pas d'une adaptation tardive au péril romain : il est au contraire le fruit d'une expérience forcément longue, où l'on devine les influences étrangères acquises au contact régulier d'autres corps d'armée. C'est ce que confirment également les sources historiques : à partir du IVe siècle, et peut-être avant, les Gaulois ont été engagés comme mercenaires et intégrés à des corps d'armée multiculturels.

Pour mesurer le rôle de la guerre dans la civilisation gauloise, il est donc indispensable de dessiner le statut social du guerrier, c'est-à-dire d'évaluer les incidences politiques et économiques de la pratique guerrière sur le reste de la société. La guerre, en effet, n'est pas un acte individuel, pas même l'objet d'une décision autoritaire, royale par exemple. Elle engage un corps de troupe plus ou moins nombreux et surtout, derrière lui, la population tout entière, les uns adhérant à l'entreprise, d'autres s'y trouvant contraints. Elle est fondatrice d'un ordre politique autant que créatrice d'un nouveau régime économique. Les guerriers réguliers, ceux qui sont reconnus comme tels – dont la fonction première dans la société est de se battre –, sont en effet, par nature, des citoyens. Dans toutes les sociétés antiques, les assemblées des guerriers en campagne se transforment en temps de paix en assemblées civiques. Qu'ils se soient ou non engagés volontaires, la répétition des combats et les succès obtenus confèrent aux guerriers des droits, du moins celui de se faire représenter dans le conseil guerrier et dans l'assemblée citoyenne. À terme, ces droits élargis à une communauté civique plus vaste sont en mesure de bouleverser l'ordre antérieur. Le prince qui a engagé des guerriers, même en échange d'une solde, sera tôt ou tard contraint de partager avec eux le butin et de leur octroyer une part des terres conquises. L'apport de richesses matérielles et foncières produites par la guerre est également de nature à transformer l'économie en profondeur car dans bien des cités gauloises, aucun travail agricole ou artisanal n'est capable de créer de la richesse sur place mais seulement d'assurer la subsistance de la population. La guerre est donc bénéfique à la fois à l'État qui se constitue et au peuple dont certains membres peuvent eux-mêmes participer activement à la guerre et ne seront plus sous la seule dépendance d'un aristocrate, propriétaire foncier. Cependant la guerre a aussi ses contraintes économiques et sociales. La répétition des opérations armées, devenues nécessaires en raison de leur rôle décisif dans l'économie, fait des guerriers gaulois de vrais professionnels de la guerre. Peu nombreux, ils doivent veiller à leur survie, par un entraînement et un armement appropriés. Ils se consacrent totalement à l'exercice physique – et pas seulement pendant les campagnes. Ils sont donc entretenus, souvent à grands frais, par le reste de la population qui leur procure nourriture, confort mais aussi chevaux, moyens de transport, armes et tout ce que nécessite l'intendance des armées. Aristote a donc parfaitement raison quand il classe les Celtes parmi les nations qui jouissent d'un régime politique et économique guerrier.

Pour les Gaulois, comme pour les Grecs de l'époque archaïque, il est difficile de reconstituer la genèse des premiers corps de troupe. L'historien grec Polybe livre cependant une indication précieuse, propre à expliquer la formation des armées gauloises. Au seuil du récit qu'il va faire des guerres entre Romains et Gaulois dans le Nord de l'Italie au IIIe siècle, il dépeint le mode de vie de ces derniers installés dans cette région. Probablement le fait-il avec une documentation vieille d'un ou deux siècles – il s'appuie sur un historien plus ancien, Timée, qu'il critique vigoureusement par ailleurs –, car sa description ne correspond nullement à la réalité de cette époque, telle que la font apparaître les vestiges archéologiques. « Ils habitaient des villages non fortifiés et ils étaient étrangers à toute forme d'industrie, [...] pratiquant seulement la guerre et l'élevage, ils menaient une vie primitive, et ne connaissaient aucune sorte de science ni d'art. » C'est bien le portrait d'envahisseurs, de guerriers engagés dans une interminable campagne en territoire étranger, l'une de celles qui, entre les Ve et IVe siècles, conduisirent les Gaulois Transalpins en Cisalpine. Or voici comment le même Polybe évoque les rapports sociaux entre ces hommes : « Ils faisaient les plus grands efforts pour constituer des "hétairies" [associations de compagnons], parce que chez eux l'homme qu'on craignait le plus et qui était le plus puissant était celui qui passait pour avoir le plus grand nombre de serviteurs et de compagnons. » L'armée gauloise, dans les premiers temps de son existence, était donc formée de multiples troupes constituées autour de chefs ou de princes, eux-mêmes associés pour l'occasion. Polybe, on le voit, prend grand soin de distinguer les « serviteurs », sortes d'esclaves, des « compagnons », hommes libres qui entretiennent avec leur maître une relation particulière sur laquelle on reviendra.

Ainsi se dessine l'histoire ancienne des armées et des sociétés qui les produisirent. Au départ, ce furent les petits princes de la fin du premier âge du fer, dont la richesse reposait sur des propriétés foncières et l'exploitation de droits de passage, qui agrégèrent autour d'eux d'autres aristocrates moins chanceux et certainement aussi des hommes du peuple qui s'étaient fait reconnaître pour leurs capacités physiques. Ces groupes s'agrandirent et les « compagnons » se spécialisèrent dans la pratique guerrière. Dès la fin du Ve siècle, ils bénéficièrent d'un armement complet et similaire – l'équivalent, en plus léger, de la panoplie hoplitique : de longues piques, des lances et des javelots, une épée de taille moyenne dans son fourreau de fer, attachée à une ceinture également de fer, enfin un long bouclier protégeant une grande partie du corps. La standardisation de cet équipement suggère à l'évidence que tous les guerriers en titre étaient égaux. Ils combattaient de la même façon, avec les mêmes armes et bénéficiaient des mêmes droits, tout en se reconnaissant un chef. Dès le début du ve siècle – le début du second âge du fer –, la mutation était faite : la Gaule était passée d'une société d'aristocrates ou de petits princes hallstattiens à une société de guerriers.

Cette nouvelle société repose, pour l'essentiel, sur des rapports inédits entre les hommes. Désormais, les trois biens qui fondaient l'assise de l'oligarchie des siècles précédents se trouvent répartis entre des mains plus nombreuses : la richesse, le pouvoir politique et la propriété foncière deviennent accessibles à tout guerrier, fût-il méritant. Car une nouvelle valeur constitue le moteur de cette mutation et de l'apogée du monde celtique entre les ve et iie siècles avant J.-C. : la filiation noble qui prévalait auparavant cède le pas au courage et à la témérité, que les Latins appellent *virtus*, les vertus viriles. Désormais, en principe, n'importe quel homme libre peut se faire une place de choix dans sa cité s'il arrive à composer avec les grandes familles nobles qui mettent tout en œuvre pour garder une part de leur pouvoir par un jeu d'alliances multiples et souvent étrangères. On le voit bien dans le récit de la guerre des Gaules, où César prend soin de noter les origines des principaux acteurs gaulois : à côté des chefs qualifiés de « roi », de « noble », « très noble », « d'une antique famille », figurent aussi des individus tels Lucter, Drappès, Corréos, sur lesquels le général romain n'a pu obtenir aucune information et qui paraissent issus de la plèbe. L'ascension sociale est d'autant plus aisée que les élus sont contraints de participer à la guerre, ce qui provoque parfois, en cas d'échec total, la disparition d'une assemblée entière, c'est-à-dire d'une part importante de la noblesse. Les Éduens, dans les années 60, s'y trouvent confrontés lors d'une invasion germaine et le phénomène se généralise dans toute la Gaule au cours des dernières années de la guerre que lui livre César.

Le guerrier recevait une part de butin, une quantité d'esclaves s'il y avait eu des prisonniers et un lot de terre dont il n'avait peut-être pas toujours la pleine propriété. L'État, bien souvent, disposait d'un *ager publicus* (« domaine public ») qu'il affermait.

Les nobles et les chefs d'armée conservaient probablement une sorte de suzeraineté sur les hommes auxquels ils confiaient leurs terres. Le système gardait donc encore une structure pyramidale, assez proche du féodalisme médiéval qui en est l'héritier lointain. Le terme de « vassalité » est d'ailleurs un emprunt au mot gaulois *vassos* (« serviteur », « soumis »). En Gaule, comme au cours du Moyen Âge européen, on est avant tout l'homme de quelqu'un. Cependant, à la différence du féodalisme médiéval, les relations entre hommes étaient plus souples en Gaule, moins soumises à un droit nobiliaire. La position sociale et politique dépendait des capacités guerrières, de l'art de fédérer une clientèle autour de soi, de l'acquisition d'une richesse enfin permettant son entretien. Le guerrier pouvait donc disposer d'une certaine autonomie à la guerre. Son rôle politique jusqu'au IIe siècle fut prépondérant : il pouvait se faire élire à l'assemblée et obtenir des charges administratives.

C'est Poseidonios d'Apamée qui décrit le mieux la condition et les mœurs des guerriers. Pour cela, il utilise les écrits d'auteurs plus anciens et peut-être des informations qu'il recueille de la bouche même d'intellectuels gaulois. La situation qu'il évoque est, en effet, bien datée par l'armement et l'usage du char qu'il décrit avec précision : les archéologues y reconnaissent des productions du début du IIIe siècle. On y voit des guerriers qui ressemblent quelque peu à des chevaliers du Moyen Âge. Ils vont à la guerre accompagnés par au moins deux serviteurs, choisis, dit Poseidonios, parmi les pauvres. L'un sert de conducteur du char et l'autre de porteur de bouclier qui suit le char à pied, parfois à cheval. Le guerrier lui-même est debout sur son char, d'où il lance des traits sur l'ennemi. Sans doute ces chevaliers accompagnés ne forment-ils qu'une part de l'armée, celle des guerriers d'élite combattant pour leur compte. À côté d'eux devaient figurer des fantassins, peut-être engagés par l'État. On voit en effet, dans un deuxième temps de la description de Poseidonios, les mêmes « chevaliers » (c'est ainsi que les appelle César, *equites*) combattre, à pied cette fois-ci, et engager un corps à corps avec l'ennemi. L'affrontement sur les chars ne devait donc être qu'un préliminaire à l'engagement proprement dit, le char ne présentant plus aucun intérêt au moment du corps à corps.

Poseidonios montre des groupes de trois combattants, le guerrier et ses deux serviteurs. Il s'agissait de trios extrêmement soudés, comme le prouvent les précisions qu'il apporte sur leur mode de vie. En temps de guerre – et peut-être aussi en temps de paix –, ils demeuraient inséparables. L'hétairie guerrière, dont parle Polybe, se composait par conséquent d'un certain nombre de trios de cette nature. La meilleure image en est donnée par la description de banquets officiels de ces hétairies en temps de paix. Chaque chevalier, peut-être à tour de rôle, recevait chez lui l'ensemble de la communauté selon un rituel très strict. Le chef, « celui qui se distinguait entre tous par son habileté à la guerre ou par sa naissance ou sa richesse », prenait la place d'honneur. À son côté s'asseyait l'hôte, puis tout autour, selon leur valeur, prenaient place les autres guerriers en demi-cercle. En face, fermant le cercle, s'asseyaient « comme leurs maîtres » les porteurs de lances (qui devaient aussi conduire les chars). Enfin, derrière les maîtres, se tenaient debout les porteurs de bouclier. Le banquet devenait l'image même de la communauté guerrière : tous ceux qui participaient à la guerre mangeaient en quelque sorte à la même table, ce qui était dans l'Antiquité l'une des activités sociales les plus prestigieuses. Le banquet composait aussi une cartographie implacable de la valeur guerrière des membres du groupe. Poseidonios confirme ensuite la grande solidarité unissant les membres de chacun de ces trios de combattants lorsqu'il évoque les mœurs sexuelles des Gaulois et indique que les guerriers préféraient à leurs femmes, « pourtant très belles », la compagnie des hommes et qu'ils se couchaient sur des peaux de bête, entourés de deux compagnons – leurs servants d'armes sans aucun doute. Ces rapports très étroits et le poids de la tradition, amplifié par des rituels de convivialité qui s'exerçaient dans la sphère privée et sur les lieux de culte, ont assuré une certaine longévité à cette formation de trois guerriers, assez atypique et apparemment contraire à la cohésion des corps de troupes. On la retrouve, en effet, quelque temps plus tard chez les Gaulois et les Celtes qui ont envahi la Grèce et la Macédoine. Ils ont abandonné l'usage du char qu'ils ont remplacé par trois chevaux, un pour chaque homme, le porteur de lance combattant auprès de son maître, tandis que le porteur de bouclier demeure en retrait, tenant un cheval à la disposition de ses compagnons. Pausanias, qui fait la description de cette étrange cavalerie, en donne le nom gaulois, la *trimarkisia* – c'est-à-dire « ensemble de trois chevaux ». Elle était d'une terrible efficacité : les cavaliers n'hésitaient pas à affronter un ennemi à deux ou trois, à remplacer une monture en plein combat, voire à récupérer l'un des blessés. La solidarité qui unissait précédemment le conducteur du char à son maître et au porteur de bouclier servant de rempart mobile se retrouvait donc intacte dans le comportement des trois cavaliers.

Cette pratique guerrière si ritualisée prenait aussi un caractère purement religieux. Après consultation des dieux, c'est-à-dire sur l'avis des druides censés être leur voix, le signal de la guerre était donné par un conseil guerrier dont César rapporte un exemple tenu chez les Trévires. Les guerriers convoqués devaient s'y rendre dans les plus brefs délais, et le dernier arrivé était mis à mort dans d'horribles souffrances. À la fois punition capitale pour le guerrier le moins empressé, sacrifice humain, prémices de la future offrande à plus large échelle de chair humaine, il ne fait guère de doute qu'il donnait le goût du sang à des guerriers qui, bientôt, ne connaîtraient plus de limites. Le combat lui-même n'était pas moins ritualisé : la description que fait Tite-Live des premiers affrontements entre Gaulois et Romains dans le Latium suggère que la bataille se déroulait à un moment et dans un lieu choisis d'un commun accord. Les troupes ennemies s'alignaient en ordre face à face et commençaient à s'invectiver, procédé omniprésent déjà chez les héros d'Homère. Les Gaulois, de leur côté, se livraient aussi à des danses guerrières que les Romains ne pratiquaient plus, pour impressionner l'ennemi. Ils ajoutaient un autre mode d'intimidation qui étonnait fort leurs adversaires : ils tiraient ostensiblement la langue. Comme dans la Grèce archaïque ou dans le monde médiéval, il arrivait souvent qu'un duel entre champions évitât la mêlée générale et meurtrière. Quand ce n'était pas le cas, l'affrontement qui suivait se muait rapidement en une bataille confuse où toute règle était vite oubliée.

Les rites de la victoire sont bien connus grâce aux descriptions précises de Poseidonios et aux résultats de fouilles archéologiques qui les confirment. Le chevalier qui tuait un ennemi s'emparait, au cœur même de la bataille, de sa tête en la découpant consciencieusement et la remettait à l'un de ses servants d'armes chargé de l'attacher à l'encolure de son cheval. Ce trophée était l'unique part de l'ennemi tué qui revenait à son vainqueur. Les armes et le reste de la dépouille étaient rapportés en triomphe dans l'un des grands sanctuaires de la cité où ils étaient offerts au dieu national. Les armes étaient exposées sur les parois du sanctuaire comme dans la Grèce ancienne. Les corps sans tête des ennemis subissaient de longs traitements – putréfaction, dépeçage, bris des os et crémation – avant que les cendres ne soient déversées dans des autels creux, à la manière de libations. Toutes ces opérations rituelles s'accompagnaient d'immenses banquets dans l'enceinte même du sanctuaire. Les guerriers y revenaient aussi régulièrement pour honorer la mémoire des leurs tombés au champ d'honneur.

Les crânes récoltés par chaque guerrier témoignaient de sa bravoure, lui donnaient droit à une part du butin calculée suivant son mérite. Ils déterminaient la place honorifique qui lui revenait dans les banquets officiels et les cérémonies religieuses. Enfin, ils lui conféraient une aura sociale que l'on peut deviner dans la précision suivante qu'apporte Poseidonios. Des individus – vraisemblablement des guerriers malhabiles ou malchanceux à la guerre – cherchaient à tout prix à acquérir ces précieuses reliques contre un poids équivalent en or, la matière la plus précieuse et la plus recherchée en Gaule. Une telle transaction, ajoute l'historien, ne réussissait jamais. On doit cependant croire que pour être si souvent tentée, elle devait parfois être couronnée de succès.

Jouissant d'un statut social particulier, les guerriers font également preuve d'un état physique qui les distingue radicalement du reste de la population. Poseidonios l'a écrit : ils sont grands. Plusieurs milliers d'ossements découverts sur le champ de bataille de Ribemont-sur-Ancre (Somme) indiquent que leur stature moyenne est équivalente à celle des hommes français d'aujourd'hui. Des individus atteignaient même 1,90 m, ce qui, dans l'Antiquité, était exceptionnel, surtout en comparaison des populations méditerranéennes. Mais le plus étonnant est la force physique et musculaire dont les os témoignent. Celle-ci suppose une sélection des individus les plus aptes physiquement et un entraînement constant à longueur d'année, en temps de guerre comme en temps de paix. Une alimentation riche, essentiellement carnée, était aussi indispensable. On comprend, dès lors, que les guerriers d'élite n'hésitaient pas à combattre nus – fait exceptionnel dans l'histoire de l'humanité. Cette témérité était destinée à figer l'ennemi sur place, puisqu'à la peur qu'elle inspirait, se mêlait le spectacle de la force et de la beauté. C'est ce que ressentit l'historien latin Fabius Pictor lors de la bataille de Télamon.

Parmi les ossements d'environ cinq cents guerriers découverts à Ribemont figurent ceux d'enfants d'une dizaine d'années qui ont à l'évidence participé au combat. Des armes avaient été confectionnées à leur taille. Cela ne doit guère étonner : l'éducation des hommes devait commencer au plus tôt, afin que leur corps fût forgé comme une armure. César rapporte de sa lecture de Poseidonios un fait curieux à mettre en relation avec cette précoce initiation guerrière : « Ils ne souffrent pas que leurs enfants se présentent auprès d'eux en public avant d'être en état de porter les armes. Ils estiment honteux qu'un fils encore enfant paraisse publiquement devant son père. » Les États guerriers du Nord de la Gaule aux IVe et IIIe siècles devaient donc ressembler quelque peu à la Sparte archaïque : l'éducation civique et l'initiation guerrière s'y mêlaient étroitement. Deux mondes distincts coexistaient sans se rencontrer, l'intimité familiale et la vie publique.

Aussi n'est-il pas étonnant de retrouver en Gaule comme à Sparte les valeurs que les historiens de l'Antiquité appellent « agonistiques », la volonté de vouloir primer sur les autres dans toutes les compétitions, les exercices physiques, la chasse et surtout la guerre. Dans sa description du banquet des guerriers gaulois, Poseidonios rapporte qu'au cours du repas ces derniers engageaient des joutes oratoires à propos de leurs faits et gestes respectifs. Des paroles, on en venait aux mains, des insultes aux blessures qui pouvaient entraîner la mort, afin d'obtenir la meilleure part du cochon ou de quelque autre bête qu'on mangeait. L'anecdote n'est pas pour peu dans la réputation de querelleurs qu'on a faite aux Gaulois. Pourtant, Poseidonios ne s'y trompait pas, lui qui faisait un parallèle entre les terribles guerriers gaulois et les héros homériques qui se voyaient attribuer les meilleurs morceaux du bœuf qu'ils se partageaient selon de strictes règles de préséances.

Terribles, les guerriers gaulois le sont en effet, à l'instar d'Achille qui tue Hector et s'acharne sur son cadavre. Nourris d'aliments trop riches, buvant abondamment, leurs corps surentraînés les portent à tous les excès. Ils sont pris au combat d'une véritable frénésie que les Grecs nomment *hybris*. Après avoir causé la mort de leur ennemi, ils continuent de le frapper, comme si une force extérieure les y contraignait. Certains os longs de Ribemont portent les traces d'une dizaine de coups tranchants, rapprochés et parallèles, qui n'ont pu être portés que sur un homme déjà mort et à terre. Cette exaltation que procure le sentiment d'invincibilité de la puissance musculaire et de la nudité leur fait ignorer la mort, autant celle de leur ennemi devenu un simple objet que la leur. La mythologie civique, largement diffusée dans les chants des bardes et dans les généalogies des druides, assure aux combattants que leur bravoure leur fera une réputation éternelle. Des croyances religieuses, peut-être venues de l'Orient, leur ont appris depuis toujours que la mort au combat est une porte ouverte sur le paradis. Contrairement au commun des mortels, ceux qui tombent au champ d'honneur échappent au cycle des réincarnations et gagnent directement les cieux auprès des dieux. C'est pour ce dernier voyage aérien que leur dépouille reçoit une sépulture étrange : on la laisse sur terre, de façon que les charognards, et notamment les oiseaux, viennent la dévorer. « De là des caractères naturellement portés à se précipiter sur les armes et des âmes capables d'envisager la mort, enfin le sentiment de la lâcheté à épargner une vie qui vous sera rendue », concluait le poète Lucain.

Un tel mode de vie faisait des guerriers les maîtres incontestés de la société. C'est ce qu'ils furent assurément dans la plus grande partie de la Gaule, entre le Ve et le IIe siècle. Le fonctionnement politique subit leur influence, l'économie se plia aux contraintes et aux bénéfices de la guerre. La plupart des avancées technologiques lui furent redevables : agriculteurs et éleveurs durent être plus performants pour assurer la subsistance et les déplacements d'armées prodigieusement dépensières en aliments, en chevaux et en bêtes de trait. L'artisanat fut tout autant sollicité. Les quantités innombrables d'armes en fer qui furent produites pendant cette période ne souffrirent nullement d'une baisse de qualité. Bien au contraire, métallurgistes et forgerons innovèrent. L'épée que Polybe prétendait être d'un fer trop mou était l'alliance d'une âme souple prise entre des tranchants très durs qui allégeait l'arme, la rendait à la fois plus maniable et plus meurtrière. Les lances répondaient aux mêmes critères : terriblement acérées, elles ne ployaient pas et pouvaient traverser de solides boucliers avant d'atteindre le corps de l'ennemi. Les chaînes articulées des épées, les fourreaux en tôles ajustées, la cotte de mailles naquirent aussi de ces expérimentations. Dans bien des cas, ces nouveaux types d'armes furent copiés par les voisins des Gaulois, les Romains et les Germains surtout. Indirectement, la technologie guerrière profita à l'ensemble de la société. Les progrès accomplis au long du Ve siècle pour la construction des chars de combat furent mis à contribution pour tous les autres moyens de transport d'hommes et de marchandises.

Cependant, dès le début du IIe siècle, cette puissance guerrière déclina, en premier lieu à cause de la pacification du monde méditerranéen par Rome. Tous les conflits engendrés par les royautés hellénistiques s'éteignent, et même la Cisalpine gauloise est soumise. Le mercenariat qui avait enrichi la Gaule pendant trois siècles ne trouve donc plus de débouchés. Dans le même temps, les peuples du Sud de la Gaule trouvent d'autres sources d'enrichissement grâce au commerce avec Rome. Dans ces cités, les guerriers ne tiennent plus le haut du pavé. Leur influence dans le jeu politique s'estompe, les commerçants et les financiers prennent progressivement leur place. Les vertus viriles et le code de l'honneur sont concurrencés par le goût de l'argent et du luxe. Dans le système relationnel des peuples gaulois, les nouvelles façons de vivre, de s'enrichir, de faire de la politique, même de se représenter le monde, rencontrent des échos lointains et finissent par influencer durablement une grande partie des populations. Seuls les peuples belges, arrivés plus tard en Gaule et possédant encore des traditions archaïques, tentent de s'opposer à ce mouvement. Mais ce sont les peuples riverains de l'Océan, peut-être parce qu'ils sont en étroite relation avec leurs congénères de l'île de Bretagne, qui résistent les derniers jusqu'à l'arrivée de César. Les Rèmes et les Trévires, en revanche, paraissent déjà acquis aux valeurs de la civilisation latine. C'est pourquoi César ne rencontre qu'une faible résistance en Celtique et plus particulièrement dans sa partie orientale. Les armées peu motivées y ont été en partie décimées par les précédentes incursions germaines. Certains corps de troupe sont privatisés, comme la cavalerie que Dumnorix entretenait à ses frais. Il est probable aussi que quelques États, les Éduens par exemple, faisaient appel à des mercenaires du Nord de la Gaule. En revanche, en Belgique règne un autre état d'esprit : les armées y sont plus aguerries si bien que César peine à en venir à bout. Il ne peut le faire qu'avec l'aide de troupes qu'il recrute en Gaule à titre d'auxiliaires. Et c'est justement chez les Belges qu'il enrôlera par la suite, lors des guerres civiles, ses meilleures troupes. On sait qu'il constitua avec celles-ci une légion tout entière, la cinquième, dite *Alauda* (« alouette » en gaulois), qui jouit d'une grande réputation.

Le grand historien allemand Theodor Mommsen a écrit que les Celtes avaient été les véritables lansquenets de l'Antiquité. Par cette phrase, il résume bien le rôle qu'ils ont joué sur le plan militaire entre la fin du monde classique grec et l'apogée de l'impérialisme romain, mais cette image du guerrier est incomplète. Elle ne souligne que sa puissance et la crainte qu'il inspirait à une grande partie du monde connu. Toutefois, avant d'être un mercenaire, le Gaulois fut un guerrier de type homérique, presque un hoplite ensuite : le porteur d'une morale sévère et d'une croyance inaltérable en un destin individuel mis au service d'une communauté qui ne vivait pas seulement des richesses qu'il lui rapportait mais bénéficiait aussi, grâce à lui, d'un nouveau mode de vie politique et économique.

CHAPITRE II

De simples huttes sans confort ?

Le mythe de la hutte ronde lui aussi trouve son origine chez les contemporains des Gaulois, leurs voisins grecs et latins. D'une façon générale, les auteurs antiques n'ont eu ni la curiosité du voyageur ni le souci de l'ethnographe. Les réalités matérielles de la vie quotidienne ne les intéressaient pas, si ce n'est lorsqu'elles trahissaient une déviation par rapport à la norme et qu'elles devenaient alors un trait d'exotisme, propre à susciter le mépris du monde civilisé envers les Barbares. Ainsi les meilleurs historiens ou les plus prolifiques ne prennent-ils jamais la peine de décrire l'apparence physique des individus ni le milieu où ils vivent. Le seul qui fasse exception est Poseidonios qui a cherché à faire ce que, vingt siècles plus tard, Marcel Mauss recommanderait à ses étudiants, noter chaque aspect de la vie quotidienne. C'est à lui que nous devons toutes les informations sur la vie des Gaulois qui, aujourd'hui, nous paraissent si précieuses. Encore faut-il que ces dernières, qui restent partielles parce qu'elles sont les uniques rescapées de la disparition presque totale de son œuvre, soient bien comprises par ses lecteurs, ce qui fut loin d'être toujours le cas.

Polybe est le premier à diffuser une image misérabiliste des conditions de vie des Gaulois de Cisalpine. « Ils habitaient des villages non fortifiés et ils étaient démunis de toute autre construction [...]. Ils menaient une vie fruste », dit-il. Cicéron, dans les habituelles caricatures des Gaulois qui ornent ses plaidoiries, n'aborde jamais le sujet avec précision mais suggère que ces peuples – même les habitants de la future *Provincia* romaine dont il rencontra les représentants politiques dans les procès, celui de Fonteius par exemple – ne sont que des bandes de pillards qui préfèrent faucher à l'épée la moisson de leurs voisins plutôt que de se livrer à l'agriculture. Cette vision est au demeurant assez absurde, puisque les Gaulois étaient surtout entourés d'autres Gaulois. César, de son côté, est très évasif sur la vie quotidienne de ceux qu'il combat, soit qu'il ne s'y intéresse pas du tout, soit qu'il n'estime pas nécessaire d'en parler, parce que les conditions de vie des Gaulois lui paraissent assez proches de celles des Latins dans le monde rural. Pour désigner l'habitat dans la campagne, il emploie un mot général et plutôt technique, *ædificium* (« édifice », « construction »), mais il ne se sert jamais du vocabulaire habituel utilisé pour les huttes ou autres cabanes (*tugurium*, *mapalia*, *casa*). On doit donc en conclure qu'il a observé des bâtisses plus ou moins imposantes dont il n'identifiait pas toujours la fonction (habitation, grange, écuries ?) sans parvenir pour autant à les qualifier de *domus*, la « maison » dans son acception la plus prestigieuse.

Le géographe Strabon, par souci d'encyclopédisme, est le seul à reproduire avec précision quelques informations de Poseidonios sur les demeures des Gaulois. « Ils fabriquent à l'aide de planches et d'osier tressé de grandes maisons qu'ils couvrent d'une épaisse toiture de roseau qui leur donne une forme de *tholos* », écrit-il. Cette comparaison n'a généralement pas été comprise par les traducteurs qui l'ont tout simplement rendue par « maison ronde » ou « circulaire ». Les historiens ont associé cette phrase à l'image figurant sur un bas-relief du musée du Louvre où l'on voit un Gaulois devant une cabane à la toiture conique et ils ont construit de toutes pièces ce mythe d'une hutte ronde. Or la description de Poseidonios n'en dit rien. Elle signifie simplement que la maison, au plan rectangulaire ou carré, une fois recouverte d'un épais manteau de chaume, prenait l'allure d'un dôme, ce que chacun peut constater à la vue des maisons normandes traditionnelles. Toutefois, le texte de Strabon se poursuivait par ces lignes malheureuses : « Encore aujourd'hui, la plupart des Gaulois dorment sur le sol et mangent assis sur des litières de feuillages. » Ainsi se dessinait l'image d'un mode de vie primitif dans des demeures misérables.

Les historiens français ont longtemps fait preuve du même manque d'intérêt que leurs prédécesseurs antiques pour ces questions. Selon beaucoup, les Gaulois n'étaient que les derniers des hommes préhistoriques, il était donc naturel de les représenter dans des huttes de feuillage. Amédée Thierry, en 1828, fait heureusement preuve d'une clairvoyance pourtant destinée à rester longtemps unique. Utilisant les mêmes sources, il parle de « maisons », de « villages ouverts », des « premières villes » et des « fortifications » si originales qui se rencontrent en Gaule. Mais ce message n'est pas compris par Henri Martin qui résume son propos en le caricaturant : « Ils vivaient dans des maisons rondes ou ovales en terre, aux grands toits de bois et de chaume [...]. Ils avaient, sur les hauteurs ou dans les marais, des places fortes où ils se retiraient, en temps de guerre, avec leurs familles et leurs troupeaux. » Cette vision reste inchangée pendant tout le XIXe siècle et se trouve assez vite renforcée par des gravures, inspirées du bas-relief du Louvre. Même Camille Jullian, au début du siècle suivant, ne parvient pas à s'en détacher. À propos des têtes coupées des ennemis entreposées dans la maison, il écrit ainsi : « Ces têtes formaient le principal ornement de la demeure, clouées sur ses parois comme d'éternels trophées. Et cela lui donnait l'aspect d'une horrible hutte de sauvage. » Albert Grenier qui publie quelques décennies plus tard un ouvrage intitulé *Les Gaulois*, promis à un vif succès, ne se démarque pas sur la question de l'habitat, ni sur les autres aspects de la société, de son célèbre prédécesseur : « des huttes de branchages enduites de terre glaise ou des cabanes de charpente [...]. Les Gaulois en sont demeurés, dans la construction de leurs demeures, au mode qui fut celui de toute la préhistoire dès l'âge de la pierre polie. Le type le plus simple devait ressembler à nos huttes de charbonnier ». Depuis, ces propos ont été régulièrement reproduits et souvent illustrés dans les manuels d'histoire, notamment du secondaire, jusqu'à ce que l'étude de la civilisation gauloise soit retirée des programmes officiels. Aussi ne doit-on pas s'étonner que l'image de la cabane ronde de nos ancêtres soit ancrée si fort dans les esprits : elle s'associe parfaitement à celle des forêts profondes.

Heureusement, l'intense activité archéologique des quarante dernières années a permis de faire progresser considérablement notre connaissance du second âge du fer. Et de très nombreuses fouilles, précisément, réparties sur l'ensemble du territoire, ont concerné l'habitat. Des différences régionales se révèlent, cependant loin d'être aussi nombreuses que celles que l'on peut distinguer dans l'habitat français traditionnel des deux ou trois derniers siècles. Moins que les types de construction, ce sont les formes de cet habitat qui montrent les plus grandes variations. Jusqu'à la fin du IIe siècle, les villes sont rarissimes. Les villages eux-mêmes ne sont fréquents dans le Centre, l'Est et le Sud de la Gaule qu'à partir du IIIe siècle. Auparavant se rencontrent surtout des établissements agricoles et des petits habitats groupés, sorte de hameaux. L'urbanisation est donc un phénomène tardif et qui prend des formes tout à fait différentes de celles qu'elle connaît sur les bords de la Méditerranée. Le plus souvent, il s'agit de fortifications, généralement en hauteur. Dans quelques cas, des groupements de type urbain – ou plus justement proto-urbain – ont pu se développer près de ports maritimes ou fluviaux, c'est-à-dire autour d'un marché. Mais les exemples demeurent rares et insuffisamment explorés. Si l'on excepte le Sud-Est de la Gaule, le territoire de la *Provincia* à partir de 125 avant J.-C., où les influences grecques sont perceptibles, nulle part on ne trouve d'authentiques villes avant la conquête, si par ce terme on entend un habitat communautaire avec un plan réfléchi et des infrastructures à usage collectif.

L'habitat gaulois est donc, pour l'essentiel, de nature rurale. Il s'agit d'établissements agricoles de type variable, suivant le mode d'exploitation de la terre : propriété, location, tenure. Au sommet de la pyramide se situe l'unité d'habitation de l'aristocrate qui dispose de terres, parfois sous la forme d'une sorte de fief dont la suzeraineté revient à l'État ou à un autre noble, plus élevé par la naissance ou par la fortune. Le domaine peut être d'un seul tenant ou morcelé en unités plus petites affermées à d'autres nobles sous sa dépendance ou à des paysans libres, de conditions diverses. Autour de la villa aristocratique se répartissent ainsi des établissements agricoles, des fermes ou des métairies, et des habitations isolées de paysans qui louent leur service. L'absence d'archives écrites ne permet pas toujours aux archéologues de reconnaître le type d'établissement agricole auquel ils ont affaire. Cependant, les villas des maîtres se distinguent assez bien par une unité d'habitation qui a laissé au sol des traces de fondations plus imposantes et surtout des restes matériels plus prestigieux (céramique tournée, outils en fer, parfois parures et armes, ainsi que des reliefs culinaires de qualité, du bœuf notamment). De nombreux bâtiments annexes les différencient nettement des établissements agricoles plus modestes. On y trouve des greniers, des granges, des silos enterrés, des abris et des enclos pour le bétail, parfois les restes d'installations métallurgiques, et même, dans quelques cas, un petit lieu de culte et un espace de réunion. Les petits établissements agricoles sont moins spacieux, ne laissent que peu de vestiges au sol et leurs seules fondations ne permettent pas toujours d'identifier leur fonction : maison, grange, écurie ou étable.

Ces installations agricoles et, dans quelques cas, artisanales, dispersées dans la campagne, s'intégraient dans de vastes réseaux d'enclos et ouvraient sur des espaces de pacage commun, reliées les unes aux autres par des chemins. Elles partageaient également des lieux à fonction communautaire, des sanctuaires et probablement, autour de ceux-ci, de vastes espaces de rassemblement pour des assemblées religieuses, civiques et certainement festives.

Les habitations proprement dites sont désormais mieux connues, du moins selon les informations reconstituées grâce aux fondations et aux détritus déversés dans les fossés de clôture. Le sol n'est pratiquement jamais conservé, ce qui rend difficile la compréhension des aménagements internes, séparations, meubles, cheminée, banquettes, etc. Les matériaux de construction sont évidemment tributaires des ressources locales. Cependant, même là où la pierre est abondante et facile à extraire, elle reste peu utilisée, si ce n'est dans les soubassements. Les Gaulois ne sont pas des maçons *:* sur une grande partie du territoire, le bois et la terre ont été utilisés de façon exclusive. Les Gaulois qui se sont révélés des maîtres dans le charronnage, d'habiles tonneliers, devaient naturellement exceller dans la charpente et la menuiserie. Malheureusement, sauf en milieu humide, les matériaux utilisés ne se conservent pas, aussi est-il difficile d'en mesurer la qualité. Les fondations, cependant, permettent généralement de reconstituer avec plus ou moins d'exactitude l'architecture. On distingue plusieurs types d'habitation par le plan et la confection des murs. Le plus souvent, on a affaire à des plans quadrangulaires, plutôt rectangulaires, d'une surface variant entre une vingtaine et une soixantaine de mètres carrés, mais en Bretagne, probablement sous l'influence des habitants des îles Britanniques avec lesquels ils avaient d'étroits contacts, les habitants ont construit un certain nombre de maisons au plan circulaire. La technique de construction est fonction de la qualité qu'on a voulu donner à la bâtisse, c'est-à-dire de la situation sociale des résidents. Les plus pauvres – plébéiens, esclaves – ne bénéficient que d'habitats assez rudimentaires : les poteaux porteurs des murs et de la toiture sont directement enfoncés dans le sol, reliés entre eux par un clayonnage d'osier, dans le meilleur des cas recouvert de torchis. Les plus riches ont droit à des maisons de charpentier, dont les parois en pans de bois – une sorte de colombage – reposent sur des sablières basses isolées du sol. Dans ce cas, le bois est de meilleure qualité (chêne, châtaigner) et le torchis est épais. De telles maisons ne diffèrent en rien de celles qui ont été traditionnellement construites en France jusqu'à la fin du XIXe siècle. Les toitures reflètent également la situation sociale des habitants et dépendent des ressources naturelles : chaume, roseaux, branchages, bardeaux. Dans le Sud-Est de la France, les toitures devaient être souvent des terrasses reposant sur un épais plancher.

La petite taille des habitations n'autorisait bien souvent la réalisation que d'une seule pièce commune, ce qui ne posait guère de problèmes puisque la majeure partie des tâches domestiques se déroulait à l'extérieur. La pièce servait donc essentiellement au repos et, dans les régions froides, aux repas. L'aménagement y était succinct, un foyer pour la cuisson des aliments et le chauffage, des banquettes au sol pour s'asseoir et dormir, une ou plusieurs tables basses pour disposer la nourriture, quelques coffres de bois pour ranger les effets personnels. Contrairement aux idées reçues, de telles maisons de bois et de terre étaient très saines et assez confortables – plus que celles tout en pierres. Elles n'étaient pas humides, pouvaient être rapidement chauffées l'hiver, tandis qu'elles conservaient la fraîcheur de la nuit en été.

Il est probable que, assez souvent, le bâtiment d'habitation abritait également les animaux de valeur (chevaux et bovidés) pour lesquels un espace était aménagé. Dans les fermes d'un certain niveau et dans les villas aristocratiques, les réserves alimentaires se conservaient dans de grosses jarres enfoncées à même le sol de la maison (surtout dans le Sud-Est), ou, le plus souvent, dans des bâtiments spécifiques – des greniers, semblables à des pigeonniers, surélevés pour que les animaux n'y accèdent pas, des caves accolées à la maison, ou des silos enterrés, grandes fosses en forme de cloche fermées d'un couvercle. En Bretagne, de petits souterrains ayant servi à l'extraction de la pierre connaissaient le même usage. En fonction de la richesse de la ferme ou de la villa, d'autres bâtiments s'imposaient : étables et écuries, granges pour ranger le matériel agricole et entreposer le fourrage.

Les plus riches fermiers disposaient d'une véritable cour matérialisée par un enclos, au plan parfaitement géométrique ayant fait appel aux compétences de géomètres. Quand il s'agit d'authentiques villas aristocratiques, cet enclos central est plus ou moins fortifié avec un fossé, un talus de terre supportant une palissade. À Paule (Côtes-d'Armor), l'une d'elles présente même les caractères d'un château fort, puissamment défendu et disposant de l'équivalent d'une basse-cour. Dans ces cas, l'entrée principale de l'enclos a fait l'objet d'un aménagement soigné, un porche couvert muni d'une porte à vantaux. Dans la résidence de Montmartin (Oise), un haut mur de torchis, décoré de gravures et de peinture, enfermait un lieu d'assemblée au milieu des autres bâtiments. Il s'y trouvait un petit lieu de culte, auprès duquel se tenaient les réunions de guerriers comme en témoignent les armes et les crânes humains qui étaient fixés sur le mur. Les enclos, emboîtés les uns dans les autres, étaient séparés par des porches décorés de crânes de bovidés.

Si ces demeures n'avaient rien de luxueux, au sens méditerranéen du terme, elles étaient parfaitement adaptées à l'idéal de vie de leurs riches propriétaires, ainsi que le rapporte César à propos de l'Éburon Ambiorix : « Sa maison était entourée de bois, comme le sont en général celles des Gaulois, qui, pour éviter la chaleur, cherchent presque tous le voisinage des forêts et des rivières. » Pour les nobles et les guerriers, le cadre de vie importait plus que la maison proprement dite où ils ne séjournaient que quelques heures par jour. Ce qui comptait, c'était le vaste domaine entourant la maison. Là, ils pouvaient rassembler leurs troupeaux de bovidés dans des enclos, dresser leurs chevaux – ces deux espèces animales constituant leur véritable richesse. Avec leurs compagnons, ils chassaient dans les bois environnants. Leur plaisir consistait dans l'organisation de réunions guerrières, politiques ou religieuses qui donnaient toujours lieu à des somptueux banquets où la viande et le vin avaient une place de choix. Les litières dont parle Poseidonios n'étaient pas moins confortables que celles qu'utilisaient les paysans grecs dans leurs repas communautaires. L'essentiel du mobilier se rapportait d'ailleurs à l'activité culinaire : tables, grils, broches, vaisselle de luxe. Si les Gaulois n'utilisaient pas de lit de bois haussé au-dessus du sol, ils avaient inventé le matelas bourré de laine qu'ils disposaient sur une banquette aménagée par terre. Ils aimaient en effet manger assis très bas, les genoux relevés.

La maison gauloise est donc plus proche de l'*oïkos* grec du temps d'Homère, c'est-à-dire le domaine foncier avec tout ce qu'il contient (terres, maisons, richesses, famille et serviteurs) que de la *domus* romaine, la maison proprement dite. À l'origine, l'importance d'un domaine dépendait de la relation de son propriétaire au chef ou au roi qui le lui avait attribué. Avec le développement de l'activité guerrière, en fonction de sa conduite au combat, le noble pouvait accroître son cheptel, le nombre de ses serviteurs, et ses moyens financiers au titre de la part du butin. Il pouvait aussi affaiblir son domaine s'il ne rentabilisait pas à la guerre ses investissements en hommes et en bêtes. Cette compétition a donc permis une relative égalité entre les nobles propriétaires fonciers et l'évolution du système politique. Plus que des rois ou chefs à vie qui auraient seulement profité de leurs privilèges, ils préférèrent élire chaque année un nouveau stratège, pour le récompenser de son ardeur guerrière et bénéficier de ses conseils avisés en matière de stratégie. Un tel système favorisait la solidarité entre les nobles qui se savaient incapables de résister seuls à un ennemi. Ce réseau de dépendance s'étendait à la tribu tout entière et à sa traduction géographique, le *pagus*, et, au-dessus des *pagi*, au peuple tout entier. C'est pour cela que chez les Gaulois qui conservèrent longtemps les mêmes valeurs guerrières et une économie mixte basée sur les gains de la guerre et une autosubsistance agricole, le besoin de la ville ne se fit ressentir que très tard. Elle apparut tout d'abord sous la forme d'une citadelle commune, permettant d'abriter une grande partie de la population ainsi que le bétail en cas de danger. Les Romains ont appelé ce type de fortification très vaste et propre aux Gaulois du nom d'*oppidum*. Dans bien des cas, ces *oppida*, situés sur des hauteurs, difficilement accessibles et guère propices à l'habitat, ne furent utilisés que comme refuge, lieu de stockage de vivres et parfois comme marchés. Il en alla différemment des places fortes situées dans les vallées, souvent sur les bords de voies fluviales. Celles-ci devinrent le lieu idéal pour développer le commerce et un artisanat qui lui était lié. C'est pourquoi les premiers centres proto-urbains se développent simultanément aux prémices de l'influence du commerce romain, dès le début du IIe siècle. Les commerçants romains doivent pouvoir s'y installer en toute sécurité. Les marchandises qu'ils importent et celles qu'ils achètent sont protégées. Autour d'eux s'établissent des gens de la plèbe qui exercent des métiers en relation avec le commerce : transformation des matières premières, alimentation, transport.

On comprend mieux, désormais, que, à la vue de la campagne gauloise, un Grec tel que Poseidonios et surtout ses prédécesseurs ne s'y sentaient guère en pays hostile, face à des modes de vie incompréhensibles. Au contraire, ils reconnaissaient volontiers chez ses habitants l'image d'une vie qui avait été celle de leurs lointains ancêtres, du temps des récits homériques auxquels ils étaient si attachés. De la même manière, quelques décennies avant le début de notre ère, Jules César, quand il parcourait en tous sens le pays gaulois, qu'il y voyait d'innombrables fermes, lorsqu'il pénétrait dans les citadelles sur les sommets ou au bord de grands fleuves charriant hommes et marchandises, était peu dépaysé. Certes, rien ne ressemblait, de près ou de loin, à la ville de Rome, mais il retrouvait des paysages, des demeures rurales, des villages, des ports dont il avait vu les exactes répliques dans le Nord de l'Italie. C'est pourquoi il ne lui paraissait pas nécessaire de décrire dans le détail cette vie quotidienne. En raison de cette proximité entre les deux pays, il estima que la conquête de la Gaule se ferait sans grande difficulté.

CHAPITRE III

Un art gaulois ?

C'est à propos de l'art que l'étiquette de « barbares » appliquée aux Gaulois révèle le mieux sa complexité et son ambivalence. Elle est en effet paradoxale, puisqu'il ne s'agit plus de l'assertion méprisante assénée avec la force que donne la prétention du « civilisé », mais d'une simple négation. Pendant deux mille ans, de la conquête de César au milieu du XXe siècle, on ne parle pas de cet art. Tout simplement parce qu'il est censé n'avoir jamais existé. La question de sa réalité ne méritait pas d'être posée et ne venait même pas à l'esprit. Il a fallu la révolution du regard, engagée par l'expérience du cubisme et confortée par la découverte de l'art des « primitifs », pour que se révèle soudain l'art gaulois et qu'on lui consacre une première exposition parisienne en 1955, quelques années après la publication de pages admirables d'André Malraux sur les monnaies gauloises dont on découvrait alors toute la richesse et le mystère. Si, aujourd'hui, des livres d'art publiés dans les plus prestigieuses collections sont consacrés à l'art celtique, beaucoup de questions demeurent sur sa nature et surtout sur son rapport à l'art gaulois, une entité conceptuelle qui, comme celle de civilisation gauloise, a subrepticement disparu au cours des trois dernières décennies du XXe siècle.

Comme souvent, l'idée reçue remonte aux temps les plus anciens, dans le cas présent, le moment où les Grecs découvrent le monde celtique. À cette époque, chez eux, la sculpture et la peinture dans leur réalisme idéal atteignent le sommet. La perfection des représentations humaines et animales paraît de nature divine. Les artistes eux-mêmes, d'après leurs congénères, tiennent à la fois des hommes et des dieux, comme les héros. L'art grec acquiert une réputation qui s'étend largement sur tous les rivages de la Méditerranée. Et, dans les contrées les plus reculées du monde barbare, chefs et rois scythes, thraces et celtes dépensent des fortunes pour obtenir quelques-unes de ces œuvres. Les voyageurs et commerçants grecs qui, les premiers, parcoururent la Gaule avec l'aide active de la colonie de Marseille étaient donc moins préparés que tout autre à apprécier les réalisations artistiques des peuples indigènes de ces contrées. Les représentations apparemment déformées, sans rapport direct avec la réalité, sans but compréhensible de prime abord, pouvaient à la rigueur éveiller leur curiosité mais n'avaient guère de chance d'être reçues avec bienveillance. Encore fallait-il qu'ils puissent les contempler. Ce n'était guère facile, en l'absence quasi totale de représentations sculptées et de décorations monumentales. Pour admirer ce qu'on considère de nos jours comme leurs chefs-d'œuvre, il leur aurait fallu approcher de très près les Gaulois et les Gauloises qui les portaient sur le corps ou s'en servaient dans l'intimité de leur maison. Bracelets, torques, fibules, vaisselle n'avaient nullement le caractère ostentatoire des sculptures et des peintures antiques, ils n'avaient pas la même fonction et ne répondaient pas aux mêmes exigences.

De notre habituel cicérone en terre gauloise, Poseidonios d'Apamée, ne nous est parvenu aucun texte sur le sujet. C'est une constatation très révélatrice. Les utilisateurs habituels de ses propos, César, Strabon et Diodore de Sicile, n'ont certainement pas jugé bon de reproduire ce qu'il avait pu écrire sur cet aspect de la civilisation gauloise, de la même manière qu'ils en ont négligé beaucoup d'autres. Mais il est probable que Poseidonios lui-même avait dû se heurter aux difficultés d'observation et de compréhension que l'on vient d'évoquer. Polybe, son maître en histoire, est à ce sujet catégorique. Dans sa description des Gaulois de la Cisalpine, il affirme que « chez eux aucune science et aucun art ne s'étaient développés ». Autrement dit, pour lui, les Gaulois n'étaient que des guerriers nomades, des quasi-hordes sauvages qui ne consacraient ni effort ni temps à produire des objets, encore moins à les rendre agréables à la vue. Polybe dénie même aux Gaulois la pratique de l'artisanat. Mais on sait que le regard qu'il porte sur tous les peuples qui ne sont pas encore acquis à la cause de Rome est partial, subjectif et teinté d'un mépris certain. Il a pris fait et cause pour l'impérialisme romain. Probablement voit-il en Rome le meilleur et le dernier défenseur de la civilisation grecque. Les peuples qui entourent cette aire gréco-romaine sont considérés, au pire, comme des ennemis potentiels, au mieux, comme de futurs colonisés. À leur égard, il ne peut être question de civilisation et encore moins de ce qui en est peut-être la quintessence, le génie artistique. Les Grecs, dont l'esprit est si ouvert qu'ils imaginent même une possible origine étrangère à la philosophie quand tous s'accordent à leur en reconnaître l'invention, ne se posent pourtant pas une question essentielle à propos de leur propre art : pourquoi des peuples réputés barbares s'intéressent-ils tant aux œuvres grecques apparemment si éloignées de leurs préoccupations, au point de consacrer des moyens considérables pour les acquérir ? Ils auraient pu au moins reconnaître que ces voisins « barbares », disposaient comme eux d'une sensibilité au Beau si vive qu'elle devait obligatoirement produire ses créations propres, et qu'il suffisait de chercher pour les découvrir.

Les intellectuels de langue latine qui, à la fin de l'époque républicaine, découvrent la Gaule à leur tour, Cicéron, César, Pompée, sont abreuvés de cette même culture hellénique qui leur fournit des cadres de pensée. Pour eux, l'art n'est qu'une imitation de la nature, comme l'explique Pline l'Ancien, le fondateur de l'histoire romaine de l'art. Si l'œuvre est proche du modèle, l'art atteint son but et le créateur peut être qualifié d'artiste. Si elle échoue ou semble avoir échoué, parce que la réalisation est grossière, voire informe, on parlera au mieux d'artisanat, au pire de pratique fétichiste ou animiste. Mais, parce qu'ils ne peuvent concevoir d'autre art que gréco-romain et que, pas plus que les Grecs, ils n'ont pu en voir les réalisations, aucun auteur latin ne s'intéresse expressément à l'art en Gaule.

Seuls deux d'entre eux évoquent des représentations statuaires de la divinité. Leurs propos vagues, s'appuyant de toute évidence sur une mauvaise documentation, seront cependant lourds de conséquence tant pour l'appréciation et la compréhension de l'art des Gaulois que pour celles de la conception que ces derniers se faisaient des dieux. Le plus ancien texte se trouve dans l'exposé que fait César de la société gauloise, en reprenant ses notes de lecture de Poseidonios. En venant à la description du panthéon, il donne la première place à un dieu dont il traduit l'identité par Mercure, en précisant que ses *simulacra* sont très nombreux. De telles représentations, comme nous le verrons dans le chapitre consacré à la religion, sont tardives, fortement influencées par la pénétration commerciale de Rome dont elles ont suivi les vecteurs. Ce qui importe ici, c'est le mot choisi par César. *Simulacrum* désigne toute forme de représentation, de l'image à la statue en passant par ces étranges mannequins gigantesques en osier dans lesquels, dit encore César, les Gaulois faisaient brûler des hommes et des animaux en l'honneur de leurs dieux. Il aurait pu choisir des termes latins plus précis (*statua*, *signum*, *effigies*). Le choix de *simulacrum* signifie donc que la représentation est peu conforme à l'idée qu'on se faisait alors d'une statue divine, à la manière grecque. Les historiens ont voulu y voir la preuve qu'il s'agissait de statues grossières. On peut donner une interprétation différente : les « simulacres » pouvaient n'être que des stèles de pierre ou de bois, pas nécessairement anthropomorphes, et dont l'efficacité n'était que symbolique. Dans ce cas, elles n'auraient rien à voir avec l'art. De telles représentations de divinités, de héros, voire de défunts étaient courantes à date haute en Grèce et à Rome. Le second auteur est le poète Lucain qui, près d'un siècle après les événements, se livre à un récit épique de la guerre civile qui oppose César à Pompée. À cette occasion, il décrit un bois sacré dans l'arrière-pays de Marseille que César ordonne d'abattre pour récupérer le bois nécessaire aux constructions militaires. Là, écrit-il, « les sinistres simulacres des dieux manquent d'art et se dressent informes sur des troncs coupés ». Le même emploi du mot *simulacrum* ne doit pas étonner : Lucain s'est simplement inspiré du texte de César et a interprété les représentations divines comme des « troncs coupés ». Cependant, ne nous y trompons pas : aucun des deux auteurs n'a vu quoi que ce soit de ses yeux, ils n'ont qu'imaginé et leur témoignage a une valeur toute relative.

C'est pourtant à celui-ci que se sont largement référés les historiens quand ils se sont penchés sur l'art des Gaulois, nécessité qui ne leur est apparue qu'à la fin du XIXe siècle, lorsque la présentation de l'art est devenue l'exercice obligé de tout examen d'une civilisation disparue. Pourtant, des œuvres d'art gaulois, et notamment les plus prestigieuses, les monnaies, étaient déjà connues en France depuis bien longtemps. En 1719, Bernard de Montfaucon, bénédictin et conservateur du cabinet des médailles de Saint-Germain-des-Prés, écrit à leur propos : « Elles ont été fort négligées jusqu'à présent. Elles sont d'un si mauvais goût que la plupart les rejettent et ne veulent pas leur donner place dans leurs cabinets. » C'est pourquoi Henri Martin, dans sa première histoire populaire de la France, n'évoque que ces « colliers et bracelets de bronze, ou même simplement d'os et de bois » qui servaient de parures aux chefs et dont il a découvert l'existence chez les auteurs antiques. Quelques décennies plus tard, Ernest Lavisse, dans la version populaire et illustrée de son *Histoire de France*, n'aborde même plus le sujet. À la même époque, les grands savants celtisants qui occupent les premières chaires dédiées à la Gaule antique ou le poste de conservateur au musée des Antiquités nationales, d'Arbois de Jubainville, Bertrand, Reinach, s'en tiennent prudemment à une approche très archéologique. L'art n'est traité ni dans sa globalité ni comme phénomène social. C'est encore le cas de Camille Jullian qui, dans son *Histoire de la Gaule*, ne consacre au sujet que huit pages peu inspirées, dans lesquelles la spécificité gauloise n'est pas clairement mise en évidence : il aborde seulement la question des influences gréco-romaines et celle de la représentation anthropomorphique. À plusieurs reprises, sa gêne devant des œuvres qu'il ne comprend pas s'exprime sans fard. Il évoque par exemple « le prototype méditerranéen de ces décors barbares », et ajoute : « il est difficile d'apprécier en connaissance de cause la valeur artistique de ces œuvres », avant d'admettre que « le problème de l'influence grecque ou étrusque se pose également à propos de toutes ces images ». Jullian est pris entre sa passion pour la Gaule et la conception encore classique de l'art qui en fait la représentation imitative de la nature. En 1947, dans son livre

La Gaule, Ferdinand Lot, historien pourtant estimable, n'accorde pas plus de quatorze lignes à l'art, commençant par cette phrase révélatrice : « Peu de chose à dire sur l'art. » La suite montre sans aucun doute qu'il n'a même pas pris la peine de consulter le corpus pourtant déjà impressionnant de l'art de l'époque latènienne (entre les Ve et IIIe siècles), disponible à son époque, car il termine par cette affirmation, d'une cruelle inexactitude, à propos des fibules et autres parures : « leurs formes n'ont pas le caractère d'artistique fantaisie que présentent les objets de ce genre à l'époque franque ». Reconnaissons à sa décharge qu'il était avant tout spécialiste du Moyen Âge.

Il faut attendre les grandes expérimentations esthétiques du début du XXe siècle, celles de Cézanne particulièrement, pour que l'œil s'ouvre aux énigmatiques images de l'art des Gaulois et des Celtes. Les propos de ce peintre, « traiter la nature par le cube, la sphère et le cylindre », définissent une méthode créatrice qui peut aussi servir de mode de lecture à beaucoup d'œuvres gauloises. Ce faisant, il ouvre la voie au cubisme et permet à Picasso de produire ses premiers portraits où face et profil composent une même image, comme l'avaient fait les graveurs des monnaies gauloises vingt-deux siècles plus tôt. Or dans le même temps, à la suite de Gauguin, on se passionne pour les « arts sauvages », qu'on appelle aujourd'hui « arts premiers ». La voie est désormais ouverte pour une appréciation à leur juste valeur des œuvres léguées par les Gaulois et les Celtes. Cependant la route sera encore longue, qui mène à la reconnaissance unanime.

En 1929, dans *Documents*, Georges Bataille, le grand défricheur de nouveaux espaces esthétiques, écrit un article célèbre, « Le cheval académique », sur les plus anciennes monnaies gauloises, imitées des monnaies de Philippe II de Macédoine, au revers desquelles figurent diverses représentations d'attelage ou de chevaux. Encore jeune conservateur au cabinet des Médailles, il est très influencé par la célèbre distinction de l'historien d'art H. Wölfflin entre « style classique » et « style baroque ». Les monnaies gauloises « au cheval » lui semblent l'exemple même du second, une opposition, voire une révolte contre le style qui leur a servi de modèle : « Les chevaux déments imaginés par les diverses peuplades ne relèvent pas tant d'un défaut technique que d'une extravagance positive, portant partout à ses conséquences les plus absurdes une première interprétation schématique. » Marqué, comme tous ses prédécesseurs, par des siècles d'éducation esthétique fondée sur le seul canon grec de la beauté, il hésite cependant à renoncer à la valeur du « cheval académique », « l'une des expressions les plus accomplies de l'idée, au même titre, par exemple, que la philosophie platonicienne ou l'architecture de l'Acropole ». Cependant, il admet presque inconsciemment en conclusion la valeur des œuvres gauloises : « les altérations des formes plastiques représentent souvent le principal symptôme des grands renversements ». Vingt-cinq ans plus tard, André Breton lui reprochera cruellement – et non sans un souci de vengeance – les termes excessifs par lesquels il caractérise les figures gauloises, comme « les ignobles singes et gorilles équidés des Gaulois, animaux aux mœurs innommables et combles de laideur ». Propos que Bataille corrigeait immédiatement par cette interprétation avant-gardiste : « toutefois apparitions grandioses, prodiges renversants ». Breton feint d'ignorer ces considérations, lourdes de sens pour une meilleure appréciation de cet art, et concède seulement à l'auteur de l'article le mérite d'avoir, pour la première fois, livré de précieux agrandissements des images monétaires sans lesquels toute critique esthétique était auparavant impossible.

C'est dans le sillon ouvert par Bataille que s'engouffre André Malraux dans les années 1950 avec *Les Voix du Silence* et sa *Psychologie de l'art*, où, dans un appendice consacré aux monnaies gauloises, il propose les analyses les plus inspirées et les plus fines qu'on ait jusqu'alors écrites sur des œuvres gauloises. Les monnaies qui deviennent accessibles à l'historien d'art grâce à la photographie composent un premier corpus, d'une richesse inouïe et d'une cohérence certaine. À travers quelques exemples particulièrement parlants, André Malraux expose les caractères les plus manifestes de cet art, refus de l'imitation, vision subjective, évocation du mouvement, tentation du symbolisme.

> Aussi confuse que demeure leur filiation, on suit pendant plusieurs siècles la métamorphose qu'elles firent subir à des monnaies

classiques. De la représentation au signe ; de l'expression humaniste à l'expression barbare ou à l'abstraction. Filiation qui n'est nullement celle d'une régression invincible vers le signe : celui-ci n'est pas toujours leur expression la plus tardive ; il n'est que la forme de leur mort.

Là où on ne voyait que dégénérescence du modèle grec, il pressent qu'il est question de métamorphose. Le premier aussi, il avance l'hypothèse de l'abstraction. Cependant, comme chez Georges Bataille, les brillantes interprétations ne sont que des traits de génie fulgurants qui se perdent un peu dans la confusion du texte littéraire. L'analyse n'est pas rigoureusement construite et ne s'offre pas comme un modèle à d'éventuels successeurs.

L'intérêt suscité par l'exposition de 1955, « Pérennité de l'art gaulois », au Musée pédagogique ouvre en effet la voie à des recherches qui s'engagent dans des directions très diverses, voire contraires. On se focalise sur la filiation de cet art jusqu'à nos jours – cubisme, surréalisme –, en imaginant des étapes intermédiaires, l'art roman surtout, et le baroque. On en recherche aussi de lointaines origines dans l'art géométrique des premiers métaux et dans le graphisme des mégalithes. De fait, les corpus rigoureux et raisonnés sur lesquels avaient travaillé André Malraux puis Lancelot Lengyel (*L'Art gaulois dans les médailles* en 1954), leur permettant d'obtenir des résultats notoires, éclatent et se muent en vastes fresques évolutives et comparatives. Il n'est plus guère possible avec une perspective aussi large de parler encore d'art gaulois. Dès lors, les historiens d'art français préfèrent, à la suite de l'Allemand Paul Jacobsthal, employer l'expression « art celtique ». Auprès des productions gauloises, prennent alors place les œuvres au décor géométrique du premier âge du fer, les situles historiées du peuple vénète du Nord-Est de l'Italie et bon nombre d'objets fabriqués au début de notre ère, en pleine occupation romaine. Le meilleur représentant en France de cette nouvelle façon de considérer l'art des Gaulois est Paul-Marie Duval, dont l'ouvrage le plus connu s'intitule *Les Celtes*, publié en 1977 dans la célèbre collection « L'Univers des formes». Très influencé par André Malraux, il ne parvient cependant pas à en théoriser l'approche originale, parce qu'il inscrit d'emblée l'art dans le contexte flou des Celtes et se condamne à repérer l'évolution chronologique, définir des styles, et rechercher les modèles. Il accomplit, de fait, le programme qu'avait défini Camille Jullian: mesurer l'influence grecque et étrusque sur des œuvres qui, comme toute œuvre d'art, ne valent que par elles-mêmes. Les successeurs de Paul-Marie Duval seront eux aussi obsédés par l'examen de la filiation entre les motifs classiques – la palmette, la fleur de lotus, le rinceau – et leur interprétation parfois délirante par les artistes celtes. Ils oublient que ces derniers n'ont utilisé ces thèmes que comme matière, au même titre que l'or, le bronze ou la glaise. On ne comprend pas plus l'art gaulois par la recherche des motifs de l'art classique qu'on n'explique la beauté d'un tableau par celle du modèle qui l'inspira.

Aujourd'hui, les énigmatiques créations des Celtes, habitants de la Gaule ou de sa périphérie, suscitent deux discours. Le premier, purement archéologique, procède par style, par type, se soucie avant tout de la chronologie et analyse en termes de modèle et de copie. L'autre n'est qu'un commentaire plus ou moins inspiré qui est à l'œuvre d'art ce que la paraphrase est au texte littéraire. Dans les deux cas, seul l'art celtique est traité, sans que sa légitimité comme sujet d'étude soit jamais assumée, comme si elle allait de soi. Comme si le concept d'art gaulois s'était évanoui avant de naître et se développer.

La vision antique du Barbare et le quasi-impérialisme de la conception panceltique des peuples d'Europe occidentale et centrale brouillent donc considérablement l'idée qu'on peut se faire aujourd'hui de l'art en Gaule. L'historique qui vient d'être fait est une première réponse à la question fondamentale de son existence même: une expression artistique se manifeste bien avec vigueur sur la plus grande partie du territoire gaulois entre les Vᵉ et Iᵉʳ siècles avant notre ère. Les interrogations que celle-ci suscite depuis la fin de la Renaissance, moment où les premières œuvres sont découvertes et reconnues, apportent une seconde réponse non moins capitale : cet art est original et à nul autre semblable. Il y a donc bien un art authentique. Et il sera toujours temps, à l'issue de l'exposé de ses manifestations, de le caractériser de celtique ou de gaulois. Question relativement peu importante au demeurant.

Cet art déconcerte, comme le font l'art des Indiens d'Amérique du Nord, celui des Scythes et ceux des peuples des steppes, parce qu'il paraît ne pas s'être étendu à toutes les formes d'expression. Or dès l'Antiquité, l'Égypte, la Grèce, Rome nous ont habitués à un art qui paraît s'évertuer à occuper tous les terrains qui se présentent à lui, l'architecture des monuments publics et parfois des simples maisons, la sculpture, la peinture, les bijoux, la vaisselle, le mobilier, les expressions écrite et orale, la musique, la danse... En Gaule, peu d'objets et de réalisations témoignent de cette volonté esthétique et ils relèvent en outre de rares domaines : parures et mobilier pour l'essentiel. Il faut pourtant tempérer un tableau aussi pessimiste. La littérature orale et la musique ont été pratiquées par les Gaulois. Toutes les compositions ont disparu mais nous en avons des témoignages indirects. Il existait une poésie chantée par les bardes et des récits généalogiques conservés par les druides. Nous connaissons quelques instruments de musique : la lyre et les instruments à vent – trompes taillées dans des cornes, belles trompettes en cuivre du nom de carnyx –, et sans doute des instruments de percussion. De la danse, nous ne connaissons que la forme guerrière, également en usage chez les peuples italiques, mais d'autres types devaient coexister, peut-être féminins. Nous ne savons rien des autres arts du corps, théâtre, mime. En revanche, l'architecture conçue comme pure recherche esthétique dans les formes et les volumes paraît avoir été étrangère aux Gaulois. Toutefois, les surfaces bâties étaient décorées de peintures et de gravures murales, les armatures, poteaux, poutres et éléments de la charpente de sculpture.

Le caractère le plus remarquable des œuvres qui nous sont parvenues tient à leur petite taille et à leur support. Alors que l'art des grandes civilisations classiques se manifeste dans des œuvres sculptées ou peintes de différentes tailles mais souvent à la mesure de l'homme, on ne rencontre dans le monde celtique –

notamment en Gaule – que très peu d'objets dont la fonction soit exclusivement esthétique. Ce sont presque toujours des bijoux ou des armes ornés, des monnaies, de la vaisselle. La sculpture et la peinture pratiquées pour elles-mêmes sont quasi inexistantes. Leur absence pose donc le problème de la représentation, que ce soit celle de la nature, des productions humaines ou des dieux. Non seulement elle n'a pas été systématiquement recherchée, comme chez les Grecs, mais elle paraît avoir été fuie, au mieux détournée de son sens, ainsi qu'en témoignent au plus haut point les monnaies. On a là une sorte de négation de l'art comme imitation de la nature. L'homme et l'animal ne sont que très rarement représentés, les paysages et les constructions humaines jamais. Les figures les plus courantes sont celles d'êtres fantastiques, chimères et surtout fragments de corps – œil, bec, patte, chevelure, etc. – ou corps déformés – visages aplatis montrant leur face et leur profil, comme par refus de la réalité anatomique. Mais la plupart du temps, on a affaire à des décors qui n'en sont pas et échappent aux canons esthétiques habituels, réseaux entremêlés et savants de lignes où les éléments habituels du vocabulaire décoratif de l'Antiquité se métamorphosent pour mieux s'y fondre et disparaître.

Cette volonté pourrait passer pour une curiosité, voire une aberration, si elle n'avait un sens profond sur lequel une anecdote célèbre rapportée par Diodore de Sicile peut éclairer. Lors de la prise de Delphes par les Gaulois, leur chef Brennus entra dans un temple. « Il n'y vit, dit l'auteur, aucune offrande d'argent ou d'or mais y trouva seulement des statues de pierre et de bois et se prit d'un rire énorme, dû au fait que, attribuant aux dieux une forme humaine, on les dressait là en bois et en pierre. » Il n'était donc ni habituel ni même envisageable pour un Gaulois au IIIe siècle de représenter les dieux, encore moins sous une forme humaine, comme le firent si bien les Grecs. Le corpus des œuvres d'art celtique le confirme : on ne connaît, avec certitude, aucune représentation divine jusqu'à l'époque de la conquête. De toute évidence, il s'agit d'un interdit religieux qu'on ne peut s'empêcher de mettre en parallèle avec celui qui touchait l'écriture préconisé par les druides. Il y avait de leur part une volonté farouche de ne pas matérialiser les idées et les connaissances ni les êtres divins. L'interdit s'étendait peut-être à l'ensemble de la création humaine et animale, considérée comme œuvre divine, à l'exception de figures possédant une force sacrée, à l'instar des enseignes à forme de sanglier. Les disciples du philosophe grec Pythagore avec lesquels les druides avaient beaucoup de points communs interdisaient eux aussi l'usage de l'écriture pour les choses de l'esprit et professaient une égale méfiance pour les représentations humaines. Ces caractères qui paraissent si étranges ou, du moins, inhabituels révèlent une donnée fondamentale de cet art : il n'est pas le fruit d'expériences individuelles et aléatoires mais plutôt le produit d'une pensée collective s'inscrivant dans la durée. Du ve siècle jusqu'à la création de la *Provincia*, ce que nous appelons les œuvres d'art obéit à des contraintes durables : compositions strictement géométriques, interprétation de thèmes décoratifs grecs ou orientalisants, jeu de cache-cache avec la figuration, métamorphose analytique des représentations humaines et animales en volumes géométriques. Il s'agit donc d'une pratique artistique fort éloignée de l'idée qu'on s'en fait depuis plusieurs siècles, où l'artiste n'est jamais seul. Contrairement au sculpteur ou au peintre romain qui, bien qu'ils répondent à une commande et appartiennent à une école, jouissent encore d'un espace de liberté qui leur permet de choisir les traits, les attitudes, les couleurs et l'environnement du sujet qu'ils doivent traiter, l'artiste gaulois ne dispose même pas d'une existence propre en tant que tel. Son travail se dissout dans une chaîne opératoire où interviennent d'autres créateurs, aussi indispensables que lui. L'artiste est tout autant celui qui conçoit l'œuvre et en réalise le carton que celui qui en modèle la matrice (à la cire, par exemple) ou celui qui en effectue la fonte ou la gravure. D'où des pesanteurs dans les styles, une certaine permanence dans les techniques, une part plus réduite de l'individualité. Cet art celtique qui se joue de la représentation est donc en quelque sorte un art intellectuel, et, sous l'influence des druides, il devient quasi philosophique.

Il l'est dès le début du second âge du fer, dans les années 500, quand les premiers peuples s'établissent durablement sur ce qui sera leur territoire et y organisent un embryon d'État. En quelques décennies se développe un style que l'on pourrait dire décoratif, s'il ne faisait appel à des qualités de conception, de dessin et de géométrie hors du commun. Deux types de décor s'imposent et s'assemblent parfois. Le premier utilise uniquement des figures géométriques circulaires qui s'organisent en fleurs d'une complexité inouïe. Elles figurent généralement sur des objets également de forme circulaire, des phalères surtout (décoration de harnachement du cheval), fabriqués en bronze. Les motifs sont réalisés en relief, par découpe ou par gravure. Devant de telles réalisations dont il faut aujourd'hui, pour comprendre la construction, faire souvent appel aux calculs d'un ordinateur, on doit se convaincre que ce n'est pas l'artisan seul qui a pu les concevoir. Le second type obéit au même principe : il occupe la surface entière d'un décor complexe dont les éléments sont cette fois empruntés à la thématique grecque – esses, rinceaux, palmettes – et s'enchaînent les uns aux autres avec une implacable virtuosité qui, là encore, use du relief, de la gravure et de la réserve par découpe pour laisser apparaître le support sur lequel est appliquée la feuille de bronze ou d'or. Le hasard n'y tient aucune place, ni raté ni repentir ne s'y révèlent. Le carton préparatoire a été exécuté de main de maître grâce à de véritables recherches accompagnées de mesures précises pour l'appliquer sur des objets dont la forme rendait la tâche difficile : sphère, cône, corne…

De telles réalisations sont caractéristiques d'une première période que Paul-Marie Duval appelle « formation », terme qui, au vu de la qualité de ces œuvres, semble un peu péjoratif. « Recherche » conviendrait beaucoup mieux car il s'agit bel et bien d'expérimentations de la part de créateurs déjà au sommet de leur art et exploitant les champs du possible. Au milieu du IVe siècle, s'ouvre une seconde période dont on peut conserver la dénomination que lui donne encore Duval : « l'épanouissement et le rayonnement ». Il semble que ce soit le changement de support qui, tout à coup, libère l'imagination. Au cours de la première période, les supports ornés aux surfaces planes ou légèrement courbes se prêtaient à une ornementation en deux dimensions. La volonté de traiter des objets plus petits et souvent toriques – colliers, bracelets – sur lesquels la gravure est trop discrète amène l'artiste à utiliser le relief. Au départ, il n'est que la transposition sous forme de tiges peu épaisses des lignes géométriques de l'époque antérieure, c'est le « style de Waldalgesheim » ou « végétal continu ». Cependant, très vite, la forme plastique se révèle et s'impose par sa pureté à celui qui la travaille. La complexité du dessin des formes géométriques et des motifs décoratifs grecs est transposée dans le relief mais cet exercice est bien vite supplanté par l'exaltation d'une matière capricieuse et maîtrisée. Le décor plastique – c'est le nom qu'on donne souvent à ce style – doit en effet se plier à de multiples points de vue et plus seulement au regard perpendiculaire. Les créateurs joueront de cette difficulté : le même objet proposera ainsi plusieurs lectures selon l'angle à partir duquel on le regarde.

L'assemblage savant des aplats, des sections de cône ou de sphères, tantôt convexes, tantôt concaves, adresse un clin d'œil à la figuration, comme pour la moquer. Dans les entrelacs de courbes sinueuses se dissimulent des têtes d'oiseau dont le bec lui-même s'enroule en ressort, des bourgeons naissent entre des formes géométriques pures mais si l'on retourne l'objet, les bourgeons deviennent les yeux d'une figure à peine humaine, grimaçante ou souriante. Un historien d'art, en souvenir de Lewis Carroll, a joliment qualifié ces réalisations de « style du Chat du Cheshire ». La maîtrise des artistes est alors si grande que le problème de la figuration humaine ou animale se pose avec plus d'acuité. Il leur est possible de rivaliser avec les prestigieux modèles que sont pour eux les vases métalliques grecs ou étrusques et les monnaies de Macédoine ou de Tarente. Ils ne font pourtant jamais le choix de l'imitation servile. Ceux qui réalisent les extraordinaires bijoux de style plastique et ceux qui gravent les savantes courbes sur le plat des fourreaux d'épée n'en ont pas le goût. Ils préfèrent procéder à de subtiles décompositions de leurs modèles qui tiennent de la dissection puis de la recomposition. Les images monétaires en donnent le meilleur exemple : le profil de Philippe II de Macédoine s'épure pour n'être plus que la composition hallucinante des figures géométriques qui le forment, autorisant une nouvelle fois une double lecture : de près, ces formes se révèlent dans leur beauté primaire et de loin, le visage réapparaît dans une sévère sobriété. Les œuvres plastiques, au contraire, semblent préférer une utilisation ludique de la figuration. Le démembrement des corps et des visages laisse reconnaissables les éléments conservés. Souvent, on assiste à une métamorphose qui produit des êtres et des têtes dont on ne saurait dire si ce sont des hommes, des animaux, des dieux ou des démons. Assurément, un peu de tout à la fois.

Qu'il y ait dans de telles images l'expression d'une volonté et d'un message ne fait aucun doute. Si l'on pouvait pour la première période parler encore d'art décoratif, on ne le saurait à propos des œuvres de la seconde période : il n'est plus seulement question d'enjoliver des objets, de les rendre agréables à la vue et de signifier à travers eux la richesse ou le statut social de leur propriétaire. Au-delà de leurs qualités esthétiques, ces œuvres répondent à des exigences profondes, notamment la promotion des formes pures et le refus d'une figuration naturaliste. Ces partis pris n'ont rien de spontané. Ils sont même contraires au penchant naturel qui porte à reproduire à l'infini les mêmes motifs figuratifs et à représenter les humains, les dieux et les animaux. Ce désir n'était nullement étranger aux Gaulois, ainsi que le montrent les œuvres de la troisième période. Il existait, dès le début du second âge du fer, une clientèle d'aristocrates, de riches commerçants, d'édiles qui avaient voyagé à l'étranger, connaissaient la sculpture et la peinture grecques et désiraient posséder de semblables œuvres et surtout qu'elles les représentent eux-mêmes de cette manière. Cette clientèle potentielle ne parvient toutefois pas à imposer des commandes, à créer une mode. Les figures énigmatiques qu'on voit fleurir au IIIe siècle sont assurément une réponse à cette vulgarisation de l'art souhaitée par l'oligarchie.

Pour autant, le message transmis par de telles œuvres, parce qu'il ne transite pas par une expression naturaliste et ne s'accompagne d'aucune légende graphique, ne se laisse pas facilement appréhender. Il est vain de chercher à reconnaître dans telle figure un dieu précis et dans telle autre un personnage historique ou un héros. L'identité n'est pas une préoccupation majeure pour ces hommes: ainsi en témoignent les altérations que subit l'image de Philippe II, et même, dans la troisième période de cet art, l'image d'Apollon appliquée aux monnaies portant cependant la légende « VERCINGETORIX ». La transmission orale est plus importante que l'image ou l'écrit. Les figures sont anonymes, ambiguës, énigmatiques puisqu'elles interrogent quiconque les regarde. Le plus remarquable dans les œuvres de la seconde période reste le mouvement. C'est d'ailleurs ce qui avait fasciné Bataille, Breton et Malraux. Ce dynamisme, cette vigueur s'oppose radicalement au hiératisme des statues grecques et de leurs copies. S'il est un message qui s'affirme dans toutes ces œuvres, c'est bien celui de la vie qui passe d'une image à l'autre, d'un être à l'autre, comme pour affirmer que tout est transitoire, que tous les êtres se valent, que chacun d'entre eux n'est qu'une infime partie de l'univers et que cet univers lui-même peut être décomposé, comme dans une analyse chimique, en éléments premiers qui seraient les formes géométriques. Nous voilà donc revenus à des préoccupations purement intellectuelles dont on voit bien le rapport qu'elles entretiennent encore avec Pythagore et ses disciples. Seuls des intellectuels gaulois ont pu guider l'esprit et la main des artistes qui ont créé des œuvres si contraires aux conceptions classiques de l'art en vogue sur tous les bords de la Méditerranée depuis le début du premier millénaire avant notre ère: ce sont les druides dont le mouvement spirituel qu'ils incarnaient a justement connu son apogée à la même époque. Eux seuls ont eu suffisamment d'autorité pour imposer ce qui n'allait pas de soi.

Quelle était la réception de telles œuvres auprès des Gaulois? Il est extrêmement difficile de répondre à cette question. Nous savons que peu d'individus pouvaient se les offrir et que la petite taille des objets, leur caractère souvent intime (parures et vaisselle) les dissimulaient à la plus grande partie de la population. Seuls leurs utilisateurs, les nobles et riches qui les faisaient fabriquer ou les rachetaient, étaient donc en mesure de s'interroger sur leur sens. Ces individus étaient précisément ceux qui avaient pu bénéficier de la seule éducation dispensée en Gaule, celle des druides. Si eux-mêmes ne l'avaient pas suivie, ceux de leur entourage qui avaient eu ce privilège pouvaient les éclairer. C'est donc à eux que s'adressaient des messages incompréhensibles sans une exégèse, dont on peut difficilement se faire une idée car elle devait reposer sur des codes propres. Comme pour l'enseignement des druides, volonté, assiduité et un long apprentissage étaient nécessaires.

Avec l'intervention de Rome dans les affaires de la Gaule à partir de 125 et surtout la création de la *Provincia*, l'équilibre économique est rompu. Les commerçants romains occupent une place de plus en plus importante, par leur présence et par l'argent qu'ils dispensent tandis qu'ils font connaître de nouveaux goûts à leurs homologues et à leurs commanditaires gaulois. Les mœurs politiques se transforment radicalement en quelques décennies. L'influence des druides diminue simultanément et à la même vitesse. Deux phénomènes se font jour dont les incidences affectent directement l'art. Tout d'abord une diffusion massive de nouvelles images sur les monnaies, sur les bijoux romains, suivie par la disparition du contrôle des druides sur les artistes et les artisans. La figuration anthropomorphique réfrénée pendant plusieurs siècles devient un besoin impérieux, d'autant que l'ascension sociale et politique s'oriente désormais vers une personnalisation outrancière. Un personnage important n'a désormais plus besoin de disposer d'une solide réputation de guerrier ou d'homme juste, il lui suffit seulement de soigner son image auprès de ses clients et des électeurs. On s'imagine à quel point l'art dut être alors sollicité pour mettre fin à des siècles d'anonymat figuratif.

Ainsi commence la troisième et dernière période de cet art. Paul-Marie Duval, renonçant à la conception évolutionniste qui lui avait permis de déterminer les deux premières périodes, caractérise celle-ci selon des critères géographique et religieux : « Du continent aux îles. Du païen au chrétien ». L'appellation n'est guère satisfaisante ; elle ne rend pas compte de l'évolution ultime des expressions artistiques et abandonne quasiment le terrain d'observation de la Gaule. La dénomination « réalisme et déclin » correspond mieux à la réalité gauloise : à cette époque disparaît en effet totalement ce qui faisait la grandeur des deux périodes précédentes, la virtuosité des dessins aux sinuosités extravagantes et les complexes décors plastiques. La subtilité des agencements continus de lignes et de formes fait place à une simplicité triviale, à un réalisme maladroit. Les premières figures humaines et animales se font jour sous une forme qui n'avait auparavant pratiquement pas été exploitée, celle de statuettes. Les artisans qui les réalisent ont des connaissances très approximatives de l'anatomie humaine. Ils pallient leur faiblesse par une décoration qui s'inscrit dans la tradition de leurs prédécesseurs. Mais elle n'en est qu'une pâle copie, qui a perdu tout sens du rythme et tout ludisme : les motifs qui, auparavant, s'enchaînaient et se fondaient les uns dans les autres se détachent désormais et apparaissent sous une forme simplifiée qui n'en est que la caricature : triskèles, esses, palmettes. La figuration sombre le plus souvent dans un schématisme qui n'autorise qu'une lecture primaire. Même les potiers qui, au siècle précédent, avaient orné leurs vases de somptueuses décorations d'où surgissaient des animaux surnaturels (cervidés aux ramures en forme de gigantesques feuilles, quadrupèdes se dissimulant dans une forêt de grands yeux ouverts) ne savent plus dominer un champ sphérique qu'ils couvrent partiellement de bandes alternées, parsemées de losanges et de damiers. Mais c'est l'image monétaire qui connaît la transformation la plus brutale. Les derniers dérivés du statère de Philippe II proposent désormais un symbolisme grossier (croissant, boule, tresses) dont l'agencement est impropre à restituer la figure humaine. Ces figures n'ont plus grand-chose de gaulois, c'est pourquoi Paul-Marie Duval préférait caractériser cette troisième période par les œuvres insulaires qui, bien que tardives, restent proches des conceptions esthétiques de la deuxième période.

En réalité, cet esthétisme de la troisième période, parce qu'il n'a guère d'originalité et encore moins de force, se prolonge jusqu'à une période tardive de l'Empire romain. La sculpture gallo-romaine conserve des attributs gaulois qui flattent l'identité provinciale de leurs créateurs et de leurs propriétaires. Le plus souvent, c'est le port du torque, la pose accroupie, la référence à des dieux ou à la mythologie gauloise. Mais dans la manière de représenter, on ne retrouve rien de la grandeur des styles précédents.

Est-ce un art gaulois ou plus largement celtique ? La répartition géographique des œuvres peut seule le dire. Si l'on s'en tient aux caractères qui marquent les deux premières périodes de son développement – refus d'une figuration naturaliste, passion pour les formes pures, tendance à l'abstraction –, le corpus se réduit quelque peu en nombre et surtout dans son extension spatiale. Il est remarquable, en effet, que les rares représentations anthropomorphes proviennent des marges du monde gaulois, comme les statues de pierre de la Hesse (Hirschlanden, Glauberg), fortement influencées – voire réalisées – par des artistes du Nord-Est de l'Italie, ou le fourreau de Hallstatt, pur produit de l'art dit « des situles », propre aux peuples vénètes, également dans la même région. Les statues de Roquepertuse et d'Entremont manifestent elles aussi une triple influence, ibère, grecque et peut-être vénète. Ce sont aussi toutes les figurines réalistes représentant des animaux et provenant d'Europe centrale. De fait, les œuvres les plus représentatives de cet art original que l'on vient de décrire sont issues d'une large Gaule qui va des Flandres aux Pyrénées, de l'Océan à la Rhénanie et qui pousse une pointe orientale à partir du plateau suisse jusqu'à la Bavière. C'est en somme la Gaule dont Poseidonios avait fait la géographie et qu'évoque César en introduction à la *Guerre des Gaules*.

Les tenants du celtisme qui ont les faveurs du moment s'appuient sur les larges marges que constituent l'Allemagne centrale, la Bohême, la plaine hongroise et les terres illyriennes pour définir cet art comme celtique. Il n'en demeure pas moins que le noyau, le centre de diffusion des styles et des œuvres est purement gaulois. Entre un art gaulois dont le nom paraît trop nationaliste et un art « celtique », adjectif non dénué d'ambiguïté, puisque ceux qui l'utilisent lui confèrent souvent une universalité incontrôlée sur les espaces géographiques comme sur le cadre chronologique du début du premier millénaire à nos jours, il est évidemment difficile de choisir. Mais la question est de peu d'importance, comparée à celle de la spécificité de cet art qui, dans les dernières monographies qui lui sont consacrées, se trouve quelque peu malmenée. L'art gaulois – si l'on entend par là une extension géographique plus large que l'actuelle France – ou l'art celtique du second âge du fer ne prend sens qu'à l'intérieur de limites géographiques, chronologiques et culturelles précises. Il n'est pas besoin de lui attribuer des œuvres qui sont en réalité celles de ses voisins, les arts vénète, étrusque, grec même ou germain. Cet art, dans le petit corpus d'œuvres où il se révèle, est un art à nul autre pareil, comme ceux des Scythes ou des Thraces, le résumé fascinant d'une civilisation puissante qui a préféré garder son mystère sans renoncer à le rendre progressivement évident.

TROISIÈME PARTIE

La religion gauloise

CHAPITRE I

Des sacrifices humains ?

Tous les lieux communs sur la Gaule et les Gaulois n'ont pas connu une égale destinée. Certains se sont évanouis avec le temps, d'autres demeurent mais leur résonance ou leur visibilité a varié en intensité selon les époques. L'idée reçue selon laquelle les Gaulois se livraient régulièrement à la pratique du sacrifice humain est représentative de cette réception fluctuante auprès du public. Très présente dans la littérature antique sur les Gaulois ou chez les philosophes des Lumières, elle n'est pas nettement perceptible dans l'impressionnante production médiatique actuelle qui explore pourtant toutes les facettes du celtisme. Elle n'a toutefois pas disparu du petit bagage de connaissances que chacun de nous possède, même à son insu, sur les Gaulois, et en l'occurrence sur leur religion, grâce au souvenir parfois imprécis de lectures de jeunesse. Quelques lignes de César, un mot cinglant de Cicéron, des articles de l'*Encyclopédie* de Diderot et d'Alembert, les descriptions romantiques de Chateaubriand, les premières leçons des manuels d'histoire de l'Instruction publique, tout concourt à donner l'image confuse d'une religion gauloise particulièrement primitive où la vision du sacrifice humain, aujourd'hui bien enfouie sous les habits sympathiques que la bande dessinée *Astérix* a fait revêtir aux Gaulois, peut à tout moment resurgir.

C'est une fois encore dans l'Antiquité qu'il faut chercher les origines des conceptions si négatives de la religion des Gaulois. Les Grecs découvrent l'existence des Celtes au cours du Ve siècle, sur la foi de voyageurs, de commerçants et de militaires dont les récits se prêtent à la répétition et à la déformation. Tous les décrivent comme de terribles guerriers, n'hésitant pas à faire le sacrifice de leur personne physique. On imagine facilement le sort qu'ils pouvaient réserver à leurs ennemis. Mais ce qui n'était que rumeurs plus ou moins crédibles prend tout à coup réalité avec le déferlement des Gaulois, Belges et autres Celtes sur la Macédoine puis le Nord de la Grèce entre 280 et 278 avant J.-C. Plusieurs armées, fortes chacune de dizaines de milliers d'hommes, descendent rapidement sur toute la péninsule. Rien ne paraît pouvoir les arrêter, si ce n'est – tel est le mythe qui se forgera plus tard – les forces divines à Delphes. En effet, les Gaulois, Brennus à leur tête, n'ont pas hésité à saccager le sanctuaire le plus célèbre du monde antique, dont il passait pour être le « nombril ». Ce sacrilège, difficilement pardonnable pour les Grecs, l'est étrangement encore moins pour les Romains qui, deux siècles plus tard, le rappelleront à la mémoire des habitants de la *Provincia* gauloise par la bouche de Cicéron.

Les poètes et dramaturges grecs du IIIe siècle, tels Callimaque et Sopatros, accusent les Gaulois d'avoir profané les autels de leurs dieux, et sacrifié leurs prisonniers. Ils n'ont pas absolument tort ni entièrement raison. C'est ce que confirme Diodore de Sicile : il rapporte que les mêmes Gaulois, un siècle plus tard, engagés dans la lutte entre le dernier roi de Macédoine Persée et les Romains, à l'issue d'une des batailles, sacrifient selon les rites les guerriers ennemis les plus beaux et les plus nobles et tuent tous les autres à coups de flèche. Il était donc habituel, au moins au cours des guerres, de procéder à l'offrande de victimes humaines en action de grâce, d'autant que la coutume chez la plupart des peuples était de massacrer les prisonniers pour de très évidentes questions de sécurité. De tels comportements n'étaient pas totalement étrangers aux Grecs qui, à une époque certes beaucoup plus ancienne, recouraient à de pareils sacrifices humains – rite terrible qui hantait encore leur mémoire comme le rappellent les tragédies construites sur l'histoire d'Iphigénie. Les Grecs n'en voulaient pas outre mesure aux Gaulois, ayant eu en effet à souffrir longtemps des Perses. Mais de tels rites témoignaient surtout, selon eux, de la conception plus générale qu'ils se faisaient des Barbares et qui s'appliquait également aux Thraces et aux Scythes. Le Barbare, par nature, était censé n'utiliser ni autels, ni statues divines, ni temples, c'est pourquoi les Grecs ne s'étonnaient guère de voir les Gaulois procéder à des cérémonies religieuses sur le champ de bataille, puisqu'ils étaient censés ne disposer d'aucun lieu sacré. À la décharge des Grecs, il faut reconnaître qu'à cette époque aucun voyageur n'avait pu pénétrer au cœur de la Gaule – hors des voies commerciales – et personne n'avait rencontré le peuple gaulois, si ce n'est quelques aristocrates et commerçants. Pas un seul étranger ne s'était aventuré à l'intérieur d'un sanctuaire gaulois pour observer le commerce que les indigènes entretenaient avec leurs dieux.

Les Romains de l'époque républicaine ne font qu'exploiter cette thématique. Cicéron, lors de ses plaidoiries du procès de Fonteius, en donne l'exemple le plus caricatural. Lui qui eut le privilège enrichissant de suivre à Rhodes les cours de Poseidonios d'Apamée pendant un an feint de croire à la barbarie des Gaulois du Dauphiné, qui sont alors sous domination romaine depuis plus de cinquante ans. Si ses propos ne trompent pas les intellectuels et les puissants, tels que César et Pompée qui connaissent le sujet aussi bien que lui, leur effet sur le peuple romain est fort : on croit, peut-être parce qu'on aime à se faire peur ou à se sentir assiégé, être entouré de Barbares. César, précisément, aurait pu changer cette vision des choses. Lui aussi a lu les chapitres que Poseidonios a consacrés à la religion gauloise et aux druides. Ses longs séjours en Gaule pouvaient lui permettre d'actualiser ses connaissances et leur donner une autorité incontestée, à l'instar de celle acquise pendant près de deux mille ans par son ouvrage la *Guerre des Gaules*. Mais il ne cherche pas à faire un tableau objectif de la société gauloise, encore moins de la conception que les Gaulois se faisaient de la religion. Les informations livrées par Poseidonios étaient probablement trop riches, certainement difficiles à expliquer et à résumer pour des lecteurs romains, peut-être étaient-elles aussi un peu dépassées. César préfère s'en tenir à une théorie qui sert ses intérêts et sera par la suite utile à ses successeurs qui coloniseront la Gaule. Elle est simple, si ce n'est simpliste : les Gaulois ont en somme les mêmes conceptions que les Romains sur les dieux, dont il cite les cinq principaux et leur donne des noms romains – Mercure, Apollon, Mars, Jupiter et Minerve. Le lieu commun sur les sacrifices humains étant encore profondément ancré chez les Romains, il concède que certains peuples gaulois le pratiquent toujours, mais il se hâte de préciser que les victimes sont des malfaiteurs, rarement des innocents. Le but de son discours est net : montrer que les Gaulois sont à la fois des gens terribles – c'est pourquoi la guerre qu'il mène contre eux est difficile, c'est pourquoi aussi son succès n'en est que plus méritoire – et des êtres proches de la civilisation romaine qui ne demandent, en quelque sorte, qu'à être colonisés.

Le malheur est que l'autorité de l'ouvrage de César fut incontestable tant auprès des auteurs latins qui lui ont succédé que chez les historiens jusqu'à la fin du XIXe siècle. Lui dont Plutarque nous dit qu'« en Gaule il avait pris d'assaut plus de huit cents places fortes, combattu trois millions d'ennemis, fait un million de cadavres et un million de prisonniers » devait connaître ce pays mieux que quiconque. Il était censé avoir vu tout ce qu'il écrit et il fallut attendre 1875 pour que des philologues allemands découvrent que la célèbre description de la société gauloise du livre VI n'est, en réalité, que le résumé d'un texte de Poseidonios. Les poètes, les historiens et les encyclopédistes latins qui succèdent à César s'en tiennent presque mot pour mot à ce qu'il écrit dont ils retiennent surtout ce qui est propre à susciter l'émotion ou à attiser la curiosité. Le sacrifice humain accompli sous des formes inattendues, la participation des druides, ces sages énigmatiques, deviennent les thèmes idéaux propices à des variations infinies qui en exploitent les aspects les plus divers – la magie, l'effroi, la prégnance de la nature, l'évocation de dieux terrifiants.

Le hasard de la conservation des textes antiques a curieusement cristallisé ces thèmes dans un passage de Pline l'Ancien sur le chêne en Gaule. Il décrit méticuleusement le rite nécessaire à la cueillette d'une plante qui a la vertu d'une panacée, le gui. En pleine forêt – seul le gui se trouvant sur le chêne rouvre a cette qualité –, les druides viennent recueillir avec solennité la plante à l'aide d'une faucille en or, tandis que des prêtres sacrifient une paire de jeunes taureaux blancs n'ayant jamais été conviés aux travaux des champs. En somme, il s'agit d'une opération religieuse banale, la même que celle que les Grecs accomplissent pour la cueillette des aromates : afin de remercier la nature qui fait don aux hommes de ses biens les plus précieux, ceux-ci lui sacrifient ce qu'ils ont de plus cher, les meilleurs produits de leur élevage. Or les historiens de la religion ont vu cette cérémonie sous un tout autre angle. Ils en ont conclu que les forêts étaient le lieu naturel de la pratique religieuse, chose normale puisque des Barbares n'utilisent pas de temples. Mais, de façon encore plus étonnante, ces mêmes historiens en sont très rapidement venus à oublier que les Gaulois accomplissaient, à cette occasion, un sacrifice réglementaire dans l'Antiquité, celui d'animaux domestiques. Pire, dès le début du XVIIe siècle, des auteurs certes peu sérieux – mais à cette époque il était difficile au lecteur de faire la distinction entre bon et mauvais historien – commencent à assimiler le sacrifice purement conjoncturel dans la forêt décrit par Pline avec le sacrifice humain évoqué par César. Trois ingrédients désormais indissociables sont alors réunis pour former un mélange explosif : la forêt profonde, héritière des temps préhistoriques, les druides comme de funestes thaumaturges et le sacrifice humain, l'un des actes religieux les plus horribles. Le lieu, les acteurs et l'action paraissent donner réalité à ce drame qui ne s'est évidemment joué que dans le cerveau de ces historiens de bas étage, des mystiques avides d'une nouvelle religion, d'idéologues, enfin, qui voient dans cette interprétation une formidable machine de guerre pour combattre la théorie alors en vogue selon laquelle les Gaulois seraient les ancêtres des Français. Ces derniers, du moins les nobles, ne peuvent évidemment pas être les descendants de telles brutes sanguinaires. Les historiens auteurs de cette théorie vont se voir tout à coup valorisés par ces enjeux idéologiques. Quant aux mystiques, ils y découvrent un formidable terrain de jeu.

En effet, des idées de cette nature n'ont été rendues possibles que parce que dans le même temps étaient sinon mis au jour, du moins pour la première fois interrogés, les mégalithes qui parsèment la campagne française et notamment la Bretagne. Ces menhirs et dolmens étaient attribués depuis toujours par la population locale à quelque géant herculéen ou fée magicienne. La diffusion de la littérature antique et les premiers pas de l'archéologie pratiquée par des « antiquaires » attribuent bientôt ces monuments impressionnants mais grossiers aux Gaulois. Bien évidemment, dans les tables que forment les dolmens, on reconnaît des autels sacrificiels. Les profondes saignées linéaires et parallèles – en réalité les marques du passage répété des haches de silex sur les polissoirs que sont certaines de ces pierres plates – qui encombrent la surface de quelques pierres sont interprétées comme les rigoles permettant l'écoulement du sang des victimes. Ces mégalithes, présents surtout dans les forêts de nos jours, où ils ont pu résister à la destruction qu'a entraînée ailleurs le défrichage, semblent prouver les sacrifices – on ne se souvient que de ceux dont les victimes sont humaines – et le fait qu'ils se déroulaient dans les forêts. Mystiques et folkloristes y reconnaissent des installations intactes susceptibles d'être réutilisées pour des cérémonies contemporaines, censées prolonger celles de l'Antiquité. La poésie qui se dégage de ces mégalithes, la réponse qu'ils semblent donner aux admirateurs de la monumentalité des ruines romaines, façonnant puissamment elles aussi les paysages français ruraux et urbains, rendent encore aujourd'hui difficilement acceptable pour la population française une vision historique plus conforme à la réalité et plus prosaïque : les Gaulois construisaient leurs sanctuaires comme leurs maisons, avec du bois et de la terre.

La faute incombe en partie aux savants, des humanistes de la Renaissance aux philosophes des Lumières. Les premiers, dans la ligne directe des princes et des nobles du Moyen Âge qui ne voyaient dans ces temps anciens que l'omniprésente image de César – un modèle pour tous les stratèges –, se passionnent seulement pour les Romains dont ils découvrent les œuvres architecturales et artistiques qui deviendront bientôt les canons de l'art classique. Pour eux, les Gaulois sont inexistants. Ce sont des sortes de sauvages guère différents de ceux que les explorateurs découvrent dans le Nouveau Monde. Ils n'inspirent aucune tendresse aux philosophes des Lumières et ne sont pas les « bons sauvages» chers à Rousseau. L'*Encyclopédie* de Diderot et d'Alembert consacre trois articles aux Gaulois qui donnent tous une image très négative. Citons, à titre d'exemple, ces lignes qui évoquent le sacrifice :

> Les mœurs des Gaulois du temps de César étaient la barbarie même ; ils faisaient vœu, s'ils réchappaient d'une dangereuse maladie, d'un péril éminent, d'une bataille douteuse, d'immoler à leurs divinités tutélaires, des victimes humaines [...]. De grandes pierres un peu creuses, qu'on a trouvées sur les confins de la Germanie et de la Gaule, sont, à ce qu'on prétend, les autels où l'on faisait ces sacrifices. Si cela est, voilà tous les monuments qui nous restent des Gaulois. Il faut, comme le dit M. de Voltaire, détourner les yeux de ces temps horribles, qui font la honte de la nature.

Ces analyses, écrites par des hommes qui étaient alors considérés comme la fine fleur de la science, et qui furent largement diffusées, n'étaient pas de nature à susciter la curiosité pour un peuple ancien paraissant aussi éloigné des préoccupations des hommes du XVIIIe siècle.

La Révolution française et le renoncement de la noblesse à ses prétendues origines franques ne s'accompagnent pas pour autant d'un meilleur jugement sur la civilisation et les mœurs religieuses des Gaulois. Il est vrai que le romantisme, même s'il n'exploite qu'assez peu les ressources imaginaires de cette période, renforce encore la thématique du sacrifice humain. Cependant, pour rendre les Gaulois plus sympathiques et plus proches du lecteur, les auteurs font endosser aux druides une forme féminine – que n'atteste pourtant aucune source antique, sinon tardive – et renoncent au sacrifice humain. La première œuvre est celle de Chateaubriand, *Les Martyrs*, dont l'héroïne, Velléda, est devenue une figure emblématique pour des générations de jeunes lecteurs. La seconde est le célèbre opéra de Bellini, *Norma*, d'après le nom d'une druidesse tout aussi charismatique. Les deux drames puisent largement dans la poésie sauvage qui se dégage des landes bretonnes et des mythiques forêts gauloises où de puissants dolmens inspirés de ceux de Stonehenge imposent leur masse écrasante. Ils imprègnent profondément les historiens et les premiers archéologues qui commencent à fouiller des ensembles similaires un peu partout en France. On renoncera difficilement à voir en eux l'œuvre des Gaulois. En 1880, on peut encore lire dans le manuel d'histoire de Lavisse :

> Il reste dans notre pays [...] des monuments du temps des Gaulois. Ce sont des pierres qui tantôt sont fichées en terre et alignées en longues avenues, tantôt rangées en cercle, ou bien placées les unes sur les autres de façon à former une sorte de table.

Quelques lignes plus haut, le même historien avait indiqué que les auteurs de ces constructions « immolaient des victimes humaines ». Aussi ne faut-il pas s'étonner que, de nos jours encore, une grande partie de la population ignore que ces constructions sont antérieures de mille ans à la civilisation gauloise. Le très populaire Obélix a certainement une grande part de responsabilité dans cette confusion chronologique. Au moins doit-on reconnaître à ses deux créateurs, Maurice Goscinny et Albert Uderzo, d'avoir écarté de la scène gauloise l'action la plus dérangeante – on dirait aujourd'hui « la moins politiquement correcte » : celle du sacrifice humain, qui paraît momentanément avoir été écarté de la liste des lieux communs.

La barbarie des Gaulois en matière de religion s'est installée dans les esprits bien plus profondément qu'on ne peut l'imaginer aujourd'hui. Jusqu'à la fin du siècle précédent, les chapitres traitant de la religion des Gaulois par les historiens de la religion n'évoquaient que les divinités : celles que César avait affublées d'un nom latin, celles dont Lucain a transmis le nom gaulois, et d'autres, dont l'existence est supposée d'après quelques œuvres d'art ou une théorie évolutionniste de la religion selon laquelle des esprits naturels, voire animaux auraient précédé les authentiques divinités. Ces recherches aussi compliquées que vaines pour reconnaître dans le Teutatès gaulois le Mercure ou le

Jupiter de César, et lui découvrir un lointain ancêtre totémique dont on voudrait retrouver l'image coiffée d'une étrange ramure sur quelque bas-relief gallo-romain, ont produit des milliers de pages insipides, de purs exercices de style pour philologues celtisants et « antiquaires », à la recherche d'une tradition spirituelle qui traverserait les âges. Évidemment, aucun de ces savants ne s'interrogeait sur la place de la religion dans la société, sur son rôle classificatoire, sur la cohésion qu'elle donnait à des groupes humains répartis selon une stricte hiérarchie, comme si la puissante vague de recherches en sciences sociales issue de la fin du XIXe siècle n'avait jamais atteint le continent gaulois et celtique.

Cet état paradoxal des études historiques était plus manifeste encore dans le domaine de l'archéologie. La découverte de milliers de sépultures, des premiers habitats, des fortifications ne s'accompagnait d'aucune interrogation sur la matérialité du culte. Chercheurs et historiens étaient persuadés que les Gaulois n'utilisaient pas de lieu de culte spécifique (temple, sanctuaire ou autel pérenne) et qu'ils ne sacrifiaient que des animaux sauvages, toujours en pleine nature, dans une forêt, au sommet d'une montagne, ou encore au bord de quelque source. Ces vues simplistes ne changèrent d'une façon radicale que dans les années 1980, avec la découverte éclairante d'un premier enclos sacré dont la fonction de sanctuaire bientôt ne fit plus aucun doute. À Gournay-sur-Aronde dans le département de l'Oise, un espace quadrangulaire d'une cinquantaine de mètres de côté était délimité par un fossé en grande partie comblé de milliers d'armes en fer et d'os d'animaux domestiques. Il s'agit d'un authentique sanctuaire, édifié au début du IIIe siècle avant J.-C., utilisé jusqu'à la conquête romaine. Hormis les matériaux employés, le bois et le torchis, sa conception architecturale ne le distinguait pas de bien des sanctuaires de Grèce et d'Italie. Comme eux, il entourait un bois sacré – en fait un ou plusieurs petits bosquets – d'une enceinte soigneusement close, à l'intérieur de laquelle on pénétrait par un monumental propylée. C'est là que se pratiquait le culte, à l'abri des regards, l'assistance se limitant à quelques dizaines de participants. La seule différence de taille concerne l'autel ou, plus précisément, le temple qui lui est généralement associé. Chez les Gaulois, jusqu'à la romanisation, le temple n'est pas utilisé, car le besoin ne s'en fait pas sentir. Les Gaulois ne représentent pas leurs dieux par des statues anthropomorphes ou d'autres images symboliques : aucune maison pour les y enfermer et les conserver – ce qui est la première fonction des temples dans la plupart des civilisations – n'est donc nécessaire. L'autel seul suffit. Il se trouve au centre, sous la forme d'une grande fosse creusée dans le sol, ce qui correspond là encore à l'une des deux formes des autels dans les civilisations classiques (l'autre étant une sorte de table en élévation). Cette dernière permet de communiquer par le sacrifice et l'offrande avec des divinités chtoniennes. Comme il s'agit d'un aménagement creusé dans une roche friable, il dut être protégé des intempéries : un dais supporté par des poteaux vint le couvrir, et, au fil des reconstructions, il prit l'allure d'un temple classique sans en avoir la fonction.

Les deux rites principaux qui se déroulaient en ce lieu renvoient directement à des réalités grecque et romaine. Le sacrifice animal n'use que de bêtes domestiques et, plus précisément, des trois victimes nobles des sacrifices grecs et romains : le bœuf, le mouton et le porc. Le plus souvent, les victimes sont des agneaux et des porcelets dont les meilleurs morceaux ont été consommés sur place par les humains. Ce sacrifice, commun à de très nombreuses religions, est dit « de commensalité », parce qu'on suppose que ceux qui offrent le sacrifice partagent ensuite le repas avec les dieux auxquels ils l'ont offert. Le banquet se tient dans l'enceinte même du sanctuaire auprès du bois sacré où résident les divinités. Un autre sacrifice, plus exceptionnel, avait lieu peut-être en des circonstances particulières. À Gournay, on sacrifiait des bovidés, taureaux, vaches et bœufs, qu'on offrait, comme en Grèce, dans leur totalité aux dieux : égorgés, abattus d'un coup de hache ou de merlin (suivant les fêtes ou le but précis du sacrifice), les animaux étaient déposés entiers dans la fosse de l'autel où ils se putréfiaient pendant des mois, comme pour alimenter, en une sorte de libation, la divinité qui résidait dessous.

L'autre rite est de nature votive, c'est l'offrande d'armes.

Celles-ci sont, dans leur grande majorité, arrivées dans le sanctuaire sous la forme de panoplies prestigieuses (épée dans son fourreau, chaîne de ceinture, lance, bouclier). Les traces de coups reçus au combat, de réparation parfois, montrent qu'elles avaient déjà servi. Aussi faut-il y voir des dépouilles prises à l'ennemi. Le rite, tel qu'il a pu être reconstitué, est connu dans la Grèce classique sous le nom d'*anathema* mais il existe aussi dans la Rome royale et républicaine. Pour signifier qu'on offrait ces objets au dieu, on les fixait en hauteur sur les parois du sanctuaire à l'aide de clous et de liens de cuir et on les y laissait pendant des années, voire des décennies, jusqu'au moment où les liens rongés par les intempéries les laissaient tomber sur le sol. Cette chute était interprétée comme la fin du processus actif de l'offrande qui devait dès lors être désacralisée. Pour cela, on la brisait et on la jetait dans le fossé de clôture bordant le mur d'enceinte du sanctuaire. Ce sont ainsi, en un peu plus d'un siècle, au moins deux cents panoplies qui ont été apportées dans l'enceinte de Gournay, un chiffre assez proche des offrandes d'armes que recevaient les grands sanctuaires de la Grèce archaïque. Probablement témoignent-elles de l'activité militaire de la tribu bellovaque réputée pour ses talents guerriers, dont ce lieu était le sanctuaire principal : une arrivée massive lors de sa création, au moment de l'installation de cette tribu belge sur son nouveau territoire après de multiples combats, puis des apports de moins en moins importants et fréquents.

La découverte de Gournay a été suivie de celle de plusieurs dizaines de sites similaires dans le Nord, l'Est et l'Ouest de la France mais aussi dans les pays voisins qui ont connu une occupation gauloise ou celtique. Tous offrent la même image : une enceinte quadrangulaire où se perpétuaient les sacrifices d'animaux domestiques et les offrandes variées incluant probablement différentes préparations culinaires. Les installations religieuses varient seulement par la superficie de l'espace sacré, la qualité des constructions, le nombre et la qualité des victimes sacrificielles, la richesse des offrandes. À Gournay, il s'agit du sanctuaire principal d'un *pagus* bellovaque. À Ribemont-sur-Ancre, dans le département de la Somme, nous avons affaire à un sanctuaire guerrier où se retrouvait toute l'élite du peuple ambien. Dans tous les cas, les sanctuaires petits ou grands accueillaient un culte qu'il faut qualifier, à la manière des Romains, de « public » – officiel, aux mains de l'État. Chaque fois, il mettait en jeu une communauté, même si elle n'était représentée que par son élite aristocratique ou guerrière. Sans doute le sanctuaire et le culte qui s'y jouait donnaient-ils l'image de cette communauté des hommes et de son fonctionnement : la noblesse foncière et ses paysans fournissaient les victimes animales et les offrandes végétales, les guerriers rapportaient le butin d'armes, seuls les représentants officiels de l'État pratiquaient le sacrifice et banquetaient dans l'enceinte sacrée, peut-être, enfin, une assistance populaire participait-elle, de loin, dans le voisinage du sanctuaire, aux agapes.

On voit donc à quel point la réalité matérielle que révèle l'archéologie s'éloigne des images caricaturales ressassées pendant près de vingt-cinq siècles. Les Gaulois, comme tous les peuples des bords de la Méditerranée, avaient des lieux propres pour leur commerce avec les dieux. Comme eux encore, ils utilisaient pour ce commerce deux vecteurs principaux, le sacrifice d'animaux domestiques et l'offrande d'objets de valeur. Doit-on croire pour autant que l'accusation de pratiquer le sacrifice humain n'était que médisance ou fantasme ? Que disent à ce sujet les faits archéologiques ? Tout d'abord, ils sont peu nombreux. Ensuite, ils sont difficiles à utiliser. Les os humains demeurent extrêmement rares sur les lieux de culte. Quand on les rencontre, ce sont en très grande majorité des crânes plus ou moins fragmentés, que l'on découvre régulièrement aussi sur les habitats et dont on sait par les historiens antiques qu'ils étaient des trophées, prélevés aux cadavres des guerriers ennemis. À eux seuls, ils ne prouvent ni la mort sur place ni l'intention sacrificielle.

Trois enceintes sacrées ont cependant livré des morceaux de squelettes humains en nombre plus ou moins grand. C'est à Ribemont-sur-Ancre que cette présence humaine est la plus visible et la plus massive. Environ cinquante mille ossements appartenant à plus de cinq cents individus gisent sur le sol, soit sous la forme de squelettes plus ou moins complets, soit sous celle de constructions dans lesquelles ils entrent comme des matériaux, associés à des milliers d'armes. L'analyse anthropologique a montré qu'il s'agit exclusivement d'une population de mâles, relativement jeunes, portant de nombreuses traces de combat : par conséquent, ce sont les dépouilles de guerriers recueillies sur un même champ de bataille qui se trouvait à proximité du lieu où elles ont été rassemblées. Dès lors, il a été assez facile aux archéologues de montrer que ce lieu sacré joue le triple rôle de gigantesque trophée, de mémorial guerrier et de sanctuaire. Rien n'autorise à voir dans ces cadavres des victimes sacrificielles, mais il est en revanche assuré que dans une très large majorité, ce sont les victimes d'une grande bataille qui eut lieu dans les premières décennies du IIIe siècle avant J.-C.

Le deuxième lieu sacré où se manifeste encore la présence énigmatique de restes humains est celui de Fesques, en Seine-Maritime. Il s'agit d'un petit sanctuaire situé au sommet d'une colline d'une douzaine d'hectares, elle-même entourée symboliquement d'un fossé peu profond. Dans ce dernier ont été découverts par milliers les restes de jeunes bovidés et ceux d'innombrables coupes et gobelets de terre cuite, ainsi que quelques armes de fer. La présence tout à fait exceptionnelle des restes de centaines de veaux témoigne de la tenue à l'intérieur de l'enceinte d'un ou de plusieurs banquets auxquels ont pu prendre part des milliers de convives. Quant aux restes humains, ils ont été exhumés à l'extérieur de cette immense enceinte, le long du fossé de clôture, dans des sortes de cuvettes peu profondes, entourées de trous de poteaux. Là se trouvaient, chaque fois en position anatomique debout, la partie basse d'un individu, les pieds, les tibias et péronés brisés au niveau de la surface du sol. Dans un certain nombre de cas, les pieds montraient une légère extension, indiquant que le cadavre était suspendu à un poteau ou à un portique au moment où la petite fosse s'est comblée, enterrant du même coup les pieds de la dépouille. Cette position des victimes et leur situation topographique – hors de l'enceinte communautaire mais leur regard mourant tourné vers son centre – indiquent assez bien qu'il y a eu là une mise à mort d'un type particulier, relevant du pénal. Les victimes ne sont pas offertes au dieu en son sanctuaire comme de précieuses offrandes. Elles sont au contraire comme rejetées de la communauté des citoyens qui partagent le même culte. Certes, la mise à mort s'est faite sous le regard et l'autorité des dieux depuis le sanctuaire qui leur est consacré. Mais peut-on pour autant parler d'authentique sacrifice humain ? C'est toute l'ambiguïté que l'on percevait déjà dans le témoignage de César : « Ils estiment que le supplice de ceux qui ont été arrêtés pour un vol, du brigandage ou pour quelque autre délit est plus agréable aux dieux immortels. » Il est indéniable que cette mise à mort sert plutôt les intérêts des hommes qu'elle n'apaise la soif sanguinaire des dieux et ne protège leurs institutions.

Le troisième cas est celui du sanctuaire de Gournay-sur-Aronde. Parmi les milliers de restes d'armes et d'ossements animaux se trouvaient une soixantaine de vestiges humains, os des membres, quelques vertèbres cervicales et des dents. Ils proviennent d'au moins une douzaine d'individus, parmi lesquels pourraient figurer autant de femmes que d'hommes – le conditionnel se justifie par la difficulté à procéder à une diagnose sexuelle sur les seuls os longs ; aussi faudra-t-il, pour lever toute ambiguïté, recourir à des analyses ADN. Quoi qu'il en soit, ces os montrent que les individus ont été démembrés dans l'enceinte du sanctuaire et que leurs crânes y ont aussi été préparés pour être fixés sur le linteau du porche d'entrée. De telles manipulations supposent que les cadavres étaient alors dans un très bon état de conservation, excluant qu'ils fussent rapportés depuis un lointain champ de bataille : on ne peut pas plus écarter l'éventualité d'un véritable sacrifice humain qu'on ne peut donc affirmer sa réalité.

Ces exemples donnent probablement une image assez proche de ce que fut cette pratique deux ou trois siècles avant la conquête romaine. Ils s'accordent en effet avec les écrits de Poseidonios d'Apamée, notamment avec le résumé que donne Diodore de Sicile du passage consacré au sacrifice humain :

> Les malfaiteurs qu'ils ont gardés prisonniers pendant cinq ans, ils les empalent en l'honneur des dieux et avec beaucoup d'autres

> offrandes les sacrifient en d'immenses bûchers qu'ils ont préparés à cet effet. Ils se servent également des prisonniers de guerre comme victimes sacrificielles en l'honneur des dieux.

Les découvertes de Fesques et de Gournay pourraient illustrer parfaitement ces deux types de sacrifice humain qui ont paru les plus habituels à Poseidonios, celui des malfaiteurs, qui tient plutôt de la peine capitale ritualisée, et celui des prisonniers de guerre, très habituel, et qui relève davantage du simple massacre. Les seuls sacrifices humains authentiques sont plus vraisemblablement des sacrifices divinatoires, tel celui, étrange mais connu chez des peuples d'Asie centrale, que rapporte à nouveau Diodore, toujours d'après Poseidonios :

> Quand ils font un examen sur un sujet important, ils ont une coutume étrange et incroyable. Ils consacrent un homme aux dieux en l'aspergeant comme dans une libation puis ils le percent avec une épée dans une région située au-dessus du diaphragme, ils font alors leur prédiction d'après la chute de celui qui a été frappé et qui tombe, d'après l'agitation de ses membres, mais aussi d'après la manière qu'a son sang de couler, ayant foi dans cette observation divinatoire, fort ancienne et longtemps pratiquée.

La précision des informations, le caractère ancien de la pratique assurent de la véracité des propos. On remarquera également qu'il s'agit ici d'un véritable sacrifice à la manière grecque et romaine, puisque la victime, avant la mise à mort, a été préalablement consacrée par une aspersion de vin ou d'un autre liquide (à Rome, il s'agit de la *mola salsa*, une sorte de farine). Poseidonios, au début du Iᵉʳ siècle avant J.-C., s'empressait de préciser que la coutume était « fort ancienne » et qu'elle avait été « longtemps pratiquée », ce qui signifie qu'il en a trouvé la description chez un auteur antérieur, Éphore ou Timée de Taormine. Elle s'inscrivait parfaitement dans la société éminemment guerrière qui avait vu la naissance du monde gaulois. Mais comme l'usage du char de guerre et la pratique des banquets rituels des guerriers, elle avait disparu dès l'apparition en Gaule de nouvelles modes et préoccupations, inspirées par le contact avec Rome, bien avant la création de la *Provincia.*

La réalité du sacrifice humain en Gaule est indéniable, comme elle l'est dans la Grèce archaïque et dans la Rome royale. Dans ces deux autres civilisations, nous en connaissons de rares exemples mais qui ont donné lieu à une abondante littérature. Doit-on croire qu'une forme de tabou que la société s'est imposé à elle-même sur la question en a effacé la plupart des preuves ? Ou, au contraire, que les rares sacrifices accomplis ont si profondément marqué les esprits qu'ils ont suscité des commentaires et des analyses disproportionnés ? Ces interrogations ne valent pas uniquement pour la civilisation gréco-romaine ; elles concernent aussi la Gaule qui n'est qu'une civilisation périphérique. Les Gaulois, taxés de « philhellènes » par les Grecs qui recevaient avec empressement et amitié leurs voyageurs et commerçants, au moins depuis la fondation de Marseille, avaient appris à partager les valeurs de ces derniers. Depuis longtemps, Grecs et Gaulois s'étaient persuadés qu'Héraclès lui-même, dans ses très anciennes pérégrinations en Occident, avait aboli toutes les mœurs barbares en Gaule. Depuis, comme le dit Platon dans *Phédon*, les hommes « de la Terre n'occupent qu'une petite parcelle, répandus autour de la mer [Méditerranée] comme des fourmis ou des grenouilles autour d'un étang ». Le sacrifice humain faisait partie de ces exceptions cultuelles qui raccrochaient les hommes à leurs ancêtres d'un autre âge. On oublie trop souvent que, en 46 avant J.-C., César lui-même fit procéder au sacrifice dans les règles de deux soldats mutins sur le Champ de Mars. Avec le recul, les combats de gladiateurs au cirque qui ont si peu retenu l'attention, et moins encore la critique des historiens, de la Renaissance aux Lumières, parce qu'ils paraissent aujourd'hui totalement gratuits, ne sont pas moins condamnables.

Ainsi, les pratiques cultuelles des Gaulois, au demeurant peu diversifiées, sont exclusivement d'ordre public au cours des quatre siècles précédant la conquête romaine. Le culte privé, à l'intérieur de la cellule familiale par exemple, s'il a existé à date ancienne et a pu se poursuivre dans les plus profondes campagnes, n'a en tout cas laissé aucune trace tangible. Toute personne – notamment les aristocrates qui en avaient les moyens – désirant faire un sacrifice devait recevoir l'autorisation des druides et leur en confier la réalisation, car ces derniers représentaient l'État, aussi ne doit-on pas s'étonner que le culte revête très tôt un habit officiel. De véritables sanctuaires lui sont consacrés et les rites qui s'y déroulent sont éminemment communautaires. À travers ces grandes installations cultuelles et ces rites collectifs, on perçoit bien que la religion a joué, avant même que la politique devienne une sorte de jeu national exacerbé, le principal ciment d'une société où les comportements individuels tenaient encore une grande place. Dans ce contexte très normalisé, le sacrifice humain lui-même ne pouvait obéir qu'à des règles très codifiées qui en ont considérablement diminué la fréquence.

CHAPITRE II

Les druides, des prêtres-magiciens ?

L'étude de la religion peut aisément se diviser en trois grands chapitres : les lieux et les actes, les acteurs, et enfin les croyances. Nous venons de voir le cadre matériel. Il est temps d'y placer les principaux acteurs. S'agissant de la religion des Gaulois, leur identité ne semble faire aucun doute, ce sont forcément les plus énigmatiques, ceux qui font le plus rêver : les druides. Omniprésents dans la littérature antique sur la Gaule, ils le sont également dans tous les livres d'histoire et œuvres de fiction qui tentent de faire revivre ce monde ancien. Pour autant, ces personnages ne se laissent pas aisément appréhender. Les légendes les plus diverses s'attachent à eux dès la plus haute antiquité. Prêtres sanguinaires, mages pratiquant une divination astrologique, philosophes, sorciers, maîtres d'école : toutes ces qualifications leur ont collé à la peau à un moment ou à un autre. Depuis, aucune ne s'en est vraiment détachée, ni ne s'est imposée non plus. Pourtant, les fonctions sociales qu'elles supposent sont assez contradictoires les unes avec les autres. Et il paraît bien évident que les mêmes hommes n'ont pu porter des casquettes aussi diverses. À leur sujet, deux questions se posent : étaient-ils vraiment les acteurs principaux de la religion comme le décrivent les auteurs antiques ? Quelle était leur véritable fonction dans la société et celle-ci a-t-elle évolué au cours des cinq siècles d'existence de la civilisation gauloise ?

Les druides révèlent leur existence au monde civilisé, c'est-à-dire le monde grec à l'époque, probablement au cours du Ve siècle avant J.-C., autrement dit en même temps que l'ensemble des Celtes. Auparavant, ces derniers étaient confondus dans la nébuleuse des peuples mythiques censés habiter les confins du monde qu'on appelait « Hyperboréens ». L'apparition simultanée des Celtes et de quelques-uns d'entre eux, immédiatement identifiés comme « druides », montre assez l'importance que ces derniers avaient dans leur pays et celle qu'ils acquirent immédiatement aux yeux des Grecs. D'emblée, une première étiquette leur est appliquée : ce sont des sages, voire même d'authentiques philosophes. Cette opinion avait commencé à circuler chez des intellectuels grecs, eux aussi hors du commun, les pythagoriciens – c'est-à-dire les disciples de Pythagore. Ces derniers, qui voyagèrent beaucoup, de la Thrace à l'Asie Mineure, de Grèce en Italie du Sud et en Sicile, avaient probablement recueilli des informations très précises sur ces hommes qu'ils considéraient comme leurs pairs dans le monde gaulois. De fait, pythagoriciens et druides avaient un mode de vie et des croyances assez similaires.

Cette opinion sur les druides, étonnante de prime abord et surtout inhabituelle, est confirmée à nouveau, près de deux siècles plus tard, lorsque deux auteurs grecs, Sotion et Antisthène de Rhodes, entreprennent de rédiger les premières histoires de la philosophie. L'une de leurs principales interrogations porte sur l'origine de cette discipline dont tous s'accordent à reconnaître la paternité à la nation grecque. Des figures telles que celle de Pythagore, dont la légende rapportait qu'il s'était instruit auprès des Thraces, des Égyptiens, voire des druides, les amènent à reconsidérer cette opinion commune et à se demander si les philosophes ne doivent pas beaucoup plus qu'on ne l'imagine à la sagesse des Barbares qui les entourent. Cette réflexion les conduit à dresser un catalogue géographique des peuples du monde où un semblant de philosophie s'est exprimé. Les druides en Gaule sont alors présentés aux lecteurs comme les équivalents des mages en Perse, des Chaldéens chez les Babyloniens et Assyriens, des gymnosophistes chez les Indiens.

Un siècle plus tard, Poseidonios d'Apamée, lui-même chef de file de l'école philosophique du Moyen Portique (les stoïciens de l'époque hellénistique), voit les druides comme les nouveaux représentants d'une époque mythique, qu'il qualifie d'« âge d'or », un stade de l'évolution de chaque civilisation où le pouvoir serait aux mains des sages. Parmi d'autres préoccupations scientifiques, cet intérêt très fort qu'il éprouve pour les druides le pousse à entreprendre un voyage en Gaule dans les années 100 ou 90 avant J.-C. Là, il rencontre probablement un ou plusieurs druides, ainsi que des aristocrates qui ont reçu leur enseignement. Il était auparavant venu à Rome en ambassade, délégué par le gouvernement de Rhodes dans lequel lui-même fut prytane. À cette époque, les philosophes et professeurs de rhétorique grecs faisaient office de maîtres auprès de l'aristocratie romaine dont les représentants n'hésitaient pas à faire des séjours à Athènes et à Rhodes pour venir se former. L'école de Rhodes était particulièrement réputée et Poseidonios y dispensait l'enseignement du stoïcisme. Pompée fut l'un de ses élèves les plus assidus, mais celui qui retiendra notre attention est Cicéron, qui séjourna près de Poseidonios pendant une année en 77-76 avant J.-C.

Cicéron est en effet l'un des auteurs qui ont le plus contribué à déformer volontairement l'image des druides. Moins que tout autre, il pouvait justifier l'inexactitude de ses propos par sa mauvaise connaissance du sujet. Il connaissait bien la colonie romaine que Rome avait installée dans le Sud-Est de la Gaule. Ses amis et peut-être lui-même y avaient des intérêts commerciaux. Avec Poseidonios, il avait dû aborder à de multiples reprises ce pays qui leur était relativement familier. Leurs conversations sur la philosophie, la religion, la typologie des gouvernements les avaient chaque fois amenés à évoquer les druides. Enfin, en 63 avant J.-C., Cicéron s'était entretenu longuement à Rome avec un druide gaulois, l'Éduen Diviciacos, qui était venu s'y réfugier. Sans doute l'avait-il hébergé dans sa belle demeure du Palatin. En effet, dans l'un de ses traités philosophiques, *De la divination*, le grand écrivain romain évoque brièvement ce personnage gaulois qui allait devenir le plus proche collaborateur de César en Gaule. Or il rapporte seulement que Diviciacos avait des compétences en *physiologia*, c'est-à-dire dans les sciences de la nature, et en divination : il disait prévoir l'avenir par les augures – observation du vol des oiseaux – et par la conjecture – probablement à partir des nombres. Il ne mentionne rien sur la place des druides dans la société, leur rapport avec la religion, et leur prétendue philosophie. Certes, tel n'était pas précisément le sujet de son livre. Mais son auteur avait formulé précédemment de telles énormités sur la barbarie des Gaulois et leur religion qu'il aurait pu, à cette occasion ou dans un autre traité, rectifier ses erreurs puisqu'il avait eu la chance de s'entretenir longuement avec un personnage qui était à la fois un authentique druide et l'un des plus grands hommes politiques de la Gaule. La caricature qu'il avait faite des sanglants sacrifices gaulois, à propos du procès de Fonteius, était encore dans toutes les têtes. Au lieu de synthétiser le savoir reçu de Poseidonios et les informations plus précises et plus vivantes transmises par Diviciacos, dans le traité qu'il leur consacre, il caractérise les druides uniquement comme des devins d'un autre temps, parfaitement semblables à ceux de la vieille école romaine qu'il fustige.

César est le contemporain de Cicéron. Comme lui, il est passé par Rhodes, mais il était partisan de l'école philosophique rivale de celle de Poseidonios, la Nouvelle Académie. Néanmoins, il a pu y entendre les leçons du «très grand savant», comme on appelait alors ce dernier. Il est sûr, en tout cas, qu'il en connaissait l'œuvre historique et qu'il emporta avec lui le volume XXIII des *Histoires* quand il partit en Gaule pour la conquérir. César n'avait pas l'âme d'un ethnologue, et s'il pouvait avoir celle d'un historien ou d'un géographe, c'était dans une perspective essentiellement politique. Dans sa lecture de Poseidonios, il trouve de quoi dynamiser la présentation de la société gauloise qu'il veut faire découvrir à ses lecteurs romains. Mais, surtout, il cherche dans cette œuvre des éléments précis qui rassureront les Romains et les convaincront plus tard de repartir à la conquête de la Gaule, sur le plan administratif et commercial cette fois. Comme ensuite Strabon et Diodore de Sicile, qui puiseront, eux, bon nombre d'informations géographiques et touristiques dans cette œuvre, César a bien conscience qu'une partie des informations qui y figurent est obsolète. La description de l'armement, des mœurs guerrière n'est plus d'actualité au milieu du Ier siècle avant J.-C. Mais il ne sait pas, en revanche, que les informations sur la religion, sur les rites funéraires par exemple, sont elles aussi partiellement périmées. Le choix qu'il fait parmi elles de ce qu'il décrit à son lectorat est donc hasardeux. Le résultat, contrairement à l'apparence, n'a plus rien de la synthèse raisonnée de son modèle. C'est particulièrement vrai pour l'image des druides qui occupe une place prépondérante dans le tableau de la société gauloise que César fait dans son livre VI.

Dans l'exposé circonstancié, voire systématique, que le philosophe de Rhodes avait dressé de ces personnages si énigmatiques et si inhabituels pour des Grecs et des Romains, César sélectionne des traits bien particuliers de leur physionomie et, en passant sous silence ceux qui sont peut-être les plus caractéristiques, il parvient, plus involontairement que ne l'a fait Cicéron, à déformer leur image. Il les présente avant tout comme les hommes chargés de la religion : « Ils s'occupent des choses divines, organisent les sacrifices publics et privés et expliquent toutes les questions de religion. » Il a beau évoquer d'autres fonctions sociales, l'éducation de la jeunesse et la pratique de la justice, tous ses lecteurs, depuis les Romains de l'année 51 avant J.-C. – date de la parution de la *Guerre des Gaules* – jusqu'à nos jours, retiendront qu'ils furent des sortes de prêtres, ce qui est assez inexact.

César, en composant son portrait des druides, avait à l'esprit des préoccupations précises. Il voulait tout d'abord rassurer ses lecteurs que les Gaulois inquiétaient depuis toujours à cause de leur force guerrière et de leurs prétendues mœurs religieuses abominables. Sur le premier point, les exploits de César devaient suffire à les convaincre qu'ils n'avaient plus rien à craindre. Sur le deuxième, après les écrits récents de Cicéron et alors que la rumeur populaire continuait de charrier à Rome les racontars les plus défavorables aux Gaulois, le travail restait entier. César s'évertue donc à présenter la religion gauloise comme une affaire essentiellement publique, aux mains d'un véritable clergé qui la dirige dans chaque cité et possède sa propre hiérarchie au niveau national : les druides, en matière de religion, ont la prééminence sur la noblesse, et les puissants et eux-mêmes obéissent à un chef unique. Parallèlement, il montre que le culte et le panthéon gaulois ne diffèrent guère de ceux qui règnent à Rome. Enfin, il fait du sacrifice humain, qu'il ne peut passer sous silence au risque de se déconsidérer aux yeux de ses lecteurs, une affaire essentiellement judiciaire – ce qui lui permet également de montrer que les Gaulois ne sont plus les Barbares qui assiégèrent Rome trois siècles auparavant, mais qu'ils ont une vie civique digne d'un peuple civilisé. Pour arriver à ce résultat, César a taillé à grands coups dans le texte de Poseidonios qu'il a simplifié à outrance, en gommant tous les autres acteurs de la vie religieuse, prêtres, *vates* et bardes. Privés de leurs collaborateurs, voire, en certains domaines, de leurs rivaux, les druides apparaissent dans le texte césarien non seulement comme des prêtres, mais aussi comme des sacrificateurs. L'imagination du lecteur fera le reste : la majorité des sacrifices passeront pour être ceux des humains et on oubliera que leurs victimes sont des criminels pour lesquels la peine capitale avait été requise.

Le témoignage de César, malgré la faible crédibilité qu'il faut lui accorder, a immédiatement acquis une valeur d'autorité qu'il n'a jamais perdue jusqu'à la fin du XXe siècle. César avait parcouru la Gaule en tous sens. Il était censé avoir vu les druides et peut-être avoir assisté à quelques-unes de leurs réunions. Cependant on ne s'étonnait guère de la singularité de son histoire de la *Guerre des Gaules* où, hormis dans le livre VI, jamais il ne note la présence d'un quelconque druide, même là où on serait en droit de s'attendre à en rencontrer, dans les différends entre chefs, dans les cérémonies d'investiture ou dans le cérémonial cultuel précédant ou couronnant la victoire. Mais plus extraordinaire encore est le fait qu'il ne signale à aucun moment que le chef éduen Diviciacos, qui l'accompagne et l'aide dans sa conquête, est lui-même un druide. C'est à croire que César ignorait le ministère de son compagnon ou que ce dernier s'était bien gardé de le lui apprendre. Ainsi, pendant les huit années qu'il passe en Gaule, César semble n'avoir rencontré les druides qu'au cours de sa lecture de l'ouvrage de Poseidonios.

Le crédit que les Romains accordèrent au jugement de César sur les Gaulois fut si fort que, pendant le siècle qui suivit, les administrateurs romains finirent par assimiler le culte public gaulois, pourtant largement démembré par la guerre de conquête, à une prétendue religion druidique. Les authentiques druides, tel Diviciacos, avaient, comme la plus grande partie de la noblesse gauloise qui avait survécu, rallié le camp romain. Ceux qui se prétendaient druides et n'en avaient pas l'éducation philosophique et scientifique n'étaient que des sorciers et des prophètes de mauvais augure, tels ceux qui prospérèrent à l'époque de Néron dans tout l'Empire romain. Ces deux nouvelles étiquettes vinrent alors coller à la peau de ces druides, de plus en plus protéiformes.

Depuis sa colonisation, aux environs du IVe siècle avant J.-C. par les populations belges, le Sud de l'île de Bretagne abritait aussi des druides qui entretenaient des rapports étroits avec leurs pairs du continent. Mais à la différence de ces derniers, ils résistèrent plus farouchement que le reste de la Gaule à l'influence pernicieuse de Rome en matière de commerce, de goût pour le luxe et de nouvelles mœurs politiques. Néanmoins, lors de la conquête du sud de l'île, ils durent renoncer à leurs anciens privilèges et surtout à leur mode de vie d'un autre temps. Ils entrèrent, comme leurs homologues de la Gaule, dans les cadres de la nouvelle administration romaine et parcoururent les étapes du *cursus honorum*. Quelques-uns se réfugièrent aux confins de la colonie romaine, peut-être en Irlande mais nous n'en avons pas la certitude. Ce sont ces druides, isolés du milieu humain et intellectuel où évoluaient leurs ancêtres, qui ont fortement influencé l'imagination des poètes insulaires, les *filid*, et des moines qui, à partir du VIIIe siècle, transcrivent leurs épopées. Probablement sorciers et prophètes, ils sont censés posséder des pouvoirs surnaturels et recourir à la magie blanche ou noire. Bien évidemment, les êtres réels qui les inspirèrent et les personnages imaginaires qui peuplent ces légendes reconstituées en épopée n'ont plus rien à voir avec les intellectuels gaulois qui, un ou deux siècles avant la conquête romaine, exerçaient leur pouvoir grâce à leur sagesse et à leur savoir encyclopédique.

C'est dans ces mythes où le paganisme insulaire le dispute aux premières imageries chrétiennes que puisent les auteurs de romans du XIIe siècle. Geoffroi de Monmouth, dans une histoire mythique et largement imaginaire de l'île de Bretagne, avait créé le personnage de Myrddhinn, un poète guerrier qui se bat auprès du roi Arthur. Quelques décennies plus tard, le trouvère normand Robert de Boron en fera Merlin, personnage fabuleux capable de transformer Viviane en fée. Qualifié, on ne sait pourquoi, de « druide », Merlin incarne une nouvelle fonction qui sera dès lors attribuée aux druides, celle d'enchanteur. Il n'agit plus seulement par magie, mais charme les hommes et peut mettre à son service les forces naturelles – vent, tempêtes, précipitations. Si ce nouvel habit qu'endosse le druide n'a aucun effet sur la perception purement historique que les intellectuels du Moyen Âge porteront sur ces Gaulois si énigmatiques, il n'en va pas de même pour toute une production imaginaire qui, jusqu'à nos jours, exploite le thème du magicien. Elle ne s'est même jamais aussi bien portée, puisque, à la littérature, elle a ajouté le cinéma, la bande dessinée et, aujourd'hui, les jeux vidéo. Cette nouvelle image est pour beaucoup dans la confusion qui s'est installée dans les esprits : les époques et les aires culturelles se mêlent, l'anachronisme et les erreurs topographiques règnent. Les druides perdent tout ancrage spatial et chronologique, errant des îles Britanniques au cœur du continent, de l'époque gauloise à un Moyen Âge qui se prolongerait jusqu'à nos jours.

La Renaissance va encore ajouter à la confusion générale en repoussant les origines des druides en pleine préhistoire. Les humanistes découvrent avec passion la littérature antique qui leur fait découvrir les anciens Grecs et Romains, et notamment le plus illustre d'entre eux, César, parce qu'ils reconnaissent très vite que les monumentales ruines qui encombrent encore le sol de France lui sont, d'une certaine manière, redevables. Le pont du Gard, les arènes de Nîmes, le théâtre d'Orange sont autant de témoignages de la supériorité incontestable du génie romain. Devant lui, les Gaulois s'effacent littéralement ; on ne parle même pas à leur sujet de civilisation. Ce ne sont que des populations autochtones descendant des temps les plus anciens. Toutefois, les esprits éclairés du XVIe siècle perçoivent une contradiction au sein de ce schéma trop simple : comment expliquer que César ait eu à batailler près de dix années contre des Barbares incultes ? On commence alors à penser que les Gaulois avaient dû connaître un début de civilisation qui avait sans doute laissé des traces. On les cherche. Et on les trouve – ou, plus exactement, on croit les trouver. Ce sont les mégalithes, dolmens et autres menhirs dont la taille et le poids impressionnent. Ils ne peuvent être que l'œuvre d'un peuple puissant, habile mais encore fruste, des caractères qui sont justement ceux que l'on reconnaît aux Gaulois. Les mégalithes deviennent avec la religion, forcément caractérisée de « druidique », les deux composantes majeures de la civilisation celtique. Il ne reste plus qu'à replacer les druides dans ces sortes de cathédrales, œuvres à la fois de géants et de la nature, que sont les alignements du type de Carnac ou les cercles comme celui de Stonehenge. C'est ce que vont faire pendant presque trois siècles écrivains et historiens. Ils entretiennent ainsi l'une des opinions communes les plus répandues et les plus fausses, qui veut que ces constructions soient l'œuvre des Celtes. La vérité chronologique est tout autre : ces monuments apparaissent en France dès le VIe millénaire avant notre ère à une époque que les archéologues appellent « mésolithique » et disparaissent mille cinq cents ans avant le début de notre ère, à l'âge du bronze.

Le début du XVIIIe siècle constitue une étape importante dans la construction du mythe du druide, que les mystiques et les illuminés qualifient de « renaissance du druidisme ». Jusqu'alors, les druides n'avaient été l'affaire que de l'imaginaire et d'un peu d'histoire. Mais en 1716, un curieux personnage d'origine irlandaise, John Toland, décide de les faire revivre. Ce libre-penseur avait déjà fait beaucoup parler de lui, en critiquant très librement le christianisme dans son ouvrage *Le Christianisme sans mystère*, ce qui l'obligea à se réfugier en Angleterre. Là, il prend fait et cause pour le socinianisme (doctrine qui nie la divinité de Jésus et rejette la théologie de la Trinité) et en appelle à une forme de religion universelle, à laquelle sera associé rapidement le nom de « panthéisme ». Il considère les druides antiques comme des précurseurs de cette religion naturelle et, constatant que les lieux de culte qu'ils utilisaient dans l'Antiquité sont toujours debout et en quelque sorte prêts à l'emploi, invite tous ceux qui se sentent une âme de druide à le rejoindre pour former le *Druid Order*. Ce mouvement mêlant spirituel, mystique et folklorique, connut et connaît toujours en Angleterre un certain succès. Il apporte une touche finale à la confusion qui entoure l'image du druide, désormais prêtre atemporel d'une religion mystique.

Le romantisme exploite quelque peu ces différents imaginaires, mais moins que ce que l'on pourrait attendre. Il préfère le Moyen Âge à la période gauloise qui, par manque de documentation, demeure difficile à utiliser. Cependant, l'invention des deux célèbres druidesses romantiques, Velléda et Norma, retarde la prise de conscience des historiens qui, malgré les progrès de l'archéologie, ont du mal à isoler les Gaulois de leur prétendu environnement mégalithique. La construction de la République et les états d'âme du nationalisme s'accommodent également mal des mœurs sanguinaires qu'on a longtemps attribuées aux druides. Ces derniers peuvent difficilement passer pour les grands sages de ceux dont on fait dès lors ouvertement nos ancêtres. Il faut attendre le XXe siècle pour que les historiens se penchent sérieusement sur le problème des druides. Mais la recherche est encore trop tributaire du témoignage de César qui fausse la chronologie : les druides seraient ses contemporains, ils auraient été combattus par lui et pourchassés par ses successeurs.

Les progrès enregistrés parallèlement depuis près d'un siècle par la linguistique comparative compliquent encore l'appréciation qu'on peut avoir des Celtes. Après avoir établi l'existence de plusieurs langues celtiques (gaulois, irlandais, gallois, breton), on postule une langue mère, le celtique, elle-même issue d'une langue originelle dite « indo-européenne ». La langue celtique originelle supposerait une communauté ethnique dont elle serait la meilleure représentante, avec la religion et l'art. Un tel évolutionnisme ethnique et culturel est très critiquable et ne résiste guère à des analyses plus précises. Il a cependant connu son heure de gloire entre les deux guerres mondiales, avec les dérapages idéologiques de l'exaltation de la prétendue race aryenne. Et les druides ont été fatalement convoqués dans ce débat. La communauté qu'ils formaient, sans doute au IIe siècle avant notre ère, et qui ne s'étendait qu'à la Gaule centrale et septentrionale, a été postulée pour tout le territoire européen où se rencontrent des objets reconnus comme celtiques. Dès lors, cette même communauté a été considérée comme une institution celtique, voire « panceltique ». On a fait des druides les promoteurs du celtisme dont leur mouvement est devenu l'une des principales institutions.

Parmi tous ces avatars, quelle est la figure exacte de ces personnages qui paraissent échapper à toute définition et à toute classification ?

La seule réponse possible se trouve dans la documentation purement historique. Pour la décrypter, on peut demander le concours de disciplines annexes, comme la philologie, l'histoire des idées et l'archéologie. Deux aspects du problème sont fondamentaux : la situation géographique et la chronologie des faits relatés par les auteurs antiques. Ils permettront de brosser, au moins à grands traits, une véritable histoire de ce mouvement d'idées qui a son origine propre, jouit d'une période de rayonnement avant un déclin plus ou moins lent. Dans cette perspective, les historiens français depuis la Renaissance ne se sont guère montrés méthodiques. Jusqu'à ces dernières décennies, ils n'ont finalement considéré que le témoignage de César, qui a sensiblement faussé l'interprétation de l'objet d'étude, au moins pour des raisons de chronologie. Les druides, en effet, apparus plusieurs siècles avant la conquête, étaient déjà en voie de disparition au moment de celle-ci. Si bien que leur milieu naturel, c'est-à-dire celui où ils ont pu s'épanouir, n'est pas une Gaule qui se romanise de l'intérieur par le commerce avec Rome mais plutôt celle des princes celtes et des terribles guerriers qui se livraient au mercenariat. Les historiens anglais de la religion, au contraire, ont bien compris que l'origine des druides est ancienne, parce qu'ils ont valorisé les informations livrées par les philosophes grecs évoqués au début de ce chapitre. Celles-ci montrent que les druides étaient connus de quelques intellectuels grecs dès la fin du Ve ou au tout début du IVe siècle. La conséquence est capitale pour notre réflexion. Leur mention en Grèce à une date si haute, sous le nom même qu'ils s'étaient donné, prouve que les druides étaient forcément apparus en Gaule au moins un, si ce n'est plusieurs siècles auparavant, c'est-à-dire au cours du premier âge du fer.

Les histoires de la philosophie qui mentionnent pour la première fois l'existence des druides, dans leur apparente sécheresse, livrent aussi d'autres éléments. Elles comparent ces derniers aux sages d'autres peuples barbares, les mages perses, notamment.

Or un texte d'un auteur tardif mais appartenant à la même tradition de l'histoire de la philosophie, Dion Chrysostome, rapporte que les druides étaient des devins qui commandaient à toute la population, surtout à leurs rois occupés à faire bombance sur leurs trônes en or. Ce dernier texte est compréhensible uniquement s'il est la copie d'un original ancien, contemporain des princes celtes de la culture dite « de Hallstatt ». Ces derniers vivaient effectivement dans un luxe inouï et paraissaient ne plus s'occuper des affaires de leur pays, de la guerre notamment. On comprend alors la comparaison avec les mages de Perse. Ces derniers aussi, placés auprès de princes puissants et d'une richesse incroyable, avaient la charge de les guider par une pratique divinatoire qui s'appuyait essentiellement sur l'observation des astres. Or nous verrons plus loin que l'une des principales fonctions des druides dans les siècles qui suivront sera précisément l'acquisition d'un savoir encyclopédique où l'astronomie tenait la plus grande place. Les mages en Perse, les Chaldéens en Assyrie, c'est-à-dire les prêtres chaldéens, et les druides en Gaule avaient tous en commun une pratique des observations astronomiques qui remontaient très haut dans le temps. Pour les deuxièmes, nous savons, grâce à Callisthène, qu'elle avait déjà à l'époque d'Alexandre une ancienneté de 1 900 ans. Les indications très précises que livre Poseidonios d'Apamée sur les compétences scientifiques des druides aux environs des IIIe-IIe siècles avant J.-C. nous font supposer qu'eux aussi se livraient à des observations et à des expérimentations scientifiques depuis déjà plusieurs siècles, au point que leur passion pour la *physiologia* naît de ce recours un peu forcé à l'astronomie, utilisée tout d'abord pour aider la divination ou du moins pour la rendre dépendante de phénomènes dont ils connaissaient le cours et dont ils pouvaient, sans risque d'erreur, prévoir les principales phases.

Un autre leitmotiv de ces textes philosophiques est la comparaison entre druides et pythagoriciens. On faisait de Pythagore tantôt le maître des druides, tantôt leur élève. L'idée d'une rencontre physique, et *a fortiori* d'un enseignement, entre ce ou ces Grecs et les Gaulois est bien sûr totalement imaginaire : la chronologie s'y oppose. Elle n'est que la tentative, imagée au demeurant, d'explication des ressemblances entre les doctrines et les modes de vie. Évidentes, ces ressemblances paraissaient autrement inexplicables. Cette opinion sur une communauté d'idées entre les deux confréries, quasi oubliée par les Romains (à l'exception du moraliste Valère Maxime) pour les raisons évoquées plus haut, n'a pas été par la suite exploitée par les historiens. Elle est pourtant la meilleure piste à suivre pour comprendre la nature des druides, à la charnière du premier et du second âge du fer. La comparaison s'articule en trois points. Les pythagoriciens et les druides ont une pratique de la philosophie très similaire, en ce que les uns et les autres s'intéressent plus à la morale, à la vie en société et à la politique qu'aux questions existentielles. Il s'agit dans les deux cas d'une philosophie de l'action dont le but est de rendre l'homme meilleur et le fonctionnement de la collectivité plus harmonieux. Pour accomplir cette mission, leur mode de vie est également comparable : ils se rassemblent en confréries fermées où ils forment leurs disciples sur de très longues périodes ; ils ne sont pas pour autant coupés du reste de la société au sein de laquelle ils jouent un rôle actif dans les domaines de l'éducation, de la justice et de la politique. Enfin, les deux écoles diffusent des doctrines métaphysiques qui présentent aussi des points de convergence. D'après eux, l'âme est immortelle et obéit à un cycle de réincarnations successives dont elle ne s'échappe qu'à certaines conditions en rapport avec la vie effectuée sur terre. Cette idée d'une pureté de l'âme permettant de quitter le cycle des réincarnations et de gagner le paradis conforte l'effort de moralisation entrepris auprès des hommes. Ces trois caractères communs n'ont rien de banal dans le monde méditerranéen de la fin de la Grèce classique. Cette pratique de la philosophie est très éloignée de celle d'un Platon ou d'un Aristote : le mode de vie en confréries à la fois fermées et partiellement ouvertes sur le monde ne se rencontre nulle part ailleurs, et, enfin, la doctrine de la métempsycose n'est partagée que par les Thraces et les poètes orphiques. Les auteurs grecs avaient donc bien raison de lier intimement les druides et les pythagoriciens, au point d'en faire les disciples les uns des autres.

Comment se sont transmises les idées entre les deux écoles ?

Il est difficile de le savoir car les druides et les pythagoriciens partageaient encore le refus de confier le savoir à l'écriture. Aussi l'absence de témoignages écrits de leur main est-elle l'une des principales raisons du mythe qui s'est construit sur eux : comme Pythagore, de leur vivant, ils étaient déjà des personnages de légende. Leur savoir inaccessible à une très grande part de la population leur octroyait une aura dont il est difficile de nos jours de se faire une juste idée. Leur essence semblait plus qu'humaine, à mi-chemin entre celle des dieux et celle des hommes, aux côtés des héros. Comme Pythagore, encore une fois, ils participèrent eux-mêmes à la construction de leur légende. Le premier se faisait passer volontiers pour une sorte de divinité et sa maison, après sa mort, fut considérée comme un temple. Plus modestement, les druides prétendaient parler la langue des dieux – ce qui était déjà un pouvoir considérable. S'il était difficile pour la grande masse des Gaulois de se faire une idée concrète des compétences des druides et de leurs véritables fonctions dans la société, cela l'était tout autant, mais pour d'autres raisons, pour les étrangers, fussent-ils historiens ou géographes. C'est pourquoi il fallut attendre qu'un Grec, philosophe et scientifique universel, s'intéresse à eux et entreprenne un voyage afin de les rencontrer chez eux pour que la connaissance quitte les chemins embrumés des légendes et des idées reçues et s'enrichisse enfin de données précises, de descriptions circonstanciées.

Poseidonios avait recueilli tout ce que ses prédécesseurs avaient écrit sur le sujet mais probablement ces informations de seconde main, ce travail de bibliothèque ne le satisfaisaient-ils pas. Lors de son voyage dans le Sud de la Gaule, il chercha à obtenir des connaissances nouvelles et surtout vivantes. Les écrits qu'il a laissés montrent qu'il y est parvenu. Il a rencontré des druides ou un informateur gaulois, un aristocrate qui avait bénéficié de l'enseignement des druides et qui était capable d'en expliquer les éléments essentiels. Aussi peut-il se livrer à un tableau très descriptif des activités des druides et de leur mode de vie. Tout son exposé confirme les informations anciennes selon lesquelles ils pratiquent une philosophie de l'action profondément ancrée dans la vie sociale. C'est leur sagesse universelle qui les distingue des autres hommes. Leur savoir, comme chez les plus anciens philosophes de la Grèce, est de nature encyclopédique. Il touche à toutes les matières et va de l'observation de la nature à celle des astres, où l'univers, englobant les divinités, est considéré comme un tout. L'étude de la nature est leur domaine de prédilection. Sans avoir conscience que ces domaines, qui ont été par la suite artificiellement séparés les uns des autres, sont des sciences, leur façon de les envisager est déjà scientifique, elle procède par observation, documentation et application pour résoudre des problèmes concrets : médecine, technologie, agronomie, calcul, calendrier. Ce sont ces connaissances, héritières des anciennes observations à but divinatoire, qui leur valent l'admiration des populations. Ils ont eu à cœur, en effet, d'en faire bénéficier tous les hommes et pas seulement les princes qui ne pouvaient se passer de leurs conseils et de leur jugement. Rapidement, les agriculteurs, les artisans, les artistes, les architectes se sont appuyés sur le fruit de leurs observations en matière de temps ou de géométrie. Ce rôle qu'ils jouent dans la société gauloise dès le ve siècle fait d'eux l'illustration la plus parfaite de la reconstruction de l'histoire humaine qu'avait formulée Poseidonios, sous la forme du mythe de l'âge d'or. À cette époque mythique, les sages commandaient aux humains : « leur bienfaisance améliorait, embellissait l'existence de leurs peuples. Gouverner ce n'était pas régner, c'était servir », écrit Sénèque pour résumer la pensée de Poseidonios. On comprend que le philosophe de Rhodes ait été fasciné par de tels personnages qui paraissaient donner réalité à un idéal dont les Grecs n'imaginaient la possibilité qu'en un lointain passé.

Poseidonios avait-il raison de voir dans les druides des sages au pouvoir aussi grand que celui qu'il accordait à ceux de son âge d'or ? La réponse doit être nuancée. Quand il les rencontra physiquement près d'un siècle avant le début de notre ère, leur prestige auprès des peuples gaulois avait probablement diminué. Mais il est bien possible que, deux ou trois siècles auparavant, chez un certain nombre de peuples gaulois, ils aient atteint une situation aussi enviable. Deux autres fonctions sociales qu'ils remplirent invitent à le penser. Ce sont précisément deux institutions qui distinguent les sociétés dites « civilisées » de celles dites « primitives » ou, dans le langage antique consacré, « barbares » : l'éducation et la justice. Par éducation, il faut bien évidemment entendre celle des enfants de la noblesse. Les autres n'avaient droit qu'à un apprentissage manuel ou guerrier. Les familles nobles envoyaient leurs enfants auprès des druides qui les formaient au cours de longues périodes pouvant atteindre vingt années. C'est en effet tout le savoir encyclopédique des druides qui leur était dispensé, uniquement à l'aide de la mémoire puisque l'usage de l'écriture était proscrit. On imagine assez bien le pouvoir que les druides pouvaient ainsi s'attribuer à la fois sur la noblesse dirigeante et sur l'ensemble de la population. Derrière les connaissances pratiques, les savoirs historiques et mythologiques, ce sont toutes les valeurs défendues par les druides qui étaient indirectement divulguées. Mais le strict contrôle de la connaissance donnait d'autres armes aux maîtres : ils choisissaient, de fait, ceux qui deviendraient les cadres politiques et administratifs et surtout ceux qui seraient appelés à prendre plus tard leur suite. C'était le but essentiel de l'interdiction de l'écriture, hors de stricts domaines où son usage était nécessité par la discipline elle-même : notations de phénomènes astronomiques, calculs de toutes sortes. De cette manière, les théories, les doctrines ne pouvaient se développer au gré des individualités, des modes et des influences étrangères, et seuls les brillants élèves pouvaient être élus pour jouer un rôle dans la société.

La justice, seconde institution aux mains des druides, n'était pas un levier moins puissant pour agir sur le bon fonctionnement de la communauté. Très tôt, grâce à l'étendue de leur savoir et leur sagesse fortement imprégnée d'éthique, les druides avaient acquis la réputation largement répandue en Gaule d'être des hommes justes. C'est à ce titre qu'on leur confia le soin de régler les différends les plus graves, ceux qui pouvaient dégénérer en conflits armés. Cette pratique de la médiation dans les affaires diplomatiques et militaires en fit rapidement des spécialistes pour arbitrer les querelles entre les peuples, dues à des motifs commerciaux ou territoriaux surtout. Elle devint une institution pérenne inscrite dans le calendrier et dans l'espace politique des

Gaulois de Celtique et de Belgique : lors de l'assemblée annuelle des Carnutes, les druides venus de toutes les cités tenaient des assises dont l'un des buts était juridique. Tous les grands conflits étaient soumis à leur sagacité et à leur jugement. Ils purent d'autant plus facilement jouer le rôle d'arbitres, situés au-dessus des peuples, qu'eux-mêmes formaient des confréries qui transcendaient les clivages nationaux. Ils diminuèrent le nombre de guerres entre peuples voisins, instaurèrent des modes de fonctionnement harmonieux entre les peuples de même origine et consacrèrent les traités confédéraux. Aux vengeances individuelles ou collectives se substituèrent des procès ritualisés et, progressivement, les peines capitales prononcées remplacèrent les sacrifices humains. L'exercice de la justice eut des conséquences radicales sur les deux institutions auxquelles elle fut arrachée, la politique et la religion. Les chefs perdirent le privilège exorbitant d'éliminer qui bon leur semblait, mais la politique y gagna la progressive prise de conscience d'un espace politique commun aux habitants d'une grande partie de la Gaule, reconnaissant unanimement aux druides le pouvoir judiciaire. Le pouvoir de vie et de mort ne fut toutefois pas le seul à avoir été confisqué aux aristocrates. Ces derniers perdirent également toute prérogative en matière religieuse.

Les druides bouleversent en effet profondément le fonctionnement de la religion. Elle n'est plus l'affaire des princes ni celle de prêtres investis ou auto-investis, pas plus que celle d'une administration étatique qui se donnerait tous les pouvoirs. Les druides déjouent toutes ces confiscations de la religion parce qu'ils ont la sagesse de ne pas se l'approprier : ils se contentent de l'encadrer, de la guider. Le culte, sous leur contrôle, est mis au service d'une religion supérieure où la morale, le bien commun ont autant – sinon plus – de valeur que les dieux qu'elle est censée honorer. Les sacrifices pratiqués par des prêtres qui ne sont que des sortes de bouchers doivent tout à la caution qu'ils leur donnent. Ce sont eux qui autorisent les individus à offrir aux dieux les victimes sacrificielles, pouvoir immense qui peut s'exercer aussi bien sur un groupe d'individus que sur l'homme politique le plus éminent. Mais encore faut-il qu'eux-mêmes assistent à la cérémonie pour que le dieu daigne se rendre présent et favorable au don qu'on lui fait. Ce sont encore eux qui exprimeront la satisfaction ou les nouveaux désirs des dieux qui ne peuvent parler que par leur bouche. Contrairement à des prêtres accomplissant des gestes déterminés et répétitifs à l'intérieur d'un rituel, ils manifestent une volonté dont les ressorts sont d'ordre moral et métaphysique. Ils mettent la religion à leur service tout en donnant à la population l'illusion que ce sont eux qui servent sa cause. Ils sont donc bien encore sur ce terrain des philosophes, comme on se représentait les philosophes dans la Grèce archaïque ou dans l'Europe médiévale, c'est-à-dire plutôt des théologiens.

Les mécanismes sociaux et institutionnels où les druides étaient les acteurs majeurs ne fonctionnèrent que dans une Gaule où les influences culturelles étrangères étaient parfaitement maîtrisées. Ils s'accommodaient des valeurs antiques de la Grèce, un peu de mythologie, des objets prestigieux, l'hospitalité et la commensalité, le mercenariat… Mais ils devaient moins résister au mercantilisme, au pouvoir artificiel de l'argent, à l'attrait de la représentation figurée, aux dieux à visage humain, au clientélisme politique. Ces poisons de la modernité n'infiltrèrent la Gaule qu'à la faveur de deux événements synchrones, la conquête du Sud-Est de la Gaule par Rome en 125 et l'installation de premières démocraties constitutionnelles à sa périphérie, chez les Éduens notamment. Les druides n'étaient responsables du premier événement que dans une moindre mesure, parce qu'ils avaient eux-mêmes très peu colonisé la future *Provincia* et donc, par conséquent, laissé une porte ouverte sur la Gaule. Le second, au contraire, était le fruit de leur travail en matière de politique. Sa moralisation les avait amenés à contrôler les principaux rouages du pouvoir, les magistrats, l'assemblée populaire, le sénat. Pour en rendre le fonctionnement harmonieux, ils avaient imaginé une constitution probablement inspirée de celle de Marseille ou d'autres cités grecques. Une fois en place, ces constitutions avaient parfaitement fonctionné dans quelques cités, rendant inutile leur surveillance constante par les druides. Ces derniers ont-ils été écartés de la pratique politique ou, au contraire, s'y sont-ils adonnés, comme leurs modèles pythagoriciens, jusqu'à perdre leur âme ? On ne peut apporter de réponse précise mais peut-être les deux cas ont-ils pu se rencontrer. Il est sûr cependant que les Éduens qui jouissaient de la constitution la plus élaborée ne laissaient plus de place manifeste aux druides dans le jeu politique au cours des premières décennies du Ier siècle. Le mouvement s'amplifia et gagna rapidement une grande partie de la Gaule où, dès la fin du IIe siècle, s'aventuraient et commençaient à s'installer les marchands romains. Seuls quelques peuples de Gaule Belgique et leurs parents dans l'île de Bretagne opposèrent une résistance à l'influence romaine dont il est cependant difficile de mesurer la réussite.

La création de la *Provincia* marque donc le début du déclin des druides en Gaule. Cicéron et César en donnent une précieuse illustration à travers la figure ambiguë de Diviciacos. Chez César, ce personnage gaulois fut le principal magistrat des Éduens et servit d'informateur au général romain. Lors d'un séjour à Rome où il était à la fois réfugié et ambassadeur de la cause éduenne auprès du sénat romain, il rencontra Cicéron auquel il déclara être druide et avoir des compétences dans la *physiologia*, et surtout dans la divination. Si une troisième mention dans l'annalistique romaine évoquant un discours qu'il fit au sénat ne permettait de faire le lien entre les deux précédents témoignages, on pourrait croire avoir affaire à deux individus distincts, l'un homme politique et guerrier, l'autre druide, scientifique et devin. À travers ses pérégrinations en Italie et en Gaule, de 63 à 44, moment où Cicéron parle encore de lui au présent, Diviciacos ne mène pas l'existence caractéristique des druides, telle que la décrit Poseidonios. Il fait la guerre, alors que les druides étaient dispensés du service militaire. Il se compromet et trahit les intérêts de peuples gaulois en lutte contre César. Chacune de ses actions paraît heurter l'éthique des druides. En somme, il semble avoir abandonné la plupart des valeurs de ses maîtres anciens. De fait, Diviciacos est un homme politique qui doit probablement plus sa situation à l'activité de sa famille dans les échanges commerciaux avec l'Italie qu'à son éducation et à ses connaissances druidiques. Comme son frère Dumnorix qui s'est fait attribuer la ferme des impôts dans sa cité et possède sa propre cavalerie, il est riche et influent. Du druide, Diviciacos ne conserve que deux attributs : la compétence, s'accompagnant probablement du titre de devin, et un savoir encyclopédique hérité d'une éducation druidique. En cela, il ne diffère guère de son interlocuteur Cicéron qui avait lui aussi le titre honorifique d'augure sans pratiquer la divination puisqu'il ne croyait pas au pouvoir de cet art.

Le cas de Diviciacos n'est pas isolé. Comme on l'a remarqué, César, dans sa conquête de la Gaule, ne rencontre physiquement aucun druide, à l'exception de celui-là dont il semble justement ignorer qu'il en est un. Si, au moment de la conquête, il demeurait probablement encore quelques druides en Gaule, ils se faisaient discrets et ne survivaient qu'en des régions reculées, éloignées des voies de communication et des centres de pouvoir. Le processus de romanisation administrative que César a immédiatement mis en place met un coup d'arrêt définitif à l'activité sociale des druides. Ceux qui survivront le feront désormais dans la clandestinité et surtout en toute individualité. Les druides appartenaient à la noblesse. Or cette dernière, au cours de la guerre, et dans les années qui ont suivi, a en partie combattu les Romains, et un grand nombre de ses représentants ont péri, été faits prisonniers, voire se sont enfuis dans l'île de Bretagne ou en Germanie. Le reste de la noblesse a collaboré à l'entreprise de Rome, s'engageant militairement au côté de César, renonçant aux valeurs celtiques et prenant très rapidement part aux affaires publiques, politiques, administratives et religieuses, désormais conçues sur le modèle romain. Il n'y a pas eu de voie moyenne – si ce n'est ponctuellement et très brièvement – où certains nobles auraient gardé ou tenté de préserver une part de leurs prérogatives, en adaptant le modèle gaulois à la nouvelle situation. Mais il reste que la communauté « internationale » des druides qui se réunissait chaque année sur le territoire des Carnutes pour entretenir la doctrine et la préserver de toute hérésie n'existait plus. Peut-être avait-elle même déjà disparu lors de l'invasion ravageuse des Cimbres et des Teutons entre 113 et 101 avant J.-C. Or c'était elle qui donnait vie et sens à l'activité de chaque druide dans sa cité.

Le prestige inouï des druides auprès de la population gauloise survécut à leur disparition physique. Comme la transmission des connaissances s'était faite tout entière par le vecteur de la mémoire, cette dernière continua de produire ses effets, tout en perdant progressivement de la matière. Les maîtres du savoir n'étaient plus présents pour corriger des interprétations, préciser une pensée, répondre aux interrogations. La porte était ouverte au pillage de la qualité de druide, de ses connaissances et de sa culture. Les sorciers et les prophètes, souvent de mauvais augure, qui pullulèrent dans tout l'Empire romain à l'époque de Néron prirent en Gaule le nom de druides. Personne ne pouvait plus le leur contester. Dans le Sud de l'Angleterre, les choses ne se passèrent pas autrement. Des druides purent se réfugier dans les confins des territoires occupés par les Romains mais désormais privés de la collectivité où s'exerçait leur activité, ils devinrent eux aussi des clandestins dans un monde qui n'était plus le leur.

Le druidisme, si de cette façon nous ne désignons pas une forme de religion mais un mouvement d'intellectuels et les idées qu'il diffusa, ne put prendre naissance et se développer que dans un monde ancien à la périphérie de la civilisation gréco-romaine, comme en interface avec celle-ci et des Barbares retirés à l'intérieur du continent. Il ne vécut que dans le contrôle par les druides, presque à tous les niveaux, d'une société encore malléable dont toutes les valeurs étaient celles qu'ils lui inculquaient. Elles étaient souvent le fruit d'apprentissages ancestraux, de l'observation et de l'exploitation de la nature. Elles étaient plus encore l'interprétation en profondeur d'idées, de connaissances, d'images en provenance du monde grec. Mais elles ne pouvaient être la simple importation sans adaptation de nouvelles mœurs sociales, politiques puis religieuses, telles que celles qui pénétrèrent en Gaule un siècle avant la conquête, en suivant la route des commerçants puis celle, plus hasardeuse, des objets qu'ils apportèrent et qui ruinèrent l'équilibre fragile du monde celtique : vin, monnaies, vaisselles de luxe, bijoux, figurines, à l'instar de l'électroménager qui, en deux ou trois décennies au milieu du XXe siècle, transforma radicalement des modes de vie encore très traditionnels.

CHAPITRE III

« Avant qu' le ciel nous tomb' sur la tête »

Faut rigoler
Faut rigoler
Avant qu' le ciel nous tomb' sur la tête
Faut rigoler
Faut rigoler
Pour empêcher le ciel de tomber

Nos ancêtres les Gaulois…

C'est en 1957 que cette chanson de Boris Vian commença à envahir toutes les radios. Elle contribua à répandre l'idée que les Gaulois, farouches guerriers, ne redoutaient rien ni personne à l'exception de l'effondrement d'un ciel conçu comme une sorte de toiture au-dessus de leur tête. La crainte, apparemment ridicule et sans fondement, fut par la suite réutilisée à de nombreuses reprises dans les albums de la bande dessinée *Astérix le Gaulois*, à partir de 1961. Formule incantatoire, repartie, menace, ce thème y est exploité à la fois comme un ressort comique et comme une allusion historique, ancrant l'histoire et les personnages dans un semblant de vérité.

Curieusement, cette croyance attribuée aux Gaulois n'avait, avant ces deux œuvres récentes, guère eu la faveur des livres et manuels d'histoire. Parce qu'elle semble naïve et banale, elle s'est, depuis, solidement installée dans la conception schématique qu'on se fait généralement des Gaulois. La crainte de la chute du ciel fait penser aux croyances simplistes qui furent longtemps attribuées aux peuples « primitifs ». Elle suggère que les Gaulois avaient une conception mécaniste et primaire de l'univers et que la fin du monde n'était pour eux rien d'autre que l'écroulement d'une fragile construction. La réalité historique est toute différente mais pas moins paradoxale : il apparaît que la légende de la crainte d'une chute du ciel s'appuie sur l'un des textes les plus anciens et les mieux localisés dans la chronologie et dans l'espace que l'on possède sur les Celtes. Pour autant, l'anecdote que relate ce texte reflète assez mal les conceptions que les Gaulois se faisaient de l'univers et de l'au-delà.

L'origine de la croyance en question remonte en effet à un événement historique qui a été rapporté par l'un de ses protagonistes, Ptolémée, l'un des généraux qui accompagnaient Alexandre le Grand lors de son expédition chez les Gètes. Les faits datent de 335 avant J.-C., aussi la mention qui y est faite des Celtes est-elle l'une des plus anciennes qui nous soient parvenues à leur sujet. Ptolémée en fit le récit dans son *Histoire d'Alexandre le Grand*, œuvre connue par les larges extraits recopiés par Arrien et Strabon. C'est le cas du passage qui nous intéresse dont Strabon donne la version suivante :

> Ptolémée, fils de Lagos, raconte que pendant cette campagne [l'expédition d'Alexandre en Thrace], des Celtes établis dans la région d'Adria vinrent à la rencontre d'Alexandre pour obtenir de lui les bienfaits de relations d'amitié et d'hospitalité. Le roi les reçut chaleureusement et, au cours du repas, il leur demanda ce qu'ils craignaient le plus, persuadé qu'ils diraient que c'était lui. Mais ils répondirent qu'ils ne craignaient personne, qu'ils redoutaient seulement que le ciel ne tombe sur eux, mais qu'ils plaçaient l'amitié d'un homme tel que lui au-dessus de tout.

La version d'Arrien dans l'*Anabase* est un peu plus détaillée et certainement plus proche de l'original :

> Les Celtes sont de grande taille et ils ont une haute opinion d'eux-mêmes. Tous venaient, à ce qu'ils dirent, avec le désir d'obtenir l'amitié d'Alexandre. À tous, Alexandre accorda sa

> confiance et reçut d'eux la leur. Puis il demanda aux Celtes ce qu'ils redoutaient le plus, espérant bien que son grand nom avait pénétré dans le pays des Celtes, et plus loin encore, et qu'ils allaient lui dire que c'était lui qu'ils redoutaient le plus au monde. Mais la réponse des Celtes fut tout autre qu'il ne l'espérait. Établis loin d'Alexandre habitant des régions difficiles d'accès, et voyant Alexandre s'élancer dans des contrées opposées, ils lui dirent qu'ils ne redoutaient rien que de voir le ciel tomber sur eux. Ce dernier les déclara ses amis, en fit ses alliés puis les congédia, en ajoutant seulement que les Celtes étaient des vantards.

Pour découvrir qui sont ces Celtes et pourquoi ils tiennent ces propos à Alexandre, il est nécessaire de replacer l'événement dans son contexte. Ces Celtes, précise Strabon, habitaient les environs d'Adria, petite ville d'Italie, située à l'embouchure du Pô, au bord de la mer Adriatique, à laquelle elle a donné son nom. Dans cette ancienne cité étrusque, au IVe siècle avant J.-C., le tyran de Syracuse, Denys l'Ancien, avait fondé une colonie – en réalité une garnison militaire lui permettant de contrôler la voie commerciale en direction des Alpes et de la Gaule. Très tôt, la ville était devenue la base du recrutement des mercenaires celtes dont Denys faisait grande consommation. Elle attira ainsi de nombreux Gaulois de la Cisalpine proche mais peut-être aussi de la Gaule Transalpine. Les hommes qui vont à la rencontre d'Alexandre sont certainement de ceux qui, après la chute de Denys le Jeune, se retrouvent sans employeur. Ils vont sans doute proposer leurs services à Alexandre qui s'apprête alors à engager sa conquête de l'Inde et de l'Asie centrale. Les termes mêmes employés par Ptolémée ne laissent guère de doute à ce sujet : ils sont de haute taille et imbus d'eux-mêmes, c'est-à-dire de leur force physique et guerrière. La conclusion de l'entretien avec Alexandre indique même qu'ils ont obtenu ce qu'ils venaient chercher. Alexandre en fait des « amis et alliés militaires ou des auxiliaires ». Ces chefs de guerre gaulois ne sont certainement pas venus seuls. Ils ont été accompagnés par des individus capables de les guider à travers les Alpes juliennes, le long du

Danube jusqu'à la plaine de Valachie. Ces derniers devaient servir également d'interprètes, au moins des us et coutumes grecs, et peut-être de la langue. Si l'on ne peut affirmer qu'il s'agissait de druides, on peut être sûr au moins que c'étaient des aristocrates ayant reçu de ces derniers une solide formation. On le voit dans la réponse très circonstanciée qu'ils font à Alexandre, réponse qui prouve qu'ils possèdent à la fois de solides connaissances de géographie et, comme on le verra, des idées précises sur l'univers, sa composition et sa destinée.

L'histoire a retenu de l'entrevue la repartie un peu lapidaire des Gaulois évoquant la chute du ciel. Pour en comprendre la signification exacte, il est préférable de se fier au texte d'Arrien qui ne résume pas seulement l'original de Ptolémée mais le recopie peut-être *in extenso*. La réponse gauloise est plus étoffée, plus diplomatique et, en quelque sorte, à double sens. Ayant bien compris que la question d'Alexandre faisait allusion à sa force militaire, ils lui répondent très astucieusement qu'ils n'ont pas à le redouter puisque lui s'apprête à lancer son offensive dans la direction opposée. Ainsi n'ont-ils pas à le vexer frontalement, en lui répondant, comme ils le font généralement, qu'ils ne craignent aucun ennemi. Ils prennent soin néanmoins d'indiquer qu'ils habitent une région difficile d'accès, faisant certainement allusion à la Gaule intérieure protégée par les Alpes Pennines. Puis vient le deuxième temps de la réponse : ils craignent cependant que le ciel ne s'effondre sur eux. Si la première réponse est sans aucun doute celle de guerriers, ces « vantards » invétérés dont la réputation était déjà solidement établie dès le IVe siècle, la seconde est celle de leurs guides, aristocrates, hommes politiques, voire druides qui donnent une autre dimension à la forfanterie des hommes de guerre. Ils la replacent dans un système de croyances métaphysiques complexe dont la chute du ciel n'est qu'un élément, la représentation de la fin du monde.

La peur d'un effondrement du ciel n'a rien d'une terreur primitive, irraisonnée, qu'on retrouverait à la fois chez les jeunes enfants et chez les peuples non civilisés : elle appartient au contraire à un système philosophique construit sur une longue période et après de multiples ajustements pour expliquer la formation de l'univers, son évolution et la place que l'homme y tient. C'est à l'exposé de ce système que l'anecdote rapportée par Ptolémée nous convie. Ptolémée lui-même, plus soucieux de la vérité historique que curieux des mœurs barbares, n'a retenu que les paroles gauloises qui semblaient donner raison au jugement porté par Alexandre sur ses interlocuteurs : les Gaulois sont des hâbleurs impénitents. Il est probable, si l'on en croit l'intérêt qu'il manifestera quelques années plus tard pour les brahmanes de l'Inde, que le grand conquérant avait, au contraire, un esprit beaucoup plus ouvert. Il dut, au cours du long repas qu'il partagea avec les Gaulois, s'entretenir de leurs croyances et de l'idée qu'ils se faisaient de la mort. Mais de ce colloque entre Alexandre et les sages gaulois, il n'est rien resté. Pour restituer l'ensemble des croyances auquel la chute du ciel se rapportait directement, il faut faire appel à d'autres auteurs et principalement à Poseidonios d'Apamée au début du Ier siècle avant notre ère. Plus de deux siècles séparent donc les deux moments. Cette durée, même dans le cadre des doctrines que les druides contrôlaient très rigoureusement, peut avoir quelque incidence sur le contenu. Mais il faut garder à l'esprit que la reconstitution d'une pensée tient toujours d'un idéal théorique qui a pu ne jamais s'incarner totalement dans une époque particulière.

Pour comprendre l'eschatologie – conception de l'homme et de l'univers dans la perspective de leur devenir – diffusée par les druides, il est nécessaire de partir de son élément primordial, l'âme. Elle est, rapporte Poseidonios, considérée comme indestructible, elle ne meurt pas en même temps que l'être vivant qui l'héberge. Elle est donc immortelle, c'est ce qui lui permet de se réincarner dans d'autres individus. « Après la mort, elle transite d'un individu à l'autre », écrit César, dans la version qu'il donne du texte de Poseidonios. Il vaut donc mieux parler d'une transmigration de l'âme que d'une métempsycose, car ce dernier terme plus général convient mieux aux conceptions pythagoriciennes et hindouistes, selon lesquelles l'âme peut aussi bien passer dans un corps animal que dans une enveloppe humaine. La réincarnation n'était pas immédiate et ne s'accomplissait pas sur la terre des hommes. Un autre passage de César, très curieux, suggère comment ces mutations étaient conçues par les Gaulois : « Tous les Gaulois prétendent être les enfants de Dis Pater. Et pour cette raison, ils mesurent le temps par le nombre des nuits et non par celui des jours ; ils observent les anniversaires et les débuts de mois et d'année de cette manière : c'est le jour qui fait suite à la nuit. » Dis Pater est le nom d'une divinité romaine que César assimile au dieu gaulois, le père de tous les Gaulois. À Rome, ce dieu a été tardivement adopté, en même temps que Proserpine, à laquelle il était associé. Or nous savons que cette déesse d'origine grecque était l'épouse de Pluton, le dieu des Enfers dans les récits mythologiques. Il faut donc comprendre que le dieu gaulois était lui aussi un dieu souterrain, ce que l'explication sur le calcul des anniversaires et des débuts de périodes commençant la nuit confirme. On peut donc raisonnablement penser que c'est dans le royaume souterrain de Dis que les âmes passaient d'un corps à un autre, comme l'affirmait César. Le changement de rite funéraire qui se généralise dans une grande partie de la Gaule, dès le IVe siècle avant J.-C., donne très certainement une illustration de cette nouvelle croyance. Auparavant, les morts étaient simplement inhumés avec leurs armes, leurs bijoux et quelques céramiques, comme s'ils allaient poursuivre à tout jamais une morne existence dans un au-delà incertain. Le nouveau rite funéraire est foncièrement différent. Le mort est incinéré, quelques poignées de ses cendres sont inhumées dans une petite fosse. Il est évident que, dès lors, on n'imagine plus que le mort puisse sous terre continuer une existence fantomatique en conservant sa dépouille charnelle. Au contraire, celle-ci, après avoir été transformée en matière fluide, est déversée dans un trou creusé dans le sol, traitement identique à celui que reçoivent les restes des victimes sacrificielles offertes aux dieux souterrains. Tout se passe comme si le mort était rendu à la divinité qui était censée l'avoir au préalable engendré, le même Dis.

L'immortalité n'était pas la seule qualité de l'âme. Peut-être était-elle aussi douée du mouvement, peut-être était-elle partiellement divine, on ne sait. Cependant, il semble qu'elle avait un caractère que les orphiques en Grèce, proches des pythagoriciens, lui reconnaissaient également, sa perfectibilité, c'est-à-dire sa capacité à atteindre un état de pureté la rendant totalement divine. Le sort réservé à certains guerriers paraît en témoigner: «Pour eux c'est une gloire de mourir au combat et il est sacrilège de brûler le corps de celui qui a connu une telle mort. Ils croient qu'ils seront transportés au ciel auprès des dieux, si le vautour affamé déchire leur dépouille gisante», écrit le poète Silius Italicus. L'étrange rite funéraire auquel il fait allusion est confirmé par l'iconographie étrusque et celtibère mais aussi par des découvertes archéologiques récentes. Il consistait à laisser le cadavre à la surface du sol, afin qu'il soit dévoré par les oiseaux charognards et, de cette façon, directement transporté par eux vers le ciel. L'au-delà réservé à l'âme d'un guerrier mort au champ d'honneur suppose donc que l'âme, grâce au courage de celui qui avait subi un tel trépas, avait acquis une nature divine. Or la bravoure guerrière faisait précisément l'objet du précepte le plus commun qu'on attribuait aux druides et qui s'exprimait en ces termes: «Il faut honorer les dieux, ne pas faire le mal, s'exercer à la bravoure [guerrière].» Les guerriers qui en faisaient preuve échappaient donc au cycle éternel des réincarnations. On est en droit de se demander si ceux qui, par leur existence, donnaient une parfaite illustration du respect des deux premiers commandements étaient aussi appelés à connaître une pareille destinée. La croyance en un séjour éternel auprès des dieux était probablement le seul moyen de faire adopter des principes moraux à des peuples guerriers qui n'avaient connu auparavant que la loi du plus fort. La doctrine rencontrait, en tout cas, le plus grand succès auprès des guerriers. César le note: «Cette croyance stimule au plus haut point le courage, parce qu'elle fait mépriser la mort.»

L'immortalité de l'âme ne paraissait pas incompatible avec la conception de la fin du monde. Strabon, dans son résumé du texte de Poseidonios, écrit: «Les druides affirment que les âmes et l'univers sont indestructibles mais qu'un jour le feu et l'eau régneront.» La formulation laisse un peu perplexe car elle semble contradictoire. Sans doute la doctrine était-elle beaucoup plus complexe et, comme dans l'anecdote de l'entrevue avec Alexandre, nous n'en avons conservé que des éléments détachés de l'ensemble auquel ils appartenaient. On regrette ici que les utilisateurs de l'œuvre de Poseidonios n'aient pas reproduit plus rigoureusement le texte original. Les druides distinguaient peut-être le monde animé et terrestre du cosmos où évoluaient les âmes libérées de leur enveloppe corporelle, ou alors ils concevaient l'immortalité comme limitée à une très lointaine échéance, jusqu'au moment où l'univers tout entier se dissoudrait en ces deux éléments que sont le feu et l'eau. Les plus anciens philosophes grecs, les présocratiques, considéraient en effet qu'il s'agissait là d'éléments premiers d'où découlait toute matière. Pour eux, la fin du monde n'était en réalité que la fin d'un cycle où l'univers se décomposait avant de reprendre forme à nouveau. Il est tout à fait imaginable que les druides aient partagé de telles théories avec les penseurs grecs, acquises lors de leur commerce subtil avec les pythagoriciens.

Philolaos, pythagoricien de la deuxième génération et grand spécialiste de l'étude de l'univers, a, contrairement à son maître, laissé des témoignages écrits de ces conceptions et plus précisément de celle qu'il se faisait de la fin du monde : « Ou bien le feu tombe du ciel, ou bien l'eau tombe de la région lunaire, ce qui provoque un tourbillonnement de l'air. Ce sont d'ailleurs leurs exhalaisons qui alimentent le monde. » Une telle représentation n'est guère différente de celle que proposaient les druides. Et à vrai dire, on ne voit pas pourquoi les propos qui furent tenus à Alexandre le Grand devraient paraître plus ridicules que ceux que Philolaos a confiés à la postérité. Dans les deux doctrines, c'est bien une rencontre entre le cosmos et le monde habité qui est imaginée, une sorte d'écrasement de l'un sur l'autre. Les présocratiques comme les druides butaient sur une difficulté que rencontrent encore tous ceux qui ne sont pas versés dans l'étude de l'astronomie : parvenir à concevoir l'univers dans son infinité. Les Anciens se représentaient généralement le ciel astral comme une sorte de voûte à laquelle s'accrocheraient les étoiles. Avant que l'observation du ciel ne devienne systématique et fasse l'objet de premières pratiques scientifiques, on pensait la toile astrale plane, à l'image de la Terre. Mais l'examen approfondi du parcours des astres fit se projeter dans le ciel ce qui n'était que la courbure de la Terre. Le ciel, dès lors conçu comme une voûte, jouissant d'une solidité tout architecturale, pouvait se soutenir lui-même.

Il n'en fut pas toujours ainsi. Avant l'œuvre des druides, on croyait que le ciel – imaginé comme un immense dais protégeant la Terre – devait être soutenu mécaniquement. C'est généralement une colonne naturelle qui avait cette fonction. Une très ancienne *Description* de l'Europe, en partie recopiée par Avienus, évoque une *solis columna* (« colonne du soleil »), à la source du Rhône, c'est-à-dire dans le massif de l'Aar. D'autres peuples attribuaient le rôle de « porteur du ciel » à un arbre gigantesque. C'est le cas des Germains, notamment les Saxons qui, à l'époque de Charlemagne, vénéraient encore l'arbre divin Irminsul. Les historiens de la religion ont abusivement généralisé cette croyance dans un « arbre cosmique », en l'attribuant aussi aux Celtes, sans qu'aucun document n'en fasse foi. Si les Celtes orientaux ont pu croire qu'un arbre soutenait le ciel, dont Irminsul serait le dernier avatar, les habitants de la Gaule attribuaient plutôt ce rôle à une montagne et encore n'y crurent-ils qu'à une époque très ancienne. L'étude des astres et de leur parcours cyclique dans l'univers s'opposa immédiatement à des croyances aussi animistes. Les druides les combattirent avec succès auprès de la population la plus éclairée – aristocrates, paysans qui pouvaient constater la justesse de leurs observations en utilisant les calendriers qu'ils avaient mis au point. Dans les couches populaires les plus frustes, la religion naturelle persistait, parce qu'elle était la plus facile à assimiler.

Le récit de la rencontre entre Alexandre le Grand et des Gaulois venus de la région d'Adria livre donc de précieuses informations chronologiques et spatiales sur la diffusion des nouvelles doctrines cosmiques transmises par les druides. Dès le IVe siècle, les Gaulois installés en Cisalpine ne croyaient plus que des forces naturelles divinisées jouaient un quelconque rôle dans l'harmonie et l'équilibre de l'univers. S'ils l'avaient encore cru, ils auraient formulé leur crainte de la fin du monde d'une autre manière, en précisant par exemple à Alexandre qu'ils ne le pensaient pas capable d'abattre cette colonne ou cet arbre cosmique.

Les guerriers, qui traversèrent l'Illyrie pour rencontrer le plus grand conquérant que le monde ait alors connu, vivaient depuis quelques décennies au contact régulier des Grecs. En outre, leurs proches avaient déjà fait le voyage vers Syracuse, parfois même jusqu'en Grèce. Dans la région d'Adria, ils côtoyaient les cultures les plus brillantes – étrusque, vénète – qui s'ajoutaient à celles de la diaspora grecque. C'est certainement par le vecteur de la colonie syracusaine installée au pied des Alpes et au bord de la Cisalpine gauloise que transitèrent, peut-être à part égale avec celles qui empruntèrent la voie marseillaise, les idées et les modèles qui inspirèrent le plus fortement les doctrines des druides.

CHAPITRE IV

Les bardes, de simples troubadours ?

Le terme gaulois « barde » est passé avec succès dans la langue française puisque, aujourd'hui encore, on se fait une idée assez juste de ce qu'il désigne : un poète lyrique s'accompagnant dans ses chants d'un instrument de musique, le plus souvent à cordes. Il sert même parfois de métaphore pour caractériser tout chanteur régionaliste, breton ou non. Aussi connu que le mot « druide », il s'en distingue par un usage contemporain, peu courant il est vrai. Cependant, il n'échappe pas à la déformation qui touche les rares vestiges culturels laissés par les Gaulois. Les romantiques, séduits par le statut hautement valorisé que les Gaulois accordaient à leurs poètes, ont vu en eux des sortes de troubadours, vivant à la cour des plus grands personnages. Plus près de nous, *Astérix* s'est évidemment emparé du barde qui occupait déjà une petite place dans l'imaginaire des Français pour créer le personnage hautement caricatural d'Assurancetourix, un troubadour toujours prêt à accompagner de ses chants le moindre événement mais dont les prouesses mélodiques sont loin de faire l'unanimité.

Les auteurs, Goscinny et Uderzo, ont probablement puisé leurs informations historiques dans l'œuvre de Camille Jullian, l'*Histoire de la Gaule*, un des seuls ouvrages largement diffusés où une présentation digne de ce nom soit consacrée aux bardes. De façon paradoxale, en effet, ces personnages apparemment si communs n'ont pratiquement fait l'objet d'aucune recherche historique. Voici ce qu'en disait, il y a près d'un siècle, Camille Jullian : « Ces bardes formaient un groupe d'hommes assez misérables, subalternes plutôt que citoyens, partagés entre le service des druides et celui des chefs. Mais enfin on les jugeait indispensables à la nation ; et s'ils chantaient pour un salaire, ils n'en étaient pas moins respectés, agréables et écoutés. » Le grand historien s'est parfaitement fourvoyé sur ce terrain. Rarement son intuition, qui a donné ailleurs de beaux résultats, a-t-elle autant manqué sa cible. Sur chacun des points qu'il évoque, les sources littéraires antiques qu'il connaît pourtant bien lui donnent tort.

La réalité est en effet tout autre mais comme toujours, pour en juger pleinement, il faut examiner la question dans son évolution chronologique. Les bardes, comme les druides, répondent à une ou plusieurs fonctions qui se sont transformées au cours d'une histoire longue de près de cinq siècles. Mais contrairement à ces sages qui ont suscité l'intérêt des philosophes grecs depuis les environs du Ve siècle, les bardes n'ont été révélés au monde civilisé que par les premiers historiens des Celtes, Éphore et Timée, qui écrivent un siècle plus tard à partir de récits de voyageurs. Les notices que ces deux auteurs ont rédigées sur les Gaulois ont presque totalement disparu. Toutefois, Poseidonios avait pris soin de résumer ce que ses prédécesseurs avaient écrit sur chaque sujet qu'il entreprenait de traiter. Strabon et Diodore de Sicile ont laissé des fragments de la notice qu'il avait produite sur les bardes :

> Il y a trois catégories d'hommes qui sont honorés de façon exceptionnelle : les bardes, les *vates* et les druides. Les bardes sont des panégyristes et des poètes.

> Il y a chez eux des poètes lyriques qu'ils appellent « bardes ». Ces derniers, avec des instruments semblables à des lyres, évoquent ceux qu'ils louent ainsi que ceux qu'ils raillent [...]. Non seulement en temps de paix, mais surtout pendant les guerres, ils se laissent convaincre par les chants des poètes, non seulement les amis mais aussi les ennemis. Souvent dans les batailles rangées, alors que les troupes s'approchent l'une de l'autre, épées levées et lances jetées en avant, ces poètes se placent entre elles et les font cesser, comme on calme quelque bête fauve. Ainsi,

> même chez les Barbares les plus sauvages, la passion recule devant la sagesse et Arès respecte les Muses.

Cette description concise et puissante, où chaque terme est pesé, renvoie à une époque ancienne, antérieure de quelques décennies au moins aux écrits d'Éphore et de Timée, le temps où les guerriers jouaient le plus grand rôle dans la société, c'est-à-dire entre les Ve et IIIe siècles. Cette période que les archéologues appellent « La Tène ancienne » voit l'apogée des bardes. Avant, il y eut un temps impossible à mesurer au cours duquel s'est formée la corporation des bardes, devenue une véritable institution sociale. De cette préhistoire, nous ne savons rien, si ce n'est peut-être ce que nous apprend la comparaison avec le monde grec où des poètes et musiciens jouèrent également un rôle de premier plan dans le fonctionnement de la société.

Les données anciennes que Poseidonios a recueillies sur les bardes sont catégoriques : ils sont, avec les druides et les devins (*vates*), des hommes « honorés de façon exceptionnelle » par leurs concitoyens. L'expression ne signifie pas seulement qu'ils reçoivent les honneurs de la population et de ses représentants, mais qu'ils jouissent dans la société d'un statut particulier qui les fait échapper au sort commun, celui des guerriers qui doivent sans cesse prouver leur bravoure, celui des aristocrates qui doivent conforter leurs richesses et leurs alliances. Leur fonction les met à l'abri des besoins et des aléas de la vie. Comme les druides et les *vates*, ils sont entretenus par la communauté et n'ont pas à assurer eux-mêmes leur subsistance. On voit ainsi à quel point la situation misérable que leur attribuait Jullian est caricaturale. Les deux versions de Strabon et de Diodore placent même les bardes au sommet de la hiérarchie du personnel sacré, devant les druides et les devins. Car il est bien évident que les bardes font partie intégrante de ce personnel diversement lié aux choses du sacré. Que les historiens antiques de la Gaule aient cru bon de situer les bardes sur le même plan que les *vates*, qui sont des sortes de prêtres, et les druides qui, en matière de religion, ont pu jouer le rôle de théologiens, a de quoi surprendre. Pourtant, une telle organisation tripartite de la religion existait bien dans la

Rome ancienne. Varron en a conservé le souvenir (ainsi que le rappelle Augustin dans *La Cité de Dieu*) : « Scævola soutenait qu'il fallait distinguer trois catégories de dieux : l'une introduite par les poètes, la deuxième par les philosophes, la troisième par les hommes d'État. » En effet, en Gaule, les *vates* paraissent bien avoir été des prêtres officiels œuvrant dans le cadre du culte public tandis que les druides, comme on l'a vu, sont des philosophes. Il est donc naturel de rapprocher les bardes des anciens poètes romains qui consacraient leurs chants aux œuvres et à la vie des dieux.

La théorie de Varron dite « des trois théologies » – poétique, philosophique et civile – témoigne d'une période ancienne où Rome gardait encore le souvenir de l'affrontement de ces trois conceptions. La coexistence des trois types de fonctionnaires du sacré dans l'exposé de Poseidonios, contemporain de Varron, nous conduit à penser que la Gaule connaissait alors la même situation. Elle aussi remontait à une période ancienne et, comme à Rome, la synchronie des trois aspects divergents de la religion était avant tout théorique. Elle n'était qu'une commode synthèse d'une longue évolution où les différents représentants de la chose divine s'étaient affrontés, chacun l'emportant successivement sur les autres. Ni à Rome ni en Gaule, il n'est possible de brosser précisément une histoire de la religion qui couvrirait tout l'âge du fer, c'est-à-dire du VIIIe siècle au début de notre ère. On perçoit seulement des étapes marquantes. Les devins recourant aux sacrifices ont marqué les premiers temps, avant que l'étude des astres ne s'impose comme la meilleure méthode pour connaître la nature et la volonté divines. Dans un second temps, à la faveur des échanges commerciaux et culturels avec la Grèce, aux environs du VIe siècle, l'introduction de la lyre ou, plus exactement, de la cithare à sept cordes a constitué un mode de communication avec les dieux, à la fois plus civilisé et plus immatériel. La musique harmonique qu'elle permit s'opposait vigoureusement aux rythmes monocordes des trompes et des carnyx. Ceux qui savaient en jouer firent figure auprès de leurs congénères d'êtres quasi divins. Les paroles chantées qui s'accordaient à cette musique acquirent immédiatement un caractère sacré. Dans le même temps, les druides développaient leurs réflexions philosophiques. Dès les IVe-IIIe siècles, si l'on en croit toujours les premiers historiens grecs, ce sont les druides qui devinrent à leur tour les porteurs, reconnus par tous, de la parole divine. Enfin, après leur disparition de la scène politique et religieuse, au Ier siècle avant J.-C., ce sont les prêtres qui cautionnent les temps forts de la vie politique.

C'est donc à une époque reculée que les bardes connaissent leur apogée. La comparaison avec les aèdes en Grèce à la fin de la période archaïque incite à dire que leur fonction était de chanter les dieux, la création du monde – c'est-à-dire de se livrer, comme le fit Hésiode, à des théogonies et à des cosmogonies – et les mortels. C'est cette mission que se donne à lui-même le poète grec Théocrite : « Célébrer les immortels, célébrer les exploits des hommes vaillants. » Les bardes ont gardé longtemps la deuxième prérogative qui consiste à s'occuper des humains. Timagène, à leur propos, ne s'exprime guère différemment de Théocrite : « Les bardes chantaient aux doux accents de la lyre les actes les plus remarquables des hommes illustres, dans des compositions aux vers héroïques. » Toutes les informations qui nous sont parvenues sur eux insistent sur cette préoccupation, mais aucun n'évoque la célébration qu'ils pouvaient faire des dieux et de leurs travaux. La raison est une fois encore toute chronologique. Les informations littéraires remontent au plus tôt au IVe siècle, or l'apogée des bardes se situe, selon toute vraisemblance, deux ou trois siècles auparavant. À cette époque ancienne, où les connaissances ne constituent pas encore un savoir organisé, où la multiplication des observations et des expérimentations n'a pas encore abouti aux premières règles scientifiques, divination et inspiration sacrée tiennent lieu de vérité. La musique mélodieuse que les Gaulois découvrent est à leurs yeux une expression divine. C'est le règne de la théologie poétique. À propos des poèmes homériques, Émile Benveniste écrivait que « le poète est lui-même un dieu. Un poète fait exister ; les choses prennent naissance dans son chant ». Ces formules sont parfaitement applicables aux bardes de la fin du premier âge du fer.

L'émergence du pouvoir des druides à partir du Vᵉ siècle bouleverse cet équilibre. Les druides ont besoin de s'emparer de la religion pour arriver à leurs fins. Ils vont en faire un puissant levier pour moraliser la société, la rendre plus juste, museler le pouvoir des plus puissants et installer des règles de vie politique. Les récits mythologiques souvent cruels et immoraux, les figures horribles, voire sanguinaires de certains dieux sont autant d'écrans qui empêchent la diffusion des nouvelles croyances sur l'au-delà et la transmigration des âmes. Cette lutte d'influence n'a pas, semble-t-il, pris de forme violente. Tout au moins les druides comme les bardes en ont-ils réchappé et ont-ils poursuivi leur existence jusqu'aux premiers signes de la romanisation. Les druides ont fait preuve de la plus grande sagesse envers les bardes : ils ont composé avec leurs adversaires et les ont retournés en leur faveur. À l'issue de ces longues tractations, les bardes ont abandonné le domaine divin tout en renforçant considérablement l'influence qu'ils avaient sur leurs contemporains.

Dans son exposé, Diodore de Sicile emploie cette formule curieuse : « Les bardes avec des instruments semblables à des lyres évoquent ceux qu'ils louent ainsi que ceux qu'ils raillent [...]. » Une opposition aussi catégorique entre la louange et le blâme, véritable constituante de l'harmonie sociale, est très répandue dans les sociétés anciennes, non seulement en Grèce et à Rome, mais aussi en Asie Mineure. L'opinion publique, quasi officielle, qu'on se fait d'un individu, c'est-à-dire de ses faits et gestes, fonde sa place dans la communauté de ses semblables. Georges Dumézil a dressé de nombreux parallèles dans son ouvrage, *Servius et la Fortune*, mais, en l'occurrence, il semble que le plus pertinent se trouve dans la Sparte ancienne. Comme la Gaule des environs du IVᵉ siècle, elle est entièrement tournée vers la guerre et dominée par un puissant groupe de guerriers. Ainsi que l'écrit Marcel Détienne :

> Cette société qui a posé le principe de l'égalité entre tous les citoyens ne connaît pas d'autre différence que celle qui découle de l'éloge et de la critique. Chacun y exerce un droit de regard sur autrui et, réciproquement, chacun se sent sous le regard d'autrui

> [...]. Dans une société agonistique, qui valorise l'excellence du guerrier, il n'est pas de domaine davantage réservé à la louange et au blâme que celui des faits d'armes.

Nous en trouvons la parfaite illustration gauloise dans le célèbre texte que Poseidonios a consacré au banquet des guerriers. La répartition des meilleurs morceaux de viande suit la même logique que celle de l'attribution des places honorifiques, en fonction de la bravoure de chacun. Si une contestation s'élève, elle se règle par un duel entre les prétendants. Or, continue Marcel Détienne, « sur ce plan fondamental [l'examen de la bravoure guerrière], le poète est l'arbitre suprême ».

Un tel pouvoir exige cependant un minimum d'indépendance. C'est pourquoi il est nécessaire de s'interroger sur les moyens de subsistance d'hommes qui, tout à leur art, ne prenaient pas part à la guerre, ne géraient pas des biens personnels et produisaient encore moins des œuvres rétribuées. Contrairement à l'opinion de Camille Jullian, les sources antiques montrent des personnages en faveur, jouissant du même confort de vie que ceux qu'ils côtoient. Cependant, leur condition matérielle a probablement évolué au cours du temps. Poètes inspirés de type orphique à la fin du premier âge du fer, ils vivaient sans doute à la cour des rois et de ces petits princes, qu'on a coutume d'appeler « hallstattiens ». Ils étaient moins des courtisans que des membres à part entière de la garde rapprochée du monarque, auprès des généraux et des ambassadeurs. Dans la société guerrière du début du second âge du fer, leurs conditions de vie ne changent pas fondamentalement, à cette différence près que leur sort est désormais lié à l'ensemble de la communauté guerrière. Poseidonios livre des informations très précieuses à cet égard :

> Les Celtes emmènent avec eux, quand ils vont à la guerre, des compagnons de vie qu'ils appellent « parasites », c'est-à-dire commensaux. Ces derniers récitent des éloges de leurs maîtres lors des banquets où tous sont attablés mais aussi à chacun de ceux qui leur prêtent l'oreille en particulier. Ceux qui s'occupent

des choses de la musique, on les appelle «bardes». Il arrive aussi que ces poètes prononcent des éloges dans des hymnes.

Il ne faut pas se laisser tromper par la connotation très péjorative qu'a prise dans notre langue le terme de «parasite» ; en grec, le mot désigne seulement le commensal régulier. Or ce mot est ici associé à celui, plus fort encore, de *sumbiotès*, littéralement «celui qui vit avec quelqu'un». Ainsi la proximité des poètes avec les guerriers est-elle très forte, comme l'indique également le fait de partager la table des guerriers, privilège qui n'était accordé qu'aux compagnons d'armes, les porte-lance et les porte-bouclier. Les bardes étaient donc parfaitement intégrés à la communauté guerrière dont ils profitaient des avantages matériels mis à leur disposition par la population paysanne et artisanale. Ce n'est qu'au cours des deux derniers siècles de l'indépendance gauloise que leur mode de vie se transforme.

Les bardes jouaient ainsi un rôle fondamental dans l'harmonie sociale. Ils ne se contentaient pas de classer les guerriers à l'intérieur de leur propre groupe – ce que ces derniers faisaient fort bien eux-mêmes au demeurant –, mais ils les exposaient au jugement populaire. Ce faisant, ils assuraient leur prééminence dans la communauté par le rappel de leurs exploits, de la conquête, de l'acquisition de nouvelles richesses, de leur défense du territoire. Ils les valorisaient face aux aristocrates et aux commerçants qui vivaient grassement de leur naissance ou de leur richesse financière. Enfin, ils contrôlaient étroitement leur tendance naturelle à l'excès, leur fureur guerrière, leur goût pour la bonne chère et l'ivresse. Ils illustraient avec la parole et la musique des valeurs définies par les druides – la bravoure, la recherche du bien, le respect des dieux –, et dispensaient par là une version imagée et facilement mémorisable de la bonne parole des philosophes qui ne pouvaient communiquer qu'avec leurs pairs. Ainsi se dessine l'articulation quasi idéale entre les trois porte-parole et utilisateurs de la chose religieuse. Les druides se situaient au niveau supérieur qui s'exprimait par la philosophie et la science. Les *vates* avaient en charge la matérialité du culte, dans ce qu'il a de plus terre à terre : le sacrifice des victimes, l'entretien des offrandes, la divination sacrificielle. Les bardes trouvaient une place entre les deux et, dans une certaine mesure, à côté d'eux. Ils s'adressaient directement à l'ensemble de la population et surtout à son imaginaire.

Ces derniers jouissaient en effet d'un privilège inouï et tout à fait exceptionnel, impensable même dans les autres sociétés antiques méditerranéennes : ils étaient quasi les seuls à pratiquer un art à part entière. Les arts graphiques, nous l'avons vu, ne s'étaient développés que dans des domaines très restreints et demeuraient entièrement sous le contrôle des druides. L'écriture obéissait aux mêmes contraintes. Seule la poésie orale et la musique laissaient le champ libre au rêve. Il faudrait imaginer l'influence qu'elles exerçaient, l'éblouissement qu'elles produisaient sur une population pour une grande part privée d'image, afin de mesurer la place des bardes dans la société gauloise. On comprendrait alors qu'au IIIe siècle encore, les informateurs d'un Timée ou d'un Éphore n'aient pas hésité à placer ces poètes et musiciens au premier rang, devant les druides qui pourtant, à cette époque, tenaient réellement les rênes de la société.

Contrairement aux druides et aux *vates*, qui s'occupaient surtout de la communauté dans son ensemble, assuraient sa cohésion et son devenir, les bardes avaient en charge l'individu. Ils le guidaient par leurs éloges et leurs satires tout au long de la vie, et même au-delà de la mort. Le poète Lucain a gardé le témoignage de la mission extraordinaire qui leur revenait : « Vous aussi, bardes, qui par vos louanges sélectionnez les âmes vaillantes de ceux qui périrent à la guerre pour les conduire à un séjour immortel, vous avez répandu sans crainte ces innombrables chants. » Si l'on comprend bien le poète latin d'origine espagnole, les bardes conservaient la mémoire de la vie héroïque du guerrier et c'est leur chant élogieux qui permettait à son âme de s'échapper du domaine terrestre et l'accompagnait dans les cieux. Les druides avaient enseigné aux hommes l'au-delà, et défini les règles pour y accéder. Mais il revenait aux bardes de choisir les âmes qui pouvaient gagner le paradis et ensuite de leur donner les moyens de faire le voyage aérien, à l'aide d'un chant approprié. Cette activité très particulière n'est pas unique en son genre, elle se retrouve dans le monde altaïque, où elle est le fait des chamanes, qui, parfois, déterminent également le mode de sépulture de chaque défunt et, en leur qualité de psychopompes, aident littéralement l'âme à quitter le monde des vivants. En Grèce, à la fin de l'époque archaïque, les orphiques avaient des pouvoirs assez similaires, qui ont fait envisager aux historiens la possibilité d'une influence directe des Thraces ou des Scythes, les voyages de l'âme étant chose courante chez ces derniers.

Cependant, la double fonction des bardes, panégyristes et censeurs, dépendait entièrement de la volonté des druides de prolonger dans le temps ce système où le sacré se répartissait en trois domaines chaque fois maîtrisés par des acteurs propres. Tous étaient irrésistiblement attirés par la tentation de faire évoluer leur sacerdoce : les druides devaient lutter avec leur désir de pratiquer eux-mêmes la politique, les *vates* n'aspiraient qu'à prendre le contrôle total du culte, les bardes avaient peut-être la nostalgie d'une époque où leur rôle individuel était plus valorisant, lorsqu'ils étaient encore les chantres officiels des rois et des princes. Il est possible que, pour éviter toute dérive individuelle de ce type, les bardes se soient, à l'image des druides, assemblés en confréries. Mais nous n'en avons aucune preuve. Toutefois, la matière qu'ils travaillaient, immatérielle et imaginaire, se prêtait plus que toute autre à l'émergence de comportements individuels. Sans l'aide d'une forte autorité morale incarnée par les druides, ils risquaient à tout moment de ne plus répondre aux exigences que leur imposait la fonction de censeurs de leurs concitoyens. Sous le coup de leur propre pesanteur, du déclin des druides et d'une transformation majeure des valeurs morales sensible dès le milieu du IIe siècle, leur place dans la société s'est elle aussi radicalement transformée. Ils avaient bâti leur pouvoir dans un monde dominé par la guerre, comme au milieu de bêtes fauves qu'ils étaient seuls capables de dompter au son de leur lyre, et se retrouvèrent désormais entourés d'hommes politiques, de commerçants dont les rêves ne concernaient plus la gloire guerrière mais le luxe, l'argent et les honneurs politiques. Ils durent adapter leur art, répondre aux nouvelles attentes de ceux qui voulaient encore les écouter.

C'est l'époque où Poseidonios d'Apamée, en voyage en Gaule, les observa *de visu*. Deux textes illustrent parfaitement la nouvelle condition sociale du barde. Le premier, de la main de Poseidonios, concerne un noble arverne, Luern, le père de Bituit (dont il sera question dans le second texte). Les événements se déroulent donc au milieu du IIe siècle.

> Une fois, alors qu'il [Luern] avait fixé la date d'un festin bien à l'avance, un poète de chez ces Barbares y arriva trop tard et vint à sa rencontre. Il vanta la grandeur de Luern par un chant dans lequel il déplorait aussi d'être arrivé en retard. Luern, réjoui par ce chant, demanda qu'on lui donne une bourse et la jeta au poète qui courait à ses côtés. Ce dernier, après l'avoir ramassée, reprit son chant, disant cette fois que les traces sur la terre, là où Luern passait en char, portaient de l'or et des bienfaits aux hommes.

Le second texte est connu par une copie qu'en a faite Appien dans ses *Histoires romaines*. L'original est peut-être dû à Poseidonios également. Le fait historique date de l'année 122 :

> Au moment où ce général [Cnæus Domitius] quittait le territoire des Salyens, un ambassadeur de Bituit, roi des Allobroges [l'auteur se trompe, il s'agit des Arvernes], en somptueux équipage, vint au-devant de lui : il était escorté de porteurs-de-lance avec leurs parures et de chiens. Les Barbares de ces régions utilisent en effet les chiens comme garde personnelle. Un poète suivait qui, avec une musique barbare, chantait le roi Bituit, puis les Allobroges, enfin l'ambassadeur lui-même, leur naissance, leur bravoure et leurs richesses ; c'est pour cette tâche que les ambassadeurs les plus illustres emmènent avec eux des gens de cette sorte.

Les deux textes sont très révélateurs des bouleversements que connaît la Gaule et de ceux que, par contrecoup, subissent les bardes au cours du IIe siècle. Chez les Arvernes, les guerriers ne tiennent plus le haut du pavé déjà depuis un certain temps et ce sont des nobles qui s'affrontent sur le terrain de la politique.

Luern, en effet, mène une campagne électorale où il recourt à tous les moyens pour acheter les électeurs : somptueux banquets, distribution d'argent. Le poète qui vient à sa rencontre pour quémander une bourse d'or a perdu ses anciens employeurs et ne vit plus que de la générosité de quelques grands qu'il flatte de façon éhontée. On est aux antipodes de l'éloge et du blâme. De ses ancêtres, le barde n'a gardé que l'art musical et, dans ce cas précis, un sens certain de l'humour et de l'à-propos. Quelques décennies plus tard, le fils de Luern a de toute évidence profité de la victoire électorale de son père qui a abouti à la restauration – très provisoire – de la royauté dans leur cité. Ce Bituit, bien connu à cause de la cinglante défaite que lui ont infligée les Romains, bénéficiait d'un pouvoir financier digne des princes de la fin du premier âge du fer. Ainsi avait-il coutume de se déplacer sur un char entièrement réalisé en argent. Il avait installé une véritable cour autour de lui, dans laquelle un ou plusieurs bardes avaient naturellement pris place. Ces derniers, comme le suggère le texte d'Appien, sont de véritables courtisans dont l'existence est entièrement conditionnée par le bon vouloir du prince qui attend qu'ils lui renvoient une image valorisante de lui-même, et une musique qui, désormais, ne s'adressera plus qu'à lui seul.

On le perçoit mieux, à l'issue de cette esquisse historique, seule l'anecdote de Luern a été retenue par les historiens pour illustrer la condition et la vie du barde. Elle alimente l'analyse faussée de Jullian, au même titre que la caricature sympathique du personnage Assurancetourix. Malheureusement elle est loin d'être la meilleure image du barde qui fut, pendant plusieurs siècles en Gaule, l'égal du druide et l'équivalent des poètes grecs archaïques.

QUATRIÈME PARTIE

Les relations avec Rome

Les Gaulois se sont trouvés pour la première fois confrontés à Rome il y a vingt-quatre siècles. Leur histoire – celle que l'on rapporte et que l'on écrit – commence au même moment, dans le drame, quand les Gaulois envahissent l'Italie centrale et assiègent Rome qu'ils brûlent en grande partie. L'événement fait grand bruit en Grèce, où l'on découvre alors la Ville, qualifiée de « grecque » (c'est-à-dire hellénisante), et ceux qui la mettent à sac, les Gaulois, qui sortent aussi de l'anonymat celtique où ils étaient plongés. C'est avec cette défaite dont ils n'arrivent pas à se relever mentalement que les historiens romains font véritablement commencer l'histoire de l'*Urbs*. Avant, il n'est question que de récits légendaires. Et c'est immédiatement après que débute l'irrésistible ascension de la cité qui deviendra un État avant d'être la tête d'un empire. Si ce sont les Grecs qui commentent les événements de 387-386, lorsque Rome s'effondre devant des tribus barbares, deux siècles plus tard, les Romains demanderont à leurs propres historiens de récrire cet épisode qui leur semble honteux, en le parant d'un souffle épique. La geste héroïque du stratège Camille leur sera du plus grand secours. Et les Gaulois feront les frais de cette histoire revisitée qui n'est pas la leur : face à Camille et à ses successeurs héroïques, Valerius Corvinus et Manlius Torquatus entre autres, ils font figure de benêts courageux mais un peu stupides. Les Gaulois n'ont en effet pas d'histoire propre et, jusqu'au XXe siècle, la vision qu'en ont eue les historiens français, et à leur suite tous les Français, fut donc d'abord celle de Tite-Live qui a récrit sous des couleurs plus favorables à Rome les pérégrinations des Gaulois en Italie, celle de Cicéron ensuite, puis celle de César.

Dans l'Antiquité déjà, et depuis la Renaissance, l'interprétation des relations entre Rome et la Gaule a été marquée par ce déséquilibre, ce regard à sens unique sans effet de miroir ni grande possibilité de critique. Les Romains ont cru à la légende des Barbares sanguinaires qui voulaient s'en prendre à leur civilisation naissante promise au plus grand avenir. Les Français se sont persuadé qu'il était avantageux pour les Gaulois d'abandonner ce qui leur tenait lieu de civilisation et d'assimiler les valeurs latines. Le rejet du « celtisme » (au sens où l'on parle d'« hellénisme ») fut d'autant plus fort chez les Romains, puis les Français des âges moderne et contemporain, que les différences entre la civilisation romaine et la civilisation gauloise n'étaient pas aussi tranchées qu'on a longtemps voulu le croire. Les deux peuples partageaient bien des valeurs et des coutumes, outre leur pratique constante de la guerre, les travaux des champs et une façon assez semblable de faire de la politique. Leurs langues avaient une réelle parenté qui pouvait permettre un dialogue minimal. Et, surtout, les sangs s'étaient mêlés au cours des siècles. Paradoxalement, cette proximité contre laquelle la puissante barrière des Alpes n'était pas un obstacle efficace ne fut jamais une source de compréhension mutuelle mais, au contraire, la raison secrète et peut-être la plus forte d'une suspicion réciproque. Les Romains ont toujours cherché à marquer et à accentuer les différences, tandis que les Gaulois des deux derniers siècles de l'indépendance hésitèrent entre l'attrait irrésistible exercé par le mode de vie de leurs ennemis héréditaires, et le rejet catégorique de ce qu'ils considéraient – à juste titre – comme un poison mortel pour leur civilisation.

Pour l'historiographie officielle, les premiers pas de Rome dans sa conquête de l'Occident ne pouvaient prendre l'allure que d'une épopée. La défaite de 387-386 devait être récrite comme une catastrophe malheureuse – et non fatale – devant le déferlement de milliers de Barbares usant de façons de combattre inhabituelles : un moment difficile, en somme, vite oublié comme une honte – dans la version de Tite-Live, la rançon payée aux

Gaulois est récupérée par Camille – mais non pas comme un exemple de vigilance. Le *tumultus gallicus*, nom donné à cet événement par les Romains, est devenu pour eux le synonyme de l'état d'alerte maximale pour la patrie en danger. Sa seule évocation est susceptible de rassembler et de mobiliser toutes les énergies.

La réalité historique est, à coup sûr, sensiblement différente. Les Gaulois qui attaquent Clusium puis Rome n'ont rien d'une vague d'envahisseurs s'abattant soudainement sur l'Italie. Ils étaient installés, au moins depuis le Vᵉ siècle, en Cisalpine au service de Denys l'Ancien. En 387, des Gaulois lui avaient envoyé une ambassade sur le détroit de Messine, alors qu'il faisait le siège de Rhégion. Les deux parties avaient sans doute conclu une alliance militaire car immédiatement après, les Gaulois s'en prennent à Clusium et à Rome, les deux cités qui menaçaient de contrecarrer les projets de Denys en Italie du Sud : ainsi, ces deux dernières ne pouvaient plus porter secours aux villes de la Grande-Grèce, à Rhégion surtout. Mais les Gaulois doivent abandonner Rome et l'Italie centrale, pour porter secours à leurs parents, demeurés en Adriatique et attaqués par leurs voisins, les Vénètes. La manœuvre de ces derniers ne doit rien au hasard, elle est, à l'évidence, le fruit d'une autre alliance militaire entre Rome et ce peuple septentrional. Une partie des Gaulois remonte donc vers le nord, mais les autres descendent en Iapygie, dans la région de Tarente, pour aider les Syracusains. Quelque temps plus tard, les Gaulois s'attaquent à la ville de Caere, tandis que, simultanément, une flotte syracusaine s'attaque au port de cette même ville. Il apparaît donc bien que l'activité militaire des Gaulois au début du IVᵉ siècle en Italie centrale et méridionale n'a guère à voir avec les mouvements incohérents d'une invasion spontanée mais s'inscrit dans une stratégie internationale où s'opposent en première ligne Syracuse et Carthage, et les cités de Grande-Grèce, et, sur un second front, les grandes cités naissantes de l'Italie centrale dont Rome et les Gaulois.

Les Gaulois se prêtaient bien au rôle qu'on leur imposait. Avec leur haute taille, la blondeur de leurs cheveux, leur façon de se battre, incompréhensible pour des soldats rompus à la discipline, ils incarnaient une sorte d'inhumanité qui pouvait expliquer les difficultés de Rome mais aussi justifier son désir de coloniser des Barbares souffrant de ne pas connaître les bienfaits de la civilisation latine. Dès le début du IIIe siècle, les hostilités avec les Gaulois reprirent : ces derniers étaient entrés dans une vaste coalition d'Étrusques, d'Ombriens et de Samnites. Très tôt, Rome avait compris tout le parti qu'elle pouvait tirer de la conquête de l'*ager gallicus*, le territoire gaulois situé au nord d'une ligne Ancône-Gênes. Elle pourrait en faire des colonies pour ses nouveaux citoyens et fixer une frontière naturelle à l'arrivée régulière de peuples gaulois venant de Transalpine. L'opération ne fut pas facile. Les Gaulois se battirent courageusement et s'allièrent à de nombreuses reprises avec Carthage, ennemie attitrée de Rome depuis les deux premières guerres puniques. Ainsi fallut-il un peu plus de cent ans aux Romains pour conquérir la Cisalpine. Les dissensions entre les différents peuples celtiques de cette région les y aidèrent beaucoup. D'origines ethniques et géographiques variées, installés à des dates différentes sur l'*ager gallicus*, ils avaient des intérêts divergents qui se traduisaient par des alliances militaires contradictoires.

Entre temps, Rome était devenue l'une des plus grandes puissances commerciales de Méditerranée qui devait, pour ne pas perdre son ascendant, ouvrir ses marchés vers l'occident et le nord. Avec l'aide de Marseille, elle conquit tout d'abord pacifiquement les peuples du sud-est de la Celtique avec ce qu'elle semblait offrir de meilleur aux yeux des Gaulois : le vin, l'huile, de nouveaux aliments et façons de les accommoder, argent, vaisselle et œuvres d'art. Il ne lui fut guère difficile de parfaire cette conquête des mœurs par l'installation de colonies puis de provinces. Mais la Gaule du Centre et du Nord demeurait rétive. Il fallut attendre trois quarts de siècle pour que César établisse, de façon quasi définitive, les frontières du futur empire sur les rives du Rhin et sur les bords de l'Atlantique. Lui qui se prétendait le descendant de Vénus par ses ancêtres paternels, qui rêvait de suivre l'exemple d'Alexandre le Grand, il ne fait nul doute qu'il inscrivit sa guerre contre les Gaulois dans la grande lignée des défenseurs de Rome, de Camille à Marius. C'est exactement la place que lui ont assignée les premiers historiens de la France, dès le Moyen Âge, quand ils découvrirent avec admiration son récit. Pour ces derniers, la Gaule était un pays étranger. Ils se reconnaissaient plus volontiers les descendants des Romains et des Francs. Dès lors, Rome commençait dans l'esprit des descendants des Gaulois une autre conquête. Ainsi que l'écrit Marc Bloch : « L'Empire romain passait pour durer encore et les princes saxons ou saliens pour les successeurs, en droite ligne, de César ou d'Auguste. »

Si, au Moyen Âge, on se réclamait de ces hommes antiques, héros ou empereurs, à la Renaissance, on revendique la filiation culturelle et esthétique de leur civilisation. Comme on l'a vu, ce n'est qu'à partir de la Révolution française que les historiens redécouvrent très lentement la Gaule. Mais c'est tout le XIXe siècle qui leur sera nécessaire pour remettre en question le modèle impérialiste de la civilisation gréco-romaine. Cette distanciation ne s'accomplit qu'à la faveur du développement de méthodes objectives en histoire et d'un nationalisme cherchant ses racines beaucoup plus haut dans le passé.

CHAPITRE I

Une résistance farouche à la conquête ?

L'idée selon laquelle les Gaulois ont opposé une résistance héroïque à l'avancée des armées romaines est donc tardive. Elle ne se construit qu'à la faveur d'un nouveau regard historique, libéré partiellement du poids idéologique de l'impérialisme culturel gréco-latin comme pour mieux tomber dans les pièges du nationalisme. La lecture plus objective des auteurs grecs et latins, et au premier plan de César lui-même, oblige aujourd'hui les historiens à considérer la conquête de la Gaule sous un autre jour. Les huit campagnes annuelles qui furent nécessaires à César pour mener à bien son entreprise suffisent à les convaincre des difficultés de l'armée romaine et par conséquent de la force relative des tribus gauloises.

Amédée Thierry ne consacre pas moins de trois cents pages au récit de la conquête. Contrairement à ses prédécesseurs qui avaient seulement effleuré le sujet en résumant le récit de César, il reprend ce texte en détail, l'analyse, en mesure les conséquences et surtout le confronte à d'autres sources, Plutarque, Dion Cassius, Orose. En bon historien, il ne prend pas parti pour les Gaulois ni pour César, le vainqueur. Cependant sa raison et une solide formation classique l'amènent à considérer avec bienveillance l'œuvre colonisatrice de César. Il achève le récit des opérations militaires par ces mots : « La Gaule ainsi déposait pour la dernière fois les armes, ou plutôt les armes lui tombaient enfin des mains », qui résonnent comme un souffle de soulagement. Puis il décrit avec une réelle admiration la façon par laquelle César pacifia les peuples conquis, faisant de la Gaule une seconde province, la Gaule chevelue (*Gallia comata*) :

«César travailla à ce but avec autant d'activité que d'adresse.»

L'objectivité du récit d'Amédée Thierry n'est cependant pas dénuée de sympathie, voire d'une réelle empathie, pour les tribus gauloises souffrantes. Il s'attache plus particulièrement à un homme jusqu'alors délaissé par l'histoire: Vercingétorix. La place un peu particulière que le chef arverne occupe dans l'œuvre de Thierry s'explique surtout par des raisons documentaires: il est le seul personnage dont César fasse un portrait détaillé, ainsi qu'une sorte de biographie. Parce que les deux hommes avaient tout d'abord été liés d'amitié avant de devenir des ennemis farouches, ils apparaissent à dessein, sous la plume du conquérant, comme des héros épiques, Horace contre Curiace. Ce drame quasi cornélien, déjà esquissé dans le récit de la *Guerre des Gaules*, ne pouvait que séduire l'historien chéri par les romantiques. Ainsi prend naissance la légende de Vercingétorix, défenseur courageux de la patrie en danger, dans la droite ligne des héros de 1792: «Vercingétorix avait trop de patriotisme pour devoir son élévation à l'avilissement de son pays, trop de fierté pour l'accepter des mains de l'étranger.» Le récit de la geste de l'Arverne prend les couleurs d'une tragédie antique dont l'épilogue se joue en deux temps, la reddition: «ce mouvement de Vercingétorix, sa brusque apparition, sa haute taille, son visage fier et martial, causèrent parmi les spectateurs un frémissement involontaire», puis, six ans plus tard à Rome, l'exécution: «Ce jour-là seulement, le patriote gaulois devait trouver, sous la hache du bourreau, la fin de son humiliation et de ses souffrances.»

La graine de la légende était semée mais elle ne devait produire ses fruits qu'avec lenteur et par étapes. Ainsi, Michelet, à la même époque, ignore Vercingétorix. Face aux trois cents pages de Thierry, il ne concède que sept pages à la conquête romaine de la Gaule. Pour lui, la victoire des Romains est un bien pour la future France à laquelle elle a permis de bénéficier de la civilisation gréco-romaine. Cependant, le nationalisme qui se développe à l'approche du milieu du XIXe siècle et une nouvelle conception de l'histoire, selon laquelle elle serait mue par un chapelet de grands hommes, incitent les historiens populaires à réutiliser l'image de Vercingétorix façonnée par Thierry. Élevé par Henri

Martin puis Ernest Lavisse au rang de héros national, sur le même plan que Jeanne d'Arc avec laquelle on commence à le statufier, Vercingétorix reste cependant un Gaulois isolé dont le seul charisme expliquerait le sursaut de la Gaule face à l'envahisseur. La contrée elle-même, ses habitants, son économie, ses ressources n'intéressent pas encore les historiens ni un public de lecteurs uniquement friand de figures marquantes.

Paradoxalement, c'est à un éminent thuriféraire de Jules César, rêvant d'en être l'incarnation moderne, Napoléon III, que revient le mérite de faire découvrir à ses sujets une autre Gaule qui ne serait pas seulement peuplée de figures héroïques mais aussi de véritables guerriers, de stratèges, d'artisans ingénieux déployant tout leur savoir pour faire échec au général romain. Napoléon III, en effet, voulait écrire une *Histoire de Jules César*. Peut-être parce qu'il sentait confusément qu'il ne possédait pas toute la légitimité historique nécessaire à un tel projet, il décida, brillamment inspiré par ses conseillers, de procéder dans le même temps à la plus vaste entreprise de documentation archéologique et épigraphique jamais mise en place. Historiens, archéologues, topographes se répandirent en Italie, en Espagne, en Grèce, en Asie Mineure et bien sûr en France, où ils réalisèrent les premiers travaux de terrain d'envergure à Alésia, Bibracte (Mont-Beuvray) et en forêt de Compiègne. Presque malgré lui, l'empereur avait fait naître l'archéologie métropolitaine : les fouilles et les relevés de terrain qu'il avait commandés révèlent l'utilisation par les Gaulois de fortifications monumentales, d'une urbanisation naissante, d'objets manufacturés de qualité. Avec une prescience certaine de ce qu'allait devenir l'étude des Gaulois au XXe siècle, un historien local, Caillette de l'Hervilliers, écrivait à propos de l'*Histoire de Jules César* : « Le vrai mérite de l'auteur est donc de nous faire pénétrer au cœur même de la civilisation gauloise, de nous initier aux secrets de sa vie publique et privée, d'en analyser tous les détails. »

Quelques années plus tard, Napoléon III allait encore raviver l'intérêt des Français pour la guerre des Gaules, à ses dépens cette fois. Le 19 juillet 1870, l'empereur déclare la guerre à la Prusse et montre rapidement à cette Europe qu'il avait voulu éblouir qu'il n'est le digne successeur ni de son oncle ni de son lointain modèle romain: fait prisonnier, il doit quitter la scène guerrière et politique. Au même moment, des réminiscences dues en grande partie à ses travaux historiques incitent les défenseurs de la patrie à invoquer de façon cocasse le modèle gaulois. L'armée prussienne est comparée aux légions romaines, le siège de Paris à celui d'Alésia et Gambetta à Vercingétorix. Dans leur malheur, les Français n'auront reconquis qu'une page de leur histoire nationale, en reconnaissant, deux mille ans après, que leurs ancêtres avaient vraiment résisté au conquérant romain.

Le modèle gaulois de la résistance à l'agression étrangère allait connaître un succès croissant dans les décennies suivantes. Les historiens et archéologues amateurs, les sociétés savantes continuèrent à rechercher des traces matérielles des Gaulois, notamment liées à la guerre. Dans le même temps, les hommes politiques voyaient dans l'attitude gauloise des raisons supplémentaires d'exalter le nationalisme: la Gaule devenait l'une des plus anciennes nations européennes qui pouvait revendiquer aussi la plus ancienne légitimité de ses frontières. En un temps où une Allemagne construite sur le désastre de la guerre de 1870 occupait l'Alsace et la Lorraine, la théorie trouvait une résonance particulière. Mais c'est la guerre de 1914-1918 qui allait parachever l'idée de la résistance gauloise acharnée. Dans le concert idéologique qui se jouait des deux côtés du Rhin – l'Allemagne faisait elle aussi appel à l'histoire ancienne en invoquant les Germains –, Français et Allemands, par un curieux tour de passe-passe, avaient repris les rôles respectifs des Gaulois et des Romains. Pour les Français, la Grande Guerre acquiert l'allure d'une revanche sur la conquête romaine. Les monuments aux morts qui s'érigent partout en France dans les années vingt l'expriment sans ambiguïté: des effigies de guerriers gaulois et de Vercingétorix y prennent place aux côtés de Jeanne d'Arc ou de Clovis.

Cependant, l'idéologie nationaliste avait noyé le thème de la résistance gauloise dans le flou et la contradiction. Elle en avait affirmé la réalité guerrière en s'appuyant sur l'œuvre écrite de César et sur les monuments révélés par l'archéologie. Mais elle en a contesté la volonté politique et nationale: les Gaulois auraient été vaincus à cause de la désunion de leurs forces, pourtant supérieures en nombre à celles de César. Tout au long du XXe siècle, cette vision des choses n'a guère évolué car les Français, probablement marqués par les excès du nationalisme du milieu du siècle, délaissèrent la question. Il leur paraissait plus intéressant, parallèlement à l'édification de l'Europe, de chercher des racines communes à ses composantes. La théorie d'un peuplement celtique, unissant ce que l'on percevait auparavant comme les premières nations antiques de l'Occident, est arrivée à point nommé. Mais, dans les deux dernières décennies du XXe siècle, les progrès de l'archéologie ont amené les historiens à s'interroger aussi sur la nature et la chronologie de la conquête romaine. La présence sur le territoire français de milliers d'amphores italiques de la période républicaine atteste l'existence d'un commerce intense entre Rome et la Gaule depuis le milieu du IIe siècle avant J.-C., plus précisément chez des peuples tels que les Éduens, les plus fervents alliés de César dans sa conquête. Ce fait a amené les historiens à interpréter le récit de la conquête d'une façon bien différente: Rome aurait été présente en Gaule et dans les rêves de certains Gaulois bien avant l'année 58. Les peuples gaulois pro-romains auraient autant désiré son intervention que César lui-même. Ils auraient largement contribué à la conquête, plus efficacement peut-être que les seules légions romaines.

Cette nouvelle interprétation de la nature de la conquête ne contribue cependant pas pour autant à donner une image claire de la réalité des guerres césariennes et des résistances qu'elle a suscitées dans l'ensemble des tribus gauloises. La situation économique et politique du Centre-Est (qu'on a appelé l'« empire éduen ») est-elle généralisable à toute la Gaule ? Les intérêts des peuples gaulois étaient-ils partout les mêmes, voyaient-ils tous la civilisation romaine avec le même regard ? Dans ce cas, comment expliquer que huit années de guerre aient été nécessaires pour arriver au bilan que Plutarque dresse de l'œuvre de César: « Il prit de force plus de huit cents villes, soumit plus de trois cents peuples, combattit en différents temps contre trois millions d'hommes, sur lesquels un million périt en bataille rangée et un million fut réduit en captivité. » Les chiffres peuvent être suspectés d'inexactitude. Ce sont probablement ceux que César lui-même avança pour s'honorer dans son triomphe. Même diminués, ils donnent la mesure de l'une des guerres les plus effroyables qu'ait connues l'Occident européen avant les deux conflits mondiaux. Pour évaluer la résistance gauloise, qui varia d'un peuple à l'autre au cours du temps, il faut examiner en détail la marche inexorable du proconsul romain en territoire gaulois.

Ni Rome ni César n'eurent le projet arrêté de conquérir la Gaule dans son ensemble. La conquête résulta de l'enchaînement d'événements directement commandés par la structure politique et ethnique des peuples gaulois et les relations étroites qu'ils entretenaient les uns avec les autres. Certes, depuis plus d'un siècle, les Romains tournaient leur regard vers ce pays qui représentait un immense marché potentiel. Depuis une soixantaine d'années, des colons s'y étaient installés sur une portion notable du territoire, et à la périphérie de celui-ci, dans la Gaule qui s'appellerait bientôt « chevelue », les commerçants romains prospéraient : la Gaule tout entière pouvait paraître aux affairistes romains comme un fruit mûr prêt à être cueilli. D'autres raisons moins réjouissantes retenaient l'attention. La terrible invasion des Cimbres et des Teutons à la fin du IIe siècle avait rappelé à Rome les heures sombres de l'invasion gauloise. La barrière naturelle des Alpes, les accords signés avec les peuples les plus puissants de la Celtique (Éduens, Séquanes, Arvernes) ne suffisaient pas pour assurer la sécurité de la péninsule. Les peuples barbares – les Sarmates, les Scythes, les Germains – menaçaient à tout moment de franchir les Alpes, du côté de l'Illyrie ou du côté de la Gaule. Et la menace se précise dans les années 70 quand la querelle entre Éduens et Séquanes pour obtenir l'hégémonie sur la Gaule conduit les seconds à demander l'aide des Germains qui franchissent alors le Rhin et prennent goût aux terres gauloises.

À l'issue de son consulat de 59, César se fait attribuer le gouvernement des trois provinces du Nord : la Cisalpine, la Transalpine (Sud-Est de la Gaule) et l'Illyrie. Ambitieux, il ne rêve que de conquêtes qui assoiront sa stature politique et pourront l'enrichir. Or les Helvètes lui donnent le prétexte d'une intervention. Trouvant leur territoire sur le plateau suisse trop étroit, ils décident de s'établir sur la terre des Santons, au nord de la Gironde. Pour effectuer leur difficile migration – près de quatre cent mille personnes sont concernées –, ils choisissent une route qui passe au sud par la vallée du Rhône puis par la province romaine en suivant la Garonne. Ils demandent donc à Rome l'autorisation de pénétrer dans sa province. César refuse : il ne fallait pas créer de précédent que les Germains auraient pu exploiter ensuite, mais surtout on ne pouvait laisser fragiliser la frontière occidentale de la province du côté de l'Aquitaine en laissant s'y installer les plus redoutables guerriers gaulois. Enfin, Rome avait une dette psychologique – et César une dette familiale – à faire payer aux Helvètes : cinquante ans plus tôt, lors de l'invasion des Cimbres et des Teutons, une de leurs tribus, celle des Tigurins, avait rejoint les envahisseurs, tué le consul L. Cassius Longinus, défait et humilié l'armée romaine. Dans le combat avait péri L. Calpurnius Pison, aïeul du beau-père de César. Les Romains interdisent donc cette route aux Helvètes. Ceux-ci se décident à emprunter un chemin au nord qui traverse les terres séquanes et éduennes, après avoir négocié leur passage chez les premiers. Mais les Éduens, alliés de Rome de longue date, lui demandent son aide. Le prétexte qu'attendait César se présente alors. Il franchit pour la première fois la frontière gauloise aux environs de Lyon et entame, sans l'avouer et sans que ses habitants en prennent conscience, la conquête de la Gaule.

La première grande bataille se déroule sur les rives de la Saône que les Helvètes franchissent tranquillement, loin d'imaginer que les troupes romaines puissent les rejoindre aussi vite. À leur habitude, les Gaulois avancent peuple par peuple et canton par canton. Quand César arrive, ce sont précisément les Tigurins qui franchissent un pont fait de radeaux et de barques : ils sont massacrés et les Helvètes perdent ainsi le quart de leur armée. Immédiatement, César fait des Éduens de véritables alliés, chargés d'assurer la subsistance de l'armée romaine, de l'épauler militairement et surtout de négocier avec les autres peuples gaulois. Le rôle de Diviciacos, leur premier magistrat, est officiellement reconnu et renforcé par César qui lui confiera des missions diplomatiques de la plus haute importance. Les armées de César infligent une nouvelle défaite aux Helvètes dans les environs du Mont-Beuvray, capitale des Éduens. Acharnée, elle dure une dizaine d'heures. Ils tentent de fuir mais sont rattrapés et livrés à César qui les renvoie tous sur leur ancien territoire du plateau suisse. Les pertes sont considérables : les tablettes du recensement des Helvètes retrouvées par César dans un de leurs camps indiquent que deux cent cinquante mille individus ont disparu.

César n'avait probablement pas prévu que la guerre contre les Helvètes perturberait l'équilibre instable entre les groupes de peuples qui se disputaient l'hégémonie de la Gaule. Si les peuples riverains de l'Océan se réjouissent de l'échec des Helvètes dont l'installation en Saintonge aurait représenté une menace certaine, leur affaiblissement inquiète les peuples de l'Est et du Centre désormais à la merci des Germains. César rapporte que des députés de « presque toute la Gaule » vinrent à sa rencontre pour organiser une « assemblée de toute la Gaule » en sa présence. Là, ils délèguent Diviciacos pour exprimer leurs préoccupations face à la menace des Germains d'Arioviste qui ont décimé quelques années plus tôt la noblesse éduenne et s'installent maintenant chez les Séquanes. Ils demandent par conséquent à César de les protéger des armées d'Arioviste, avec lequel Rome avait précisément signé un traité de paix. Telle est la version de César. Les choses se sont sans doute passées un peu différemment : Diviciacos aurait persuadé la plupart des chefs gaulois de faire cette demande qui ne touchait en réalité que les peuples de la Celtique centrale et orientale. Selon toute vraisemblance, Diviciacos et César s'étaient entendus sur une réorganisation de la Gaule dont ils se seraient partagé les bénéfices, le protectorat de Rome et l'hégémonie de la Gaule étant accordés aux Éduens. César accède donc à la demande des députés gaulois et se fait fort de triompher d'un allié que Rome, un an auparavant, avait décoré du titre de « roi et ami ».

Les choses ne se passèrent pourtant pas comme prévu. Arioviste n'entendait pas rendre ses otages éduens ni renoncer au tribut qu'il faisait payer chaque année à ce peuple en se prévalant du droit du plus fort. Si César le contestait, il lui appartenait de le remettre en question par les armes. Dans le même temps, César apprenait que des myriades de Suèves s'apprêtaient à rejoindre les troupes d'Arioviste installées dans la plaine d'Alsace. Il n'avait plus le choix : il devait attaquer Arioviste au plus vite. La bataille fut terrifiante, plus que César ne l'avoue lui-même. Dion Cassius et Appien rapportent que les Germains, ayant perdu leurs armes, continuèrent le combat à mains nues, même avec les dents. Il est probable que les six légions de César, rodées à la discipline la plus stricte, empêchèrent les Germains de se livrer à leur habituel combat, d'apparence désordonnée, en réalité très souple et meurtrier. Plutarque et Appien parlent de quatre-vingt mille morts, chiffre crédible, puisque les Romains passèrent tous les rescapés au fil de l'épée, femmes et enfants compris. Arioviste s'échappa en repassant le Rhin.

Dès l'automne 58, au moins, César avait pris la décision de mener une opération militaire de beaucoup plus grande envergure en Gaule. L'hivernage de ses troupes chez les Séquanes en témoigne. Une telle décision était inhabituelle, contraire aux lois romaines et aux traités d'amitié passés avec les peuples gaulois, mais sans doute l'assemblée générale des peuples gaulois en 58, en présence de César, lui avait-elle accordé ce droit et le principat de la Gaule au peuple éduen. Dès lors, Diviciacos s'était fait fort de rallier toute la Gaule à la cause romaine. Il avait dû réussir, de façon assez superficielle. Chez les peuples belges qui formaient une confédération autonome très puissante et éloignée des centres de pouvoir, des difficultés étaient vite apparues. Les Rèmes de Champagne, descendants de Gaulois indigènes, longtemps diminués par l'émigration belge du IIIe siècle, voulurent profiter de la nouvelle situation pour réclamer l'hégémonie de la Belgique, avec l'aide de Diviciacos. Mais ils se heurtèrent aux prétentions des riches Suessions des bords de l'Aisne et à celles des Bellovaques, eux-mêmes clients des Éduens. Les Rèmes avaient également trouvé un accord avec leurs voisins Trévires. Ces tractations ont réveillé l'hostilité des Belges envers Rome et son influence jugée néfaste mais aussi de vieilles querelles ethniques. Les peuples belges de l'Ouest, riverains de la Manche, revendiquaient, en effet, une « belgitude » plus authentique que celle des peuples arrivés plus tard en Gaule, ceux du Nord et de l'Est.

César mentionne simplement que, à la faveur de rumeurs, les Belges ont pris les armes au cours de l'hiver 58. Admettons-le. Mais quelles étaient ces rumeurs suffisamment inquiétantes pour que quinze de leurs peuples forment soudain une coalition de plus de trois cent mille guerriers, la plus vaste face à Rome depuis l'invasion des Cimbres et des Teutons ? La seule explication acceptable est qu'ils aient eu vent des intentions de César : l'occupation militaire de la Belgique avec les Éduens en utilisant les Rèmes comme tête de pont. Avec ses sept légions, César ne peut affronter un tel ennemi : Diviciacos et les Éduens vont lui être du plus grand secours. Ils savent que leurs clients bellovaques ne sont guère à l'aise dans la coalition belge et qu'ils ne toléreront pas que des étrangers pénètrent sur leur territoire. Aussi se dirigent-ils, comme pour l'assaillir, vers le pays bellovaque, tandis que César établit son camp en territoire rème. Tout cela n'est certainement qu'une mise en scène savamment orchestrée qui doit plus à la diplomatie et aux tractations secrètes qu'à la stratégie. Car dès qu'ils ont connaissance du projet des Éduens, les Bellovaques quittent la coalition et rentrent chez eux. S'ensuit une bataille confuse où César n'a plus qu'à attaquer successivement chacun des coalisés. Les Suessions et les Bellovaques se rendent sans se battre. Les Rèmes et Diviciacos interviennent auprès de César pour qu'il épargne leurs clients en échange d'otages et de leurs armes. Les Ambiens font de même, probablement aussi les Calètes et les Véliocasses dont César ne juge même pas nécessaire d'évoquer le sort. Tous ces peuples forment précisément en Belgique un noyau que l'auteur de la *Guerre des Gaules* nomme *Belgium*. Ce territoire correspond à la plus ancienne aire de colonisation belge du Nord de la Gaule à la fin du IVe siècle. Depuis longtemps, ces authentiques Belges avaient établi des liens de parenté, de clientèle politique, commerciale et diplomatique avec les peuples de la Celtique, si bien que leurs intérêts étaient devenus très dépendants de ceux des Éduens.

En revanche, les Belges des Flandres et du bord du Rhin demeurent encore étroitement liés aux Germains : ils éprouvent une vive suspicion envers Rome, empêchent ses commerçants de s'installer chez eux et revendiquent des valeurs militaires qu'ils reprochent aux autres Belges d'abandonner. Sous la conduite du peuple des Nerviens, presque aussi puissant que celui des Bellovaques, ils opposent aux armées césariennes une résistance farouche lors d'une bataille qui leur vaut la plus longue description que César accorde dans son récit à un seul affrontement et surtout sa réelle admiration. Les Nerviens perdent trois cents de leurs six cents sénateurs et la quasi-totalité de leurs guerriers (plus de cinquante mille sont morts ou ont fui). César conclut la paix sans rien exiger d'autre, et fait probablement de même avec leurs voisins. Non point par pitié, comme il le laisse entendre, mais par sagesse : il sait qu'il ne doit pas les laisser démunis face à d'éventuelles agressions germaines.

La rébellion belge a peut-être suscité des émules chez les peuples riverains de l'Océan, en Normandie et en Bretagne, qui étaient en partie liés aux peuples belges. Il ne semble cependant pas qu'ils aient envisagé de véritables opérations militaires et il est vraisemblable qu'avec la conquête éclair des peuples de l'Océan, César ait voulu parfaire son projet de couper les Gaulois de tous leurs alliés barbares, potentiels ou réels, qui, au moins dans un premier temps, étaient inaccessibles aux légions romaines, les Celtes des Alpes, les Germains et les Bretons de Grande-Bretagne. De cette façon, il encerclait littéralement la Celtique, déjà partiellement circonscrite par la *Provincia* et l'océan Atlantique. Dès lors, à Rome, la Gaule tout entière commença à être considérée comme une immense province. Le discours de Cicéron en 56, *Sur les provinces consulaires*, en témoigne : « Une ou deux campagnes d'été et la crainte ou l'espérance, le châtiment ou les récompenses, les armes ou les lois peuvent nous attacher la Gaule entière par des liens éternels. »

César, outre ses talents de stratège, fut un administrateur très judicieux. Tout en faisant valoir l'argument des armes aux plus récalcitrants, il usait avec ceux qui avaient rejoint sa cause, volontairement ou sous la pression de leurs alliés, d'un art consommé des subtilités de la vie politique gauloise. Comprenant très tôt que le principat de la Gaule, accordé aux Éduens, ne pouvait lui rallier tous les peuples gaulois, il avait mis sous l'autorité des Rèmes ceux qu'une haine ancienne empêchait de rejoindre les Éduens. Camille Jullian résume admirablement l'habileté de César, « faire que ces deux empires, éduen et rème, fussent enveloppés de toutes parts, au nord comme au sud, par des terres de vaincus, Helvètes, Belges et Armoricains. Il venait de répéter la manœuvre des Romains en Grèce, lorsqu'ils avaient laissé l'autonomie aux Hellènes, mais en les bloquant par les provinces de Macédoine et d'Asie. La liberté gauloise n'existait plus qu'à l'état d'enclave ».

César renonça cependant à faire confirmer officiellement par le sénat romain le statut de province à la Gaule : il était trop tôt et les Gaulois devaient s'habituer à l'administration romaine. Sa carrière politique, surtout, risquait d'en souffrir : il perdrait son proconsulat et les moyens financiers prélevés sur les Gaulois, nécessaires aux brigues électorales. De nouveaux incidents vont montrer aux Romains que la conquête de la Gaule demeure très précaire à la fin de l'année 57. Les Belges et les Armoricains n'avaient concédé à Rome qu'une soumission formelle : ils lui avaient livré les habituels otages. Mais César s'était bien gardé d'occuper militairement leur territoire. Aussi, lorsque les troupes de P. Crassus pénètrent chez les Vénètes, les Ésuviens et les Coriosolites pour y requérir du fourrage et de la nourriture, ces trois peuples se révoltent. César craint que cette attitude ne serve d'exemple aux autres peuples belges : il prend les armes. Mais déjà, les peuples de la mer, de la Loire jusqu'à l'embouchure du Rhin, se sont coalisés et regroupent leurs forces chez les Vénètes où ils assemblent une immense flotte répartie dans de multiples ports, à proximité de langues de terre fortifiées naturellement par la mer et les escarpements rocheux. César doit se résoudre à engager un combat naval qui semble d'avance perdu pour lui. Les navires gaulois sont hauts et solides, conçus pour naviguer avec le vent en haute mer. Les embarcations romaines, plus basses, sont à la merci des projectiles adverses et doivent être manœuvrées surtout à la rame. Brutus, qui commande la flotte romaine totalement impuissante, s'apprête à abandonner ses vaisseaux lorsque soudain le vent tombe, clouant sur place les bateaux gaulois. Les navires romains n'ont plus qu'à les encadrer un par un pour les prendre d'assaut, après les avoir noyés sous une pluie de projectiles. Les marins armoricains sont ainsi trahis par le vent et la mer dont ils avaient plus que tout autre acquis la parfaite maîtrise. Le sort que leur inflige César est terrible – il a vertu d'exemple : tous les sénateurs, autrement dit la noblesse, sont mis à mort et le reste des hommes libres vendus comme esclaves.

La rébellion des peuples de la mer n'avait rien d'une réaction épidermique, comme le laisse entendre César. La vaste coalition associait de très nombreux peuples pour des raisons fort diverses. Outre les liens de parenté qui les liaient aux Belges, les Armoricains avaient fait appel à des hommes plus éloignés par le mode de vie, la langue et les institutions, les Aquitains. Ces derniers avaient de bonnes raisons de participer à la lutte contre César : la conquête de la Celtique les avait coupés du reste de la Gaule et ils se trouvaient pris en étau entre une *Provincia* prolongée jusqu'à l'Océan et les deux provinces romaines d'Espagne. Crassus, auquel revint la mission de soumettre l'Aquitaine, affronta des hommes qui résistèrent vaillamment, avant de se rendre, notamment les Celtibères dont les chefs guerriers avaient appris toutes les finesses de la stratégie romaine auprès de Sertorius. Sans doute bien informé par des espions, il ne laissa pas aux Aquitains le temps de se regrouper en une seule armée, ni d'utiliser leurs tactiques, la guérilla, le minage et la sape des fortifications ennemies par exemple.

L'année 55 ne vit aucune tentative marquante de rébellion contre l'occupant romain. César en profita pour consolider les frontières de la Gaule et montrer à ses voisins, Germains et Bretons, qu'il ne craignait nullement d'entrer sur leur territoire. Le passage du Rhin et une incursion dans la Germanie profonde et, d'autre part, la traversée de la Manche et le débarquement sur les côtes de Grande-Bretagne tiennent plus de la démonstration de force et du symbole que de victoires militaires. Mais l'action essentielle de César en 55 fut d'un autre ordre : il entreprit une réorganisation de la vie politique gauloise. Ayant constaté dans ses opérations militaires la versatilité des assemblées et leur faiblesse face à des chefs ambitieux, il prit l'option de s'appuyer sur quelques-uns de ces derniers qu'il avait gagnés à sa cause. De certains, il fit des rois. Les autres, il les décora de titres officiels romains : « amis », « hôtes de César », leur procura avantages matériels et politiques et généralisa cette pratique à toute la Gaule et à l'île de Bretagne. Il était en effet plus facile de faire confiance à des hommes redevables qu'à des assemblées divisées depuis plusieurs siècles en deux partis hostiles. César poursuivit donc sa mainmise sur les institutions nationales, telles que l'« assemblée de toute la Gaule ». Depuis 58, il avait compris que sa présence à cette assemblée symbolisait la présence romaine. Bientôt, il en prit la présidence, jusqu'à la convoquer lui-même. Les députés de chaque cité dessinaient ainsi la géographie de la Gaule soumise à Rome, et les absents étaient désignés d'emblée comme des ennemis.

De tels bouleversements politiques, surtout aussi rapides, ne pouvaient demeurer sans écho. Des peuples qui avaient abandonné la royauté depuis bien longtemps ne supportèrent pas la tyrannie des nouveaux rois nommés par César. Des haines fratricides naquirent entre les chefs honorés par le conquérant et les autres. Mais surtout, dans de nombreuses cités, la promotion d'hommes nouveaux rendit la parole et le pouvoir à une plèbe qui s'opposait au sénat et à l'aristocratie. Ces révoltes sporadiques visent souvent l'occupant romain mais la population des cités concernées demeure divisée en deux partis traditionnels, partisans du changement et tenants d'un ordre ancestral. Aussi les soulèvements restent-ils limités et souffrent-ils d'impréparation.

Par un curieux paradoxe, ce sont ceux-là mêmes auxquels César a donné le pouvoir qui seront ses plus farouches combattants. Ambiorix l'Éburon et Vercingétorix l'Arverne, tous deux déclarés « amis de Rome », bénéficient de nombreux privilèges. Le premier, après avoir tenté maladroitement de prendre le camp de Sabinus et de Cotta installé sur son territoire, persuade par ruse les Romains d'abandonner leur position pour rejoindre Labienus, basé chez les Rèmes. Une conjuration générale a pour projet l'attaque de tous les camps romains le même jour, leur dit-il, en proposant de protéger leur déplacement vers le sud. La ruse grossière fonctionne : les légions tombent dans un guet-apens et sont massacrées. Après cette victoire, Ambiorix réussit à rallier les Nerviens et les Aduatuques. Les Nerviens tentent eux aussi d'investir le camp de Quintus Cicéron, le frère de l'orateur et homme politique, installé chez eux. Mais ce dernier ne cède pas et soutient un siège terrible au cours duquel, pour la première fois, les Gaulois pratiquent la méthode romaine : lignes de fossé, tours de siège et machines de guerre. Cicéron ne parvient pas à avertir César et lui demander son aide avant qu'un aristocrate nervien, acquis à la cause romaine, Vertico, ne s'en charge. César desserre l'étau autour du camp de Cicéron mais ne réussit pas à vaincre la coalition belge qui s'enfuit dans l'arrière-pays, comme elle l'avait déjà fait.

La nouvelle du massacre des légions de Sabinus et Cotta et du siège du camp de Cicéron est rapidement diffusée dans toute la Gaule. Elle donne des arguments à tous ceux qui refusent l'occupation romaine. Cependant, la coalition qui se met en place est hétéroclite et dispersée dans l'espace gaulois. Ce sont surtout les Belges du Nord et les Sénons et Carnutes : tous ont le plus grand mal à s'organiser et ne parviennent pas à rallier à leur cause des tribus germaines, voisines des Trévires. César, comme toujours, joue contre la montre : il se précipite une nouvelle fois chez les Nerviens, déjà affaiblis par deux guerres, qu'il vainc sans difficultés à la fin de l'hiver. Il agit de même avec les Sénons qu'il surprend en pleins préparatifs. De cette façon, il peut se consacrer à deux ennemis autrement plus récalcitrants, les Trévires, peuple puissant et riche, et les Éburons menés par Ambiorix. Là encore, sa stratégie consiste essentiellement à diviser des ensembles trop importants. Il isole donc Ambiorix en ravageant le pays de ses voisins avant de livrer le territoire éburon au pillage de ces derniers, comprenant qu'il n'arrivera pas à maîtriser un ennemi aussi rusé, disposant d'un immense pays parsemé de bois, de marécages et de rivières. Si les Romains ne peuvent y faire de butin, au moins ne perdront-ils pas d'hommes et atteindront-ils leur objectif principal, l'extermination du peuple éburon. Ce qui fut chose faite : le peuple disparut définitivement de la géographie politique gauloise. L'année 53 se termine dans cette atmosphère de répression. César convoque le conseil des Gaules à Durocortorum (Reims) où il joue le rôle de juge. Il condamne à mort le chef sénon Acco, responsable de la conjuration de son peuple avec celui des Carnutes. L'exécution se fait devant l'assemblée des chefs gaulois qui peuvent, en toute conscience, méditer sur la nouvelle tournure des événements.

Cependant c'est probablement moins la violence de la conduite de César que la situation politique de Rome qui incite les chefs de la Celtique à se révolter à leur tour. Très au fait de la vie politique romaine par leurs contacts étroits avec les légionnaires ou avec les commerçants romains qui se sont installés chez eux, ils apprennent les difficultés de César. Cantonné à Ravenne, il ne peut entrer dans la capitale où Pompée s'empare de tous les pouvoirs. Il est pris entre deux feux : la révolte gronde en Gaule tandis que la situation politique à Rome tourne en sa défaveur. Les chefs de Celtique, peut-être à force de côtoyer le stratège romain, analysent la situation et y répondent comme le ferait leur modèle : il faut séparer César, retiré en Cisalpine, de ses troupes hivernant en Gaule. Une coalition se forme autour des Carnutes et des Arvernes dont le commandement général est donné à un Arverne, Vercingétorix. Celui-ci fait partie, si l'on en croit Dion Cassius, des protégés de César. Il organise l'armée gauloise à la manière de son ancien protecteur, demandant à chaque peuple de lui remettre des otages, garants de leur engagement indéfectible. Il exige de chacun un nombre déterminé de soldats, instaure une discipline de fer que les tortures et autres supplices appliqués aux traîtres ou aux récalcitrants rendent exemplaire.

Cependant Vercingétorix paraît ne pas disposer de troupes à la hauteur de ses ambitions et de ses compétences stratégiques. La manœuvre consistant à empêcher César de rejoindre ses légions stationnées en Gaule échoue. Vercingétorix lui-même, qui s'était établi sur le territoire biturige, doit regagner son pays où il peut compter sur des positions plus fortes et des troupes plus solides, puis il entreprend de s'attaquer aux Boïens, clients des Éduens. César, pour ménager ses plus fidèles alliés, les Éduens, se doit d'intervenir. Il enlève la ville de Vellaunodunum, exige des otages, les armes et les chevaux puis passe chez les Bituriges. Là, il prend Cenabum (Orléans), qu'il pille et brûle, puis Noviodunum (Nevers) malgré l'arrivée des troupes de Vercingétorix. Cette suite de défaites amène le chef gaulois à changer de tactique : il contraint les Romains à se disperser pour trouver du fourrage, car il est plus facile de les exterminer par petits groupes. Pour cela, il pratique la politique de la terre brûlée : incendier toutes les villes, tous les villages, les fermes et lieux où se trouveraient nourriture et fourrage. Les Bituriges protestent qu'on leur laisse au moins Avaricum (Bourges), considérée comme la plus belle ville de la Gaule. Vercingétorix accède à leur demande pour empêcher leur défection. Il installe son camp à proximité de la ville fortifiée que César assiège alors. Les Gaulois, désormais rodés à la défense des villes, résistent héroïquement, mais l'habileté des charpentiers romains est supérieure à la leur. Les Romains pénètrent dans la ville et massacrent tous les habitants – près de quarante mille individus.

Fort de sa victoire, César décide de porter le fer chez les Arvernes et d'investir leur place forte de Gergovie, formidable fortification naturelle dominant les alentours et entourée d'escarpements rocheux. Vercingétorix établit une ligne de fortifications au pied de Gergovie et place des postes avancés sur les collines environnantes afin d'empêcher tout blocus. César lui-même est décontenancé par la manœuvre et le spectacle des fortifications gauloises. Il ne dispose que d'un peu plus de la moitié de son armée et doit donc compter sur l'aide des Éduens. Mais l'un d'eux, Litaviccos, auquel il avait fait accorder la magistrature suprême, le trahit. Les troupes de Vercingétorix n'hésitent pas à attaquer régulièrement les positions romaines. Par crainte que tout le peuple éduen n'adhère à la cause de Vercingétorix et parce qu'il comprend que ses troupes ne sont pas suffisamment nombreuses, César se résout à abandonner le siège. Mais c'est trop tard, le premier magistrat et le sénat des Éduens ont conclu un traité de paix et d'alliance avec Vercingétorix, négocié grâce au trésor de guerre volé à César dans la ville de Noviodunum par les Éduens. Mais la vieille antinomie entre les deux peuples qui, depuis des siècles, se disputent l'hégémonie de la Gaule resurgit. Les Éduens, forts de leurs nouveaux atouts et d'une clientèle considérable en Gaule, réclament la direction des opérations. Vercingétorix la revendique aussi avec des arguments qui paraissent plus convaincants à des peuples en guerre. L'assemblée est houleuse et c'est le suffrage populaire qui doit décider : Vercingétorix est élu chef. Mais ces dissensions laisseront des traces et des rancœurs tenaces chez les Éduens.

Face à la nouvelle situation en Gaule et à une nouvelle configuration politique à Rome où tous ses ennemis reprennent les rênes du pouvoir, César décide de regagner la *Provincia*. Vercingétorix qui en a eu vent met au point un plan habile mais peut-être trop ambitieux : il décide de s'attaquer à la province romaine sur toutes ses frontières, de Toulouse à Genève, et de couper la route aux légions. Fort de ses quinze mille cavaliers, l'Arverne pense pouvoir démanteler les dix légions de César en ordre de marche. Il ignore que César dispose d'une cavalerie germaine et oublie l'extraordinaire capacité des légionnaires à se reformer très vite en ordre de bataille. L'affrontement confus et terrible qui suit donne la victoire aux Romains et aux cavaliers germains. Beaucoup de Gaulois sont tués. Des nobles éduens sont capturés. Vercingétorix doit se réfugier avec ses troupes à Alésia.

En s'installant sur cette place forte, Vercingétorix commet une seconde erreur. Il s'y laisse enfermer, alors que les Romains sont les maîtres incontestés de la pratique du siège. D'ailleurs, César entreprend immédiatement les travaux de fortification. Vercingétorix lui oppose sa cavalerie mais celle-ci est défaite et il doit se résigner à lui faire quitter la place forte avant que les lignes ennemies ne l'encerclent totalement. Elle a pour mission d'aller dans tous les pays coalisés chercher du secours, des troupes et du ravitaillement. Vercingétorix se retranche dans la ville avec quatre-vingt mille hommes. Son sort dépend entièrement des troupes de secours. Il demande à chaque peuple de la Gaule de lui fournir tous les hommes capables de tenir une arme, afin que cette armée de près d'un million d'hommes investisse en une fois les quinze kilomètres de lignes romaines qui encerclent Alésia. Si ses connaissances stratégiques acquises au contact de l'armée romaine sont excellentes, elles se heurtent à ses propres faiblesses politiques et diplomatiques. Il aurait dû confier des responsabilités aux principaux chefs alliés, éduens notamment. Ceux-ci en ont pris ombrage et saisissent l'occasion d'une revanche. Les Éduens trouvent dangereuse, coûteuse et difficilement réalisable la réunion de tant d'hommes mal formés et sans discipline. Ils réduisent le nombre des hommes : la levée en masse ne se réalise pas. L'armée de secours tarde à se former et à gagner Alésia. Pendant ce temps, les assiégés, mal préparés, commencent à manquer de nourriture. On décide d'expulser hors de la ville tous ceux qui ne peuvent combattre. César leur interdit de franchir ses lignes. Ils errent désespérément entre les deux fronts.

L'armée de secours, inexpérimentée, est mal commandée par ses quatre chefs, Commios l'Atrébate, un ancien allié de César, un Arverne et les deux anciens protégés de César, Éporédorix et Viridomar. Chacun ne cherche qu'à préserver ses propres troupes et la coordination avec les défenseurs d'Alésia se révèle impossible. Finalement les quatre chefs se décident pour une attaque générale des lignes de l'extérieur, tandis que les assiégés attaqueraient les Romains depuis l'intérieur. Le plan est parfaitement judicieux mais son application est chaotique et inefficace. Vercingétorix, pour sauver ses hommes, décide alors de se rendre à César avec solennité. César se fait livrer toutes les armes, met soigneusement de côté les prisonniers éduens et arvernes dont il se servira pour gagner à nouveau la confiance des deux peuples. Quant aux autres, il les distribue à son armée. Puis il recueille la soumission des Éduens. Mais il n'ignore pas que la Gaule n'est pas encore totalement pacifiée.

De fait, des rumeurs de révolte chez les Bituriges l'obligent à se porter dans ce pays dès le mois de janvier. Surpris, les Gaulois se rendent et César, contrairement aux années précédentes, fait preuve de clémence en n'exigeant de ses adversaires que des otages. Ainsi gagne-t-il à sa cause des peuples déjà prêts à reprendre les armes. En revanche, les Belges restent insensibles à sa nouvelle conduite. Ils ont profité de ces six années de tranquillité pour reconstituer leurs forces. Confiants dans leur nombre, les habitants du *Belgium* ont décidé de ne pas attaquer César, s'il arrivait avec un effectif trop important. Ce qui est le cas. César fortifie son camp et les deux armées s'observent. Pendant ce temps, César fait venir des renforts : les Belges craignent un blocus, tel que celui d'Alésia. Ils décident de se retirer, à l'exception des Bellovaques. Au cours d'une bataille, les meilleurs fantassins et toute la cavalerie bellovaque périssent. Les Bellovaques demandent la paix, en envoyant des otages à César qui ne leur impose pas d'autre châtiment.

Après cette victoire sur les Belges, César estime qu'il en a fini avec les grandes coalitions guerrières mais veut prévenir toute velléité de révolte. Il fait ravager une nouvelle fois le pays éburon et occuper le territoire des Trévires qui persistaient à ne pas collaborer avec la nouvelle administration. La prise d'Uxellodunum, au terme d'un siège vaillamment soutenu par les Gaulois, marque le dernier acte significatif de la résistance gauloise. Après une tournée chez les Aquitains, où il reçoit de nouvelles marques de soumission, César estime que la Gaule est enfin en paix et laisse le soin à ses légats d'y installer les quartiers d'hiver. Les légions sont réparties sur l'ensemble du territoire. Par bonheur pour César, la pacification de la Gaule s'achève au moment même où prend fin son consulat, au début de l'année 50.

Dès la fin de l'année 51, la Gaule avait été proclamée officiellement province romaine. La plupart des anciennes cités gauloises conservèrent leur nom et leur territoire, à l'exception des Éburons et des Aduatuques qui disparurent de la géographie politique, mais devinrent sujettes et tributaires. Seuls les Éduens et les Rèmes gardèrent le titre de « cités libres » ou « amies du peuple romain » qui les dispensait de tribut.

La lecture critique des événements militaires de 58 à 50 montre que la Gaule n'a pas livré de résistance unie et continue à l'entreprise de conquête. La *Guerre des Gaules* de César, conçue à la fois comme un récit épique et comme le compte rendu des difficultés rencontrées par le proconsul pour justifier auprès du sénat les subsides de l'État, se lit comme une histoire héroïque, pleine de combats et de fureur. Pour autant, tous les épisodes n'y ont pas le même sens. À côté d'authentiques batailles à l'allure titanesque, prennent place de simples escarmouches, des faits d'armes individuels, des complots, des trahisons qui ont marqué celui qui s'en est fait l'historien, si bien que leur récit prend l'allure d'une aventure ininterrompue dans laquelle chaque événement semble venir se couler logiquement pour constituer ce que César appelle la « guerre des Gaules », une entité autonome de l'histoire militaire, au même titre que l'on parle de « Grande Guerre » ou de « Seconde Guerre mondiale ». Or tous les épisodes militaires qui ponctuent les huit années de campagnes des Romains en Gaule ne forment pas une seule et même guerre.

Au départ, la guerre contre les Helvètes doit à la fois protéger la *Provincia* et la cité des Éduens, alliée de Rome. Elle est suivie par un pacte d'allégeance à Rome de toute la Celtique, à la condition que César se charge de la menace germaine qui pèse sur les cités de l'Est et les Belges riverains du Rhin. Dès ce moment, en 58, la Gaule est véritablement sous dépendance romaine mais, en réalité, un certain nombre de peuples gaulois avaient déjà depuis longtemps établi avec Rome des traités d'amitié. Les Belges comprennent alors qu'une alliance secrète a été conclue entre César, les Éduens et les Rèmes dont le but est d'annexer la Belgique à la future province romaine de Celtique et décident donc d'affronter César. C'est une véritable autre guerre que César doit mener. Elle est de courte durée et témoigne d'une résistance assez faible des Belges qui forment une confédération hétérogène, rendue telle par les différences ethniques, dans leur histoire et dans leurs alliances politiques. Mais cette guerre, comme une onde de choc, en provoque une troisième chez les peuples riverains de l'Océan. Comme les Belges, ils prennent l'initiative des hostilités, se coalisent et se donnent les moyens d'affronter ensemble les armées romaines.

Les difficultés que César rencontre au-delà du Rhin et de la Manche ne sont pas à porter au compte de la résistance gauloise.

Le proconsul ne s'est rendu dans ces régions que pour consolider les futures frontières, et signifier aux Barbares qui y habitent la puissance de Rome. Dans le même temps, c'est-à-dire pendant les trois premières années de campagne, César commence à administrer la Gaule qui l'accepte tacitement de plus ou moins bon gré. Sa mainmise sur les assemblées annuelles marque le début d'une administration provinciale, admise par tous les peuples qui y délèguent des députés. C'est pourquoi César a à cœur de faire entendre raison aux peuples éloignés – Trévires, Éburons – qui ne s'y font pas représenter. La « romanisation » est déjà en marche. Mais elle est conduite de façon très subtile *via* des termes et des institutions gauloises dont le sens est détourné. Il proclame « rois » des chefs alliés mais ceux-ci, dans les faits, ne sont que ses préfets. Les cités gardent leur intégrité territoriale mais cette reconnaissance ne sert qu'à mieux les intégrer dans l'Empire romain. Les otages que César demande à chaque peuple, des enfants des familles aristocratiques sont pris en fosterage – une institution celtique qui consiste, pour les parents, à confier l'éducation de leurs enfants à leurs proches, hors du milieu familial. Ces enfants sont éduqués à la romaine et seront les meilleurs ambassadeurs de la civilisation latine. D'une façon générale, César se garde bien d'affirmer ouvertement qu'il s'empare de la Gaule.

C'est pourquoi le réveil de certains peuples est brutal, lorsqu'ils découvrent tout à coup qu'ils doivent payer un tribut, qu'ils doivent fournir à César hommes et chevaux ou qu'ils doivent supporter – le pire des affronts pour les Gaulois – une armée étrangère sur leurs champs. Le retour à la réalité des rois, amis ou protégés de César, n'est pas moins rude quand ils constatent que leur pouvoir est limité et que leur influence sur leur clientèle ou sur le peuple dont ils ont la charge s'est singulièrement amoindrie. Les révoltes de 53 à 51 sont souvent le fait de tels hommes – Vercingétorix le premier –, qui renient tout à coup celui qui les a hissés au pouvoir et sentent confusément qu'ils n'en sont que le jouet impuissant. Paradoxalement, les grands événements militaires des années 52 et 51, qui ont tant marqué l'esprit des historiens et des Français en général, sont plus des révoltes que des guerres de résistance, qui témoignent surtout d'une insoumission au pouvoir politique et à ses exigences fiscales. L'état de guerre qui se prolonge en Gaule pèse de plus en plus terriblement sur les populations. Elles ont perdu beaucoup d'hommes, d'armes, de chevaux et de vivres. Elles doivent désormais payer un tribut et dans le même temps, il leur faut en secret participer à la reconstruction de leur puissance militaire perdue. Ces efforts considérables sont d'autant plus mal ressentis que la représentation politique – ce qui demeure de l'État – ne tient pas de discours cohérent. Les chefs sont acquis à la cause romaine mais beaucoup d'entre eux travaillent aussi pour leur propre compte. Les assemblées elles-mêmes entrent souvent en résistance. Aussi, lorsque sonne l'heure de la révolte contre Rome, celle-ci ne se produit jamais dans le consensus. La puissance de la réaction militaire s'en ressent : les peuples ont du mal à mobiliser toutes leurs forces, les chefs militaires manquent d'enthousiasme.

Une formule paradoxale et en apparence contradictoire répond donc à la question initiale : il y a bien une résistance forte, dont témoignent avec réalisme les chiffres, même approximatifs, de Plutarque – un million de morts et un million de prisonniers au cours d'une trentaine de batailles. Mais cette résistance fut ponctuelle, limitée et périphérique, et masque une autre réalité, la romanisation volontaire d'une partie de la Celtique et sa soumission presque immédiate à Rome. Dès lors, les mouvements d'opposition qui se sont manifestés après trois ou quatre années de présence de César en Gaule ont revêtu une allure hétérogène. Les historiens et les nationalistes de toute époque y ont vu la marque d'une division congénitale de la Gaule et un contre-exemple édifiant pour des générations de Français. La réalité est tout autre : ces prétendues divisions ne sont que le reflet d'intérêts antagonistes. Les vieilles querelles politiques, les inimitiés ethniques, les conflits commerciaux, de profonds bouleversements sociaux, enfin, n'ont fait que trouver dans l'opposition à César un même exutoire.

CHAPITRE II

La romanisation, une collaboration ?

Longtemps – jusqu'au XXe siècle –, les historiens ont pensé que la conquête romaine avait été violente et définitive. Pour eux, la Gaule était très rapidement devenue romaine. Les Gaulois s'étaient fondus dans l'Empire, le pays s'était couvert de villes où s'élevaient monuments de culte et de spectacle. Du monde gaulois, presque rien n'avait subsisté, si ce n'est des bribes de la langue. Cette évidence était d'autant plus forte qu'on n'avait jamais conçu l'existence d'une véritable civilisation gauloise ou celtique. Ce qui faisait le monde des Gaulois avant l'arrivée de César n'était que mœurs fragiles, coutumes anachroniques sans guère de lien, et par conséquent susceptibles de s'évanouir à la moindre adversité. C'est pourquoi les historiens ne purent imaginer que les peuples conquis aient résisté d'une quelconque manière à Rome, un conquérant aussi puissant par son administration militaire et civile que par le génie de sa culture.

La relecture de l'histoire française antique à la lumière du nationalisme modifie quelque peu cette vision à la fin du XIXe siècle. On cherche dans les annales de Rome la moindre trace de révolte en Gaule après 50. Quelques événements militaires survenus entre 46 et 27 suffisent à convaincre que les Gaulois ne sont pas restés totalement passifs sans prouver toutefois une résistance organisée d'une quelconque ampleur territoriale. Curieusement, c'est l'archéologie qui apporte de l'eau au moulin des nationalistes peu disposés à admettre que les Gaulois aient renoncé si facilement à leur liberté. La lente émergence du concept de « Gallo-Romains » réconcilie à la fois ceux qui interprètent la conquête romaine comme un bienfait pour les Gaulois, et ceux qui veulent penser que l'esprit gaulois ne s'est jamais éteint sous l'Empire romain. Les termes de « Gallo-Romain » – substantif – et de « gallo-romain » – adjectif –, aujourd'hui communément admis, posent cependant problème.

Il semble que la paternité en revienne à Jules Michelet qui utilise l'expression pour la première fois dans son *Histoire de France* parue en 1836. Pour lui, il s'agit d'un ethnonyme commode désignant la population composite de la Gaule sous l'Empire romain, descendants de Gaulois et de Romains inextricablement mêlés. C'est encore dans ce sens qu'emploient exceptionnellement le terme Albert Grenier dans son ouvrage *Les Gaulois*, en 1945, et Ferdinand Lot dans *La Gaule*, en 1947. Mais cet usage est suffisant pour inspirer les archéologues qui, au milieu du XXe siècle, mettent au jour avec une certaine frénésie les villas rurales, les villages et les installations artisanales de l'époque romaine. Pour désigner ces réalisations architecturales dont on ne connaît pas souvent d'équivalent en Italie prévaut rapidement le qualificatif de « gallo-romain » dont l'utilisation paraît parfaitement objective et neutre : il s'agit d'œuvres réalisées par des Gaulois sous l'Empire romain, dans un esprit qui est celui de la civilisation romaine. Ainsi, dès les années 1960, le même Albert Grenier publie-t-il un ouvrage monumental qui rencontre un grand succès auprès de ses confrères, le *Manuel d'archéologie gallo-romaine*. Pour cette époque antique pauvre en sources littéraires, les archéologues, qui se substituent assez couramment aux historiens, prennent l'habitude de projeter les évidences de la réalité matérielle sur la reconstitution qu'ils font de la société avec ces seules données, au demeurant ténues. Les monuments et les choses, à leurs yeux, témoignent parfaitement d'une civilisation. Celle qu'ils étudient devient naturellement la « civilisation gallo-romaine ». Or cette caractérisation de la civilisation romaine dans la Gaule des premiers siècles de notre ère est un particularisme français. Nos voisins belges, hollandais, allemands et suisses emploient un adjectif historiquement plus juste, et parlent seulement de « romain provincial ».

Le concept de civilisation gallo-romaine, jamais explicité ni justifié, constitue donc une nouvelle idée reçue sur les Gaulois. Il sous-entend que les habitants de la Gaule et leur civilisation auraient mieux résisté au conquérant que les guerriers, et qu'ils auraient œuvré d'égaux à égaux avec les Romains pour donner naissance à une nouvelle civilisation mixte. Il est clair que, sans le dire aussi ouvertement, une telle théorie donne de nouveaux arguments aux nationalistes. Après une défaite malheureuse dont la responsabilité incombe entièrement aux chefs et aux hommes politiques, une brillante résistance passive aurait permis de préserver le meilleur de la civilisation gauloise, en recueillant chez l'occupant ce qui manquait précisément aux vaincus. Tout cela rappelle les événements historiques qui ont précédé l'apparition de la théorie gallo-romaine: la défaite éclair de 1939-1940, le gouvernement de Vichy et la Résistance. On n'échappe pas à l'histoire revisitée, sans cesse parée de nouveaux costumes. Vichy avait tenté, en se réappropriant les symboles gaulois, de montrer qu'une défaite acceptée et une occupation « négociée » pouvaient être bénéfiques, la seconde moitié du XXe siècle s'efforça d'effacer ce mauvais souvenir, en opposant aux Gaulois collaborateurs des Gallo-Romains, fiers d'avoir dépassé le clivage occupés/occupants. Un demi-siècle plus tard, on est en droit de se demander ce qu'il en fut vraiment. Après la conquête proprement militaire, y eut-il une résistance, culturelle à défaut d'être politique, y eut-il une collaboration, autant économique que politique ?

Le premier plan d'observation, le plus facile, est celui des événements militaires. À la fin de l'année 51, après la pacification des Aquitains et la course-poursuite contre Commios l'Atrébate qui continuait de harceler l'armée romaine, César fait hiverner une grande partie de ses troupes chez les Belges tandis que lui-même réside à Nemetocenna (probablement Arras). Il s'emploie alors à traiter de la façon la plus diplomatique les peuples belges et leurs chefs, afin de s'assurer que, après son retour à Rome, il n'y ait point là de nouveaux foyers de rébellion. Le début de l'année 50 voit se poursuivre ses accords politiques et la forte occupation militaire du *Belgium.* Ces précautions suffisent à rassurer le proconsul au moment où il abandonne sa charge. De fait, au cours des quatre années qui suivent, rien ne se passe en Gaule, tout au moins qui mérite d'être signalé dans les annales. Le seul événement marquant se produit chez les Bellovaques, au cœur du *Belgium*, en 46, donnant ainsi raison aux craintes de César mais cela reste un mouvement isolé. Dans l'autre « tiers » de la Gaule, ainsi que César décrit l'Aquitaine, la conquête romaine n'était pas non plus totalement acceptée par les habitants. Agrippa dut y mener une campagne qui s'acheva par une « éclatante victoire », si l'on en croit Appien. Mais dix ans plus tard, Messala dut recommencer l'opération. À peu près à la même époque, vers -30, deux peuples belges, les Morins et les Trévires, se soulevèrent contre l'occupant romain et furent écrasés au prix d'une véritable campagne militaire. Ces peuples ont en commun de se trouver aux marges de la Gaule et de s'être appuyés sur leurs voisins non gaulois : les Germains au nord, les Ibères au sud. Ainsi, par contraste, se révèle l'attitude de la Celtique pendant la seconde moitié du Ier siècle avant notre ère : elle reste parfaitement calme et insensible à l'exemple que lui donnent les Belges et les Aquitains.

Pour cette période, parler de résistance militaire est donc inapproprié. Ce ne sont que des mouvements relativement ponctuels dont nous ignorons d'ailleurs les causes : différends avec l'administration, excès des légionnaires, abus des gouverneurs ? C'est probablement dans cette dernière direction qu'il faut chercher, comme le suggère la révolte des cités gauloises en 21 après J.-C., déclenchée pour des raisons fiscales sans que se manifeste un quelconque sentiment patriotique. Les Éduens et les Trévires qui échappaient à l'impôt au titre de cités « alliée » pour la première et « libre » pour la seconde, se voient tout à coup réclamer un tribut sur l'ordre de Tibère. Deux chefs de vieille noblesse gauloise, citoyens romains dont les familles avaient reçu l'autorisation de porter le nom de famille de César, l'Éduen Julius Sacrovir et le Trévire Julius Florus, forment une armée de bric et de broc. Le second fut rapidement vaincu, mais le premier réussit à occuper la ville d'Autun et à rassembler quarante mille hommes autour de lui, mal équipés il est vrai. Le légat de la

Germanie Supérieure massacra les insurgés qui ne savaient pas combattre. Seuls les deux chefs retrouvèrent la noble attitude de leurs ancêtres : ils se suicidèrent. L'historien latin Velleius Paterculus conclut ainsi : « Le peuple romain apprit la défaite de ses ennemis avant de savoir qu'il était en guerre. »

Cette anecdote, dont des historiens, à l'instar de Camille Jullian, surestiment l'impact sur la population gauloise, est en tout cas révélatrice de la situation militaire de la Gaule en ce changement d'ère. Les deux protagonistes sont des officiers de l'armée romaine, les hommes qu'ils recrutent des paysans, des déclassés, sans armes ni connaissance militaire. En 21 de notre ère, la situation reste celle que César lui-même avait voulu installer en Gaule, dès la dernière année de sa conquête. Sur ce plan encore, il avait procédé avec génie. Percevant mieux que quiconque que ses adversaires gaulois étaient des guerriers dans l'âme, il avait eu très tôt l'idée de les utiliser pour son propre compte, convaincu qu'il ne fallait pas les laisser désœuvrés. Dès sa première campagne en Gaule, il découvre les capacités exceptionnelles des cavaliers gaulois. Dans les dernières années de la conquête, il admire leur sens de l'adaptation et leur goût pour la formation : ils pratiquent avec autant d'adresse que les Romains l'art de la fortification et celui du siège. Mais il ne s'en est pas tenu à ses simples dispositions administratives, il a tiré le meilleur parti des analyses de son maître en ethnographie gauloise, Poseidonios d'Apamée : il a pris soin de ne jamais briser le fondement de la société gauloise, c'est-à-dire les institutions et les valeurs régissant les relations entre les hommes. Aussi préserve-t-il les relations de clientèle entre le chef militaire et ses subordonnés, laisse-t-il le champ libre à l'exaltation des vertus guerrières – bravoure, honneur, respect du plus fort. Des chefs gaulois, il fait des commandants de cavalerie et leur donne de quoi prouver aux yeux de tous leur mérite militaire : il les engage à ses côtés dans la guerre contre Pompée. Là, les guerriers gaulois retrouvent tout ce qui faisait leur fierté. Ils sont la meilleure arme de César et sont récompensés en conséquence.

Cette habile manœuvre eut pour César plusieurs effets bénéfiques quand, à la fin de son proconsulat, il perdit une partie de ses légions, au moment où elles lui étaient le plus nécessaires pour contrer ses adversaires romains. Elle vida la Gaule des guerriers qui, à tout instant, pouvaient reprendre les armes contre lui, elle servit de tribut principal – un impôt militaire qui occupait les hommes les plus dangereux et forçait paysans et artisans à assurer leur subsistance. César habituait les chefs gaulois, responsables de leurs hommes et de leur solde, à l'administration romaine. En somme, il rendait tous ces soldats sensibles à la cause romaine. Pendant les six années qui suivirent la guerre des Gaules, ils devinrent les plus ardents défenseurs de César et, au-delà, de Rome. Les guerriers gaulois étaient avant tout fidèles à la guerre elle-même, celle qui ne se donne pas de limite et qui offre une belle carrière à ceux qu'anime une vaillance sans borne. Pour ces hommes, dont certains bourlinguèrent sur tous les bords de la Méditerranée, il est probable que cette période fut l'une des plus riches de leur existence. Ceux qui n'y trouvèrent pas la mort revinrent en Gaule, riches et chargés d'honneur. César connaissait personnellement tous ces chefs auxiliaires et appréciait les qualités de chacun des corps de troupe qu'ils dirigeaient. Trop occupés en Espagne, en Afrique et en Orient, les uns et les autres ne songeaient pas encore à de futiles révoltes en Gaule dont les gains leur paraissaient d'avance misérables.

Sur le plan politique, César prit soin de ne pas briser les institutions gauloises, mais s'évertua à les conformer à son programme de colonisation. Il respecta les *civitates*, c'est-à-dire les peuples avec leur territoire traditionnel. La plupart conservèrent leur nom et les traités antérieurs qu'elles avaient conclus avec Rome. Il renforça même l'autonomie de chacune pour éviter toute résurgence des confédérations qui, pendant la guerre de conquête, faillirent à plusieurs reprises lui être fatales. Il maintint les assemblées, auxquelles les Gaulois étaient si attachés, mais se réserva le droit de nommer les premiers magistrats, issus désormais des partis pro-romains. Les tenants des partis opposés avaient tous disparu, exterminés pendant la guerre ou en fuite. Mais cette prise en main des rouages politiques gaulois n'était pas suffisante. Il importait aussi de convertir ces hommes politiques aux valeurs romaines, à de nouvelles conceptions de la citoyenneté et de la chose publique. Une fois encore, la romanisation de la politique ne fut pas une étape succédant aux précédentes qu'auraient été la conquête et la transformation de l'appareil militaire. Elle fut engagée dès les premiers jours de la présence de César en Gaule. Il rangea immédiatement à ses côtés les principaux chefs éduens : attirés par le mode de vie romain, ces derniers purent en goûter le confort, même au cours des opérations militaires. Parallèlement, le proconsul engageait un autre type d'acculturation, destiné aux futures générations et qui préparait l'avenir. Les milliers d'otages, issus de toutes les familles nobles et puissantes de la Gaule, étaient des élèves désignés pour cet apprentissage approfondi. La plupart demeurèrent des années dans les camps, à vivre à la romaine : cette méthode fut une réussite, notamment dans l'île de Bretagne où ces jeunes princes de retour de Rome se présentent à leurs peuples – on le voit sur les monnaies qu'ils font frapper – dotés des insignes de chefs et d'administrateurs romains.

L'autre habileté politique de César fut de ne s'adresser qu'à des hommes en particulier, des nobles ou des hommes de la plèbe qui avaient acquis une grande puissance grâce à leur sens des affaires. Il les remercia des services qu'ils lui avaient rendus en leur octroyant des charges administratives dans leur cité et des marques honorifiques de la reconnaissance de Rome. Si leur légitimité pouvait être contestée par les prétendants de l'ordre ancien au début, elle fut finalement reconnue, même chez les peuples les plus hostiles à Rome, qui avaient généralement perdu toute leur noblesse, leur sénat et leurs assemblées civiques. Les Gaulois, malgré leur profond désir de justice et leur passion des joutes politiques, apprécient ce ralliement à un chef qui leur rappelle l'ancien système de la clientèle. Mais César a bien soin d'encadrer ce nouveau clientélisme par un *cursus honorum* dont les étapes sont brèves et conduisent progressivement à Rome. Ainsi le potentat local ne peut-il guère se transformer en tyran, mais brigue des charges toujours supérieures en respectant les intérêts de l'Empire.

César, plus que tout autre homme politique romain, connaît l'immensité de la Gaule, la multitude de peuples, de tribus et de *pagi* qui la composent. Il sait que Rome à elle seule ne peut fournir suffisamment de cadres administratifs pour diriger un tel pays. En revanche, des Gaulois qui ont déjà fait la preuve de leur capacité à diriger et à administrer peuvent accomplir cette mission, si, pour cela, leur récompense est de s'enrichir personnellement et de briguer les honneurs de Rome. Les grandes familles aristocratiques survivantes n'ont qu'une alternative, continuer à vivre de leurs privilèges mais dans un cadre idéologique différent ou les perdre tous en résistant. Fort peu d'aristocrates choisirent de résister. D'autant que se soumettre au conquérant signifiait conserver ses propriétés foncières. Or la villa, ses terres où paissaient de grands troupeaux et où s'entraînait une cavalerie plus ou moins importante, représentait encore la principale richesse qui perpétuait une tradition vieille de plusieurs siècles et affirmait aux yeux de tous la puissance de son propriétaire. Les travaux archéologiques réalisés ces vingt dernières années ont clairement montré, dans la moitié nord de la France plus particulièrement, que les grands domaines agricoles n'avaient pas souffert de la conquête romaine. Constitués dans le courant du IIIe siècle avant J.-C., ils voient se succéder en leur centre jusqu'au Bas-Empire les habitations du maître et les bâtiments agricoles régulièrement reconstruits, dont la place change à peine. César, hormis chez les Helvètes et en Narbonnaise, ne fonda aucune colonie en Gaule : les Gaulois eux-mêmes devaient continuer à cultiver leurs terres et à produire du bétail. Or la demande s'intensifia très rapidement : la Gaule devait subvenir à une population qui se reconstituait et surtout aux besoins croissant des armées, tandis que, simultanément, la réputation des produits gaulois s'étendait jusqu'à Rome. Comme on l'a vu précédemment, l'agriculture gauloise était performante. C'eût été une erreur économique d'en bouleverser le fonctionnement en substituant aux nobles gaulois des colons aux connaissances agronomiques forcément inadaptées. César a peut-être eu aussi cette intelligence de n'y rien changer.

La présence de militaires en grand nombre sur le territoire et la création des chefs-lieux de cité sur le modèle romain, c'est-à-dire avec des bâtiments administratifs, cultuels et de spectacle, diversifient considérablement les métiers artisanaux, cantonnés auparavant aux métiers du bois et de la métallurgie, puisqu'il faut désormais faire face à de nouveaux besoins en maçonnerie, sculpture, céramique. Or, au moins jusqu'au milieu du Ier siècle de notre ère, la main-d'œuvre manque. Il faut remplacer les millions d'hommes morts à la guerre ou partis servir comme auxiliaires des armées romaines. C'est donc l'ensemble de la population gauloise qui est mise à contribution pour servir la nouvelle économie. L'extraordinaire production monétaire – tant par la quantité que par les nouveaux types – qui surgit en quelques années après la conquête romaine témoigne d'une circulation incroyable de richesses qui gagnent aussi, dans une moindre mesure, les couches populaires. La généralisation de l'usage de la monnaie et l'échange beaucoup plus vaste des marchandises bouleversent les relations entre les hommes. Mais ils transforment surtout les conceptions que ces derniers se font de leur vie humaine, et, par conséquent, de leurs rapports aux dieux et à l'au-delà.

Ces changements nous ramènent au troisième plan de notre observation, qu'on pourrait qualifier, d'une manière très générale, de culturel. Il n'est pas le plus négligeable car c'est souvent celui dont se réclament les tenants de l'idée que la composante gauloise s'est perpétuée sous l'Empire romain, et parfois bien au-delà. S'ils sont contraints de reconnaître la défaite militaire, les déficiences politiques des peuples gaulois, ils prétendent que la tradition celtique est demeurée vivace dans la religion, dans certaines coutumes, dans l'art et les autres créations de l'esprit. Cette thèse a été d'autant plus défendue depuis le début du XIXe siècle qu'elle paraissait irréfutable. L'absence de témoignage écrit semble autoriser toutes les interprétations, même les plus extravagantes. Les progrès de l'archéologie modifient heureusement ces anciennes perspectives, obscures et fermées. La vie quotidienne des Gaulois, leur économie, leurs nouvelles mœurs religieuses et funéraires, dans les premières décennies de notre ère, se font désormais jour et permettent de porter sur les sources historiques un regard nouveau.

Il faut commencer l'examen par la religion, parce que, du

temps de l'indépendance, elle était la pierre angulaire du monde culturel celtique. Une grande partie des croyances, beaucoup de coutumes et la majeure partie des productions artistiques y trouvaient leur source ou devaient se soumettre à son contrôle. Les défenseurs de la thèse d'une résistance culturelle face à l'occupant romain estimaient que les pouvoirs immenses des druides, organisateurs de la religion, selon les dires de César, n'avaient pu s'évanouir avec la simple présence des Romains : les croyances se seraient maintenues et le culte aurait pris des formes secrètes, tandis que bon nombre de druides survivaient dans la clandestinité. Pour affermir leur théorie, ils s'appuyaient sur une mention historique signalant la présence de prétendus druides prophétisant la fin de l'Empire au temps de Néron. Comme il l'a été montré, ces interprétations reposent sur la seule foi des témoignages de César en négligeant une multitude d'autres sources souvent plus anciennes, qui permettent de comprendre comment César a rédigé son passage sur les druides et ses intentions très partisanes. Les druides étaient en réalité, rappelons-le, des philosophes soucieux que leurs connaissances produisent une action positive sur la société, notamment en matière de politique. C'est en ce sens qu'ils ont revisité la religion et pris en charge les autres grandes institutions sociales, justice, éducation, production de connaissances scientifiques. Leur apogée se situe entre les Ve et IIIe siècles, mais l'installation de régimes politiques de type démocratique, le développement du commerce avec ses corollaires (circulation de biens, d'œuvres d'art et d'idées nouvelles) au IIe siècle amorcent leur déclin, amplifié par leur participation aux affaires politiques et peut-être commerciales. La situation que décrit César, issue des textes de Poseidonios d'Apamée est bien antérieure au milieu du Ier siècle avant J.-C.

Les fouilles archéologiques montrent que les grands sanctuaires édifiés dans le courant du IIIe siècle connaissent une réelle désaffection à la fin du siècle suivant. Certains voient leur activité s'éteindre totalement, d'autres connaissent de nouvelles pratiques cultuelles – des petites offrandes surtout –, qui témoignent d'un plus grand rôle accordé à l'individu. Le culte public, celui de la communauté entière, marqué par les grands sacrifices animaux et les trophées guerriers est de moins en moins manifeste dans les découvertes archéologiques datables de la fin du IIe et du début du Ier siècle avant J.-C. Ces phénomènes révèlent une transformation en profondeur des conceptions religieuses, sous l'effet notamment de l'influence romaine, par le biais du commerce. Désormais la religion, sous l'emprise idéologique puissante des druides, ne contrôle plus l'ensemble des croyances, la morale de la classe aristocratique, les aspirations de la plèbe et les productions de l'esprit. Avec la création de la *Provincia*, une partie de la Gaule se romanise à une vitesse étonnante. Or ses habitants conservent des relations de parenté, de clientèle politique, des traités commerciaux avec ceux de la Gaule intérieure. Dans cette dernière se développe alors une aspiration formidable à de nouveaux moyens d'expression individuels en matière de religion, de politique et d'art. La vieille morale pythagoricienne des druides avait suscité trop de frustration chez ceux qui ne possédaient pas leurs connaissances et ne pouvaient laisser libre cours à leur imagination, pour que cette attente ne se transforme pas en un déferlement de biens, d'idées, de mœurs venus du monde romain. Ainsi la monnaie, dans les années 100, prend-elle un essor considérable dans le Centre et le Centre-Est de la Gaule et s'aligne sur le denier d'argent romain. Dans les lieux de culte, apparaissent et se multiplient des ex-voto. Les bouleversements artistiques ne sont pas moins impressionnants : les représentations deviennent franchement réalistes, ce qu'elles n'avaient jamais été auparavant ; les figures humaines et divines qui faisaient l'objet d'un interdit sont de plus en plus courantes.

Les valeurs connaissent les mêmes transformations brutales. Sans doute l'irruption de l'influence romaine ne fait-elle qu'accentuer et précipiter un processus déjà en cours. Les antiques vertus guerrières des Gaulois qui ont fait leur réputation dans tout le monde gréco-romain ne sont plus l'apanage, au début du Ier siècle avant notre ère, que des Belges et des Aquitains. Les Éduens et les Séquanes, dans leur lutte fratricide, font, tout comme les Romains, appel à des auxiliaires : c'est ce qui fera le malheur des Séquanes qui requièrent l'aide des Germains en réponse. Il est probable que les Éduens sous-traitent même l'appareil militaire : Dumnorix met sa propre cavalerie à la disposition de César, comme il devait le faire avec sa propre cité, lui qui avait déjà en sa possession la ferme des impôts sur tout le territoire. À l'inverse, les peuples belges les plus septentrionaux font preuve d'un puritanisme qui s'exprime par le refus du commerce romain et la condamnation de leurs voisins qui, selon eux, se laissent amollir par le luxe. Ce changement des valeurs et des modes de vie touche surtout la noblesse. Tandis que les chefs belges continuent d'exalter leur condition de grands propriétaires terriens, en vivant au milieu de leurs troupeaux, en chassant dans leurs forêts, leurs homologues de la Celtique s'enrichissent avec les charges administratives, les produits du commerce, le contrôle des voies de communication. Ils établissent même d'étroites relations d'affaires, voire d'amitié avec de grands négociants romains. La famille de Diviciacos a certainement noué des contacts serrés avec les propriétaires des vignobles d'Italie dont les amphores arrivent par dizaines de milliers sur le territoire de leur cité. Les négociants romains s'installent même chez certains peuples, les Bituriges, les Trévires, bien avant la conquête de la Gaule.

C'est pourquoi la conquête romaine ne bouleverse pas fondamentalement des façons de vivre et de penser qui étaient déjà en pleine évolution dans une grande partie de la Gaule depuis plusieurs décennies. Elle leur permet, au contraire, de s'exprimer pleinement et de trouver la matière qui leur est nécessaire. Il est désormais plus facile à de nombreux peuples et à des couches plus larges de la population d'acquérir des biens de consommation qui n'étaient auparavant réservés qu'aux puissants dont ils étaient même devenus les signes distinctifs. Il ne fait guère de doute – quoique cela coûte à un orgueil nationaliste mal placé – que la conquête s'est assimilée pour beaucoup de Gaulois à une démocratisation de la consommation et à une découverte de l'individualisme. L'occupation des cités sensibles ou périphériques par les légions et la mise en place d'un embryon d'administration romaine a plutôt contrarié les ambitions des hommes, voire même des cités, les plus favorables à Rome, les Éduens, par exemple, qui exerçaient un quasi-monopole sur les relations commerciales et financières avec l'État romain. Grâce à cette position dominante, ils avaient pu s'enrichir et surtout considérablement renforcer le réseau de leur clientèle. L'arrivée de César bouleverse leurs affaires, ainsi que le déclare ouvertement – et non sans naïveté – Liscos, premier magistrat, à propos de Dumnorix : « Il nourrissait une haine particulière contre César et les Romains, parce que leur arrivée avait diminué son pouvoir et rendu à son frère Diviciacos crédit et honneurs d'autrefois. » De fait, l'habile politique de César consistait à s'attirer les bonnes grâces de l'ensemble de l'aristocratie en brisant les menées de ceux qui, parmi elle, s'étaient acquis un trop grand pouvoir. L'affaire helvète lui avait fait prendre conscience que les trois animateurs du complot destiné à s'emparer de l'hégémonie gauloise avaient failli arriver à leurs fins en s'appuyant sur un réseau de parenté et de clientèle disséminé dans toute la Gaule. Il fallait briser ces velléités hégémoniques – et, d'une certaine manière, nationalistes – en rendant aux cités leur indépendance et leur autonomie. Cela supposait d'accorder du pouvoir à des chefs moins charismatiques qui s'attacheraient à devenir les premiers chez eux, et non plus les premiers en Gaule. Entre temps, l'administration romaine aurait tout loisir de faire briller aux yeux de ces nouveaux magistrats tous les bienfaits d'un *cursus honorum* à la romaine – c'est-à-dire sans danger pour l'occupant. Cette politique connut un succès inespéré puisque l'épigraphie funéraire montre que, très tôt, les édiles gaulois eurent à cœur, et avec une fierté évidente, de se présenter dans leur sépulture tantôt comme Rème, tantôt Lingon ou Picton mais jamais comme Gaulois.

Le génie de César, qui ne fut pas trahi par les gouverneurs qui lui succédèrent ni même par Auguste, fut assurément de n'avoir pas écrasé la Gaule sous une administration trop pesante. Certes, il avait confisqué les biens et les pouvoirs de ceux qui s'étaient opposés à lui mais le plus souvent, il les redistribua aux chefs gaulois qui lui étaient restés fidèles. À un grand nombre de cités, il fit payer un tribut et réclama des auxiliaires et des chevaux. Mais toutes ces mesures, aussi difficilement supportables qu'elles étaient pour des peuples parfois très diminués par la guerre, ne leur paraissaient pas moins normales. Elles s'inscrivaient dans un droit de la guerre que les Gaulois, pour l'avoir pratiqué pendant des siècles, ne pouvaient guère contester. Dans le même temps, la configuration du territoire demeurant quasi inchangée, les chefs continuèrent d'exercer un pouvoir seulement amoindri, ce qui valut à César leur reconnaissance.

En outre, César prit bien soin de conserver à chaque armée l'autonomie ethnique qui lui était si chère, avec ses propres chefs, et en utilisant la spécialité de chacune : tireurs d'arc rutènes, fantassins aquitains, cavaliers de Celtique. Il les emmena en Espagne, à Alexandrie, en Afrique. En quelques années, les soldats gaulois et les Germains qui les accompagnaient acquirent dans tout l'Empire romain une réputation de terribles guerriers qui parut effacer les défaites de la guerre des Gaules et rappelait les anciens exploits de leurs ancêtres, les mercenaires des cités de Grèce et de Grande Grèce. Le charisme de chef de guerre de César convenait bien à ces Gaulois. L'équilibre auquel il était parvenu tenait en grande partie à la relation de confiance qu'il avait su établir avec ces chefs. Quand il mourut subitement, on redouta à Rome un soulèvement de toute la Gaule. Cicéron, qui rapporte ces craintes, indique également que le gouverneur de la Gaule chevelue, L. Munatius Plancus, dut œuvrer pour gagner lui-même la confiance des chefs gaulois. Il y parvint, semble-t-il, mais on ne sait à quel prix.

Les Gaulois, dans les dernières décennies précédant notre ère, n'eurent certainement pas le sentiment de connaître une réelle occupation de leur territoire. Les légions romaines n'étaient cantonnées qu'en quelques points stratégiques, tandis qu'en Gaule, les Romains les plus nombreux étaient des commerçants. Dans les campagnes profondes, la présence étrangère n'était même pas soupçonnable. Il serait vain de vouloir brosser un tableau de l'état de la Gaule de cette époque car les situations matérielles des hommes et de leur environnement ne furent jamais aussi diverses : les cités fédérées (Éduens, Rèmes, Lingons, par exemple) étaient prospères, tandis que d'autres présentaient un territoire anéanti par les opérations militaires. Chez certains peuples, la population avait dangereusement faibli. Chacun ne voyait que le spectacle que lui offrait sa propre cité, mais ne constatait pas de différence fondamentale avec des situations antérieures encore dans les mémoires : l'invasion des Cimbres et des Teutons, les guerres terribles des cités du Centre-Est avec les Germains. La littérature orale conservait aussi le souvenir de guerres plus anciennes, d'invasions violentes ininterrompues. Il est fort probable que les Gaulois, au tournant de notre ère, aient eu à peu près le sentiment des paysans français pendant la guerre de Cent Ans, un mélange de désespoir, de fatalisme et, malgré tout, de croyance en un avenir meilleur. La guerre de César prenait toutefois pour eux un autre sens que les carnages inutiles, les dévastations gratuites des décennies antérieures. Ils percevaient qu'elle donnerait naissance à un nouvel ordre. Il n'est pas sûr que beaucoup aient jugé que cet ordre serait néfaste.

Ce serait donc un tort de projeter – volontairement ou non – sur cette période le schéma d'une occupation telle que la France l'a connue entre 1940 et 1945. Les Gaulois n'ont pas eu l'impression d'être colonisés, parce qu'il n'y a pas eu de la part de Rome volonté d'une telle opération, au sens où elle l'entendait habituellement – avec déplacement d'indigènes, découpage des terres et installation de vétérans. La plupart des Gaulois poursuivirent après la guerre leur vie précédente. Comme la romanisation se fit malgré tout lentement – presque un siècle fut nécessaire pour que s'installe un véritable tissu urbain sur la Gaule –, il est probable que les habitants n'aient eu qu'une très vague conscience des changements qui s'opéraient.

CHAPITRE III

Les Gaulois ont-ils tout appris des Romains ?

Nous l'avons vu, ce n'est qu'avec la naissance d'une histoire plus objective au XIXe siècle que se manifeste un intérêt pour les Gaulois. Mais intérêt ne signifie pas encore, loin s'en faut, compréhension et analyse raisonnée de leur situation dans le tableau des civilisations antiques. On les redécouvre seulement comme les premiers acteurs identifiables de l'histoire de France, mais leur rôle y semble mineur. Au mieux, ils sont perçus comme ces bons sauvages chers à Montaigne ou ces bons vivants, modèles pour Rabelais, et prétextes à un néologisme promis au plus bel avenir, la « gauloiserie ». Amédée Thierry, dans sa première et monumentale *Histoire des Gaulois* en 1828, sur un ouvrage de près de mille deux cents pages, n'en consacre qu'une cinquantaine à la « description des mœurs et des coutumes ». Il souffre évidemment d'un manque de matériaux – monuments antiques, œuvres d'art, objets de la vie quotidienne qu'on ne sait pas encore à cette époque attribuer aux Gaulois – et doit se contenter de généralités. Mais sa présentation désordonnée mêle les faits avérés et les lieux communs. Autant son excellente connaissance des sources antiques lui a permis de reconstituer une histoire raisonnée des peuples celtes entre 600 et le début de notre ère, autant il met mal à contribution ces sources pour ce qui aurait pu être une description générale de la civilisation des mêmes peuples. Il est vrai qu'il ne pouvait alors, à quelques années près, bénéficier des premiers résultats de la philosophie positiviste.

À la même époque, Fustel de Coulanges ignore superbement les Gaulois. Ils ne sont pour lui qu'un élément parmi d'autres dans le peuplement hétérogène de la Gaule antique : « Telle a été l'accumulation des races dans notre Gaule. Races sur races, peuples sur peuples ; Galls [Gaulois], Kymrys [Cimbres conçus comme une branche des Cimmériens], Bolg [Belges], d'autre part Ibères, d'autres encore, Grecs, Romains ; les Germains viennent les derniers. » Peu lui importe, de toute façon, puisqu'il considère que la seule civilisation digne de ce nom est la gréco-romaine dont l'étude des institutions, du culte et du droit constitue son œuvre majeure, *La Cité antique*, publiée en 1864. « On réunit dans la même étude les Romains et les Grecs, parce que ces deux peuples qui étaient deux branches d'une même race, et qui parlaient deux idiomes issus d'une même langue, ont eu aussi un fonds d'institutions communes et ont traversé une série de révolutions semblables », écrit-il dans son introduction. Aujourd'hui, on n'oserait plus affirmer que les Grecs et les Romains sont issus d'une même race et parlaient des langues quasi similaires, quoique l'on sache qu'entre le début de la période hellénistique et le début du Bas-Empire, leur civilisation a connu l'impressionnante fusion qui suscite le qualificatif d'« empire gréco-romain », selon la belle expression de Paul Veyne. En revanche, il y avait une proximité réelle entre la langue gauloise et la langue latine et les peuples gaulois et romain ont eu en partage quelques mœurs et coutumes. Mais cette parenté, qui a permis aux linguistes, dès 1852, de désigner la branche indo-européenne d'où sont issus le gaulois et le latin comme « italo-celtique », reste ignorée de Fustel de Coulanges. Pour lui, la France ne commence à exister qu'avec l'établissement sur son sol de la civilisation gréco-romaine à qui elle doit tout : telle est bien la leçon qu'ont retenue les historiens officiels qui lui ont succédé. Si une première forme de nation peut être recherchée dans la lointaine Gaule, elle n'est qu'une preuve supplémentaire du désir de nation qui anime les occupants de la France, aussi loin qu'on remonte dans le temps. Cependant, les Gaulois appartiennent encore à la préhistoire. C'est d'ailleurs là que les rangent la plupart des auteurs de manuels scolaires. S'il est plus aisé, de nos jours, de les situer dans le temps avec précision, et si les tableaux synoptiques imposent de les placer sur une même ligne horizontale à côté des Grecs et des Romains des périodes royale et républicaine, le chapitre très court qui leur est consacré clôt généralement la description des temps préhistoriques. La raison en est simple : depuis Fustel de Coulanges, les habitants de la Gaule préromaine sont réputés ne pas avoir bénéficié d'une authentique civilisation.

C'est évidemment un regrettable manque de connaissance qui explique, en grande partie, cette opinion. En l'absence d'une littérature gauloise, nous sommes bien obligés de nous contenter des propos de César et de quelques autres auteurs antiques. Mais c'est surtout un *a priori* négatif qui a installé une fois pour toutes dans les esprits des historiens l'idée que la Gaule avait reçu la civilisation comme un bienfait des Romains, en contrepartie de la conquête. Peut-être une lecture trop superficielle des Anciens les a-t-elle convaincus que les Gaulois ne connaissaient que quelques rudiments de la civilisation : l'agriculture, l'art de la guerre, les artisanats de base et les règles les plus élémentaires de la vie en société. Elle les a assurément persuadés qu'ils n'en connaissaient pas les expressions les plus nobles : les institutions politiques, le droit et la culture. Malgré une recrudescence des fouilles archéologiques des sites de l'âge du fer et de leurs publications ces trente dernières années, le lieu commun d'une absence d'authentique civilisation gauloise persiste. Archéologues et historiens anglo-saxons utilisent même à ce propos des termes que les anthropologues réservent d'habitude aux sociétés indigènes sans État : ils parlent de « société tribale », de « chefferie ». On est donc en droit de se demander si ce sont effectivement les Romains qui ont appris aux sociétés occidentales de l'âge du fer les formes supérieures de la civilisation ou, du moins, si l'on est persuadé du contraire, de mesurer la part des Gaulois et celle des Romains.

Depuis la fin du premier âge du fer, c'est-à-dire depuis le ve siècle, les Gaulois pratiquaient à la perfection un certain nombre de métiers artisanaux. Au premier rang se tiennent tous les métiers du bois – la charpenterie, qu'elle s'applique à la construction d'édifices ou à celle de navires, la menuiserie, le charronnage, la tonnellerie. Dans ces domaines, leur réputation avait largement franchi les frontières de la Gaule, en direction de l'Italie plus précisément où les chars et charrettes et les tonneaux gaulois étaient recherchés. Ces produits inconnus sous cette forme dans la péninsule gardèrent souvent leur nom d'origine. Les métiers des métaux, extraction des minerais, mise en forme du métal, émaillage, armurerie, n'avaient rien à envier aux premiers. Les armes de fer, les chaînes, la cotte de mailles, créés ou améliorés par les Celtes, furent, dès le IVe siècle, adoptés par leurs voisins prestigieux, comme les Vénètes, les Étrusques, et plus tard les Germains. Bien que le tissage fût alors une activité très répandue, les Gaulois firent encore avec lui preuve d'esprit d'innovation. Ils inventèrent – ou réinventèrent – le pantalon (les braies) qu'ils empruntèrent peut-être aux Scythes, ainsi que la saie (manteau court avec des manches). Ces vêtements à la fois pratiques et protecteurs furent rapidement adoptés par les militaires romains puis par les populations de l'Empire. Mais la renommée des tisserands gaulois tenait surtout à leur art de la teinture et de la broderie qui leur permettait de réaliser des tissus multicolores, rayés ou en damiers et parfois, pour les vêtements de luxe, rehaussés de fils d'or et d'argent. Le savon et la décoloration des cheveux pour les blondir étaient également des inventions gauloises.

Dans l'élevage et l'agriculture, courants chez tous les peuples antiques, les Gaulois mirent au point outils et machines spécifiques qui acquirent une forme quasi définitive souvent dès le IIIe siècle. C'est particulièrement vrai pour les instruments et outils agricoles. Mais leurs recherches pour rendre les travaux des champs plus faciles et plus efficaces s'orientèrent dans des domaines jusqu'alors inexplorés : amélioration des attelages et du sol par l'amendement – ils inventent le marnage – et la fumure. Leurs élevages prospéraient, aussi bien ceux des bovidés, des porcs et des moutons que ceux des volailles. Les dizaines de milliers d'ossements découverts sur les sites d'habitat sont éloquents à cet égard. Notre mauvaise connaissance de l'ensemble de la population physique ne permet pas de savoir si celle-ci bénéficiait d'une alimentation suffisante, mais il est sûr, en tout cas, que les nobles et les guerriers jouissaient d'une nourriture carnée abondante. Il est possible qu'avant la conquête romaine quelques produits d'élevage aient fait l'objet d'exportation, sans doute des chevaux qui étaient réputés, et peut-être aussi des produits de conserve, tels que les salaisons de porc. La pêche était également fréquente en haute mer, dans la Manche et l'Océan, grâce aux navires performants des Armoricains.

Cependant, à l'inverse des Grecs et des Romains, les Gaulois n'ont pas pratiqué tous les métiers que l'on connaissait sur les bords de la Méditerranée. Les absents les plus remarquables sont ceux de la pierre, un matériau qui, malgré l'importance et la variété des ressources locales, ne les a guère inspirés. L'architecture de la pierre fait défaut, tout au moins celle qui nécessite une mise en forme du matériau sous la forme d'une taille adaptée puis son assemblage par maçonnerie. Les Gaulois ont généralement utilisé le matériau sous sa forme brute pour édifier des murs de pierres sèches ou des toitures. La terre, au contraire, a été abondamment mise à contribution pour réaliser des murs, des sols, des plafonds protecteurs contre la chaleur, le froid et l'humidité. Néanmoins les types d'utilisation sont restés simples : torchis et pisé. Les briques cuites et les tuiles sont inconnues. Les briques crues sont utilisées uniquement à proximité d'agglomérations grecques ou à la demande d'architectes étrangers. Ce sont les Romains – tout d'abord les militaires – qui ont appris à la population gauloise ces nouvelles techniques de maçonnerie : production de la chaux et élaboration du mortier, cuisson des briques et des tuiles, fondations enterrées, évacuation des eaux de pluie.

Bien que les vastes déplacements de population et les entreprises guerrières à l'étranger les aient amenés à concevoir d'efficaces moyens de transport et des infrastructures adaptées – un certain nombre de routes traversent peu à peu toute la Gaule avec les franchissements de rivière nécessaires –, les Gaulois n'ont longtemps et contrairement à leurs voisins méditerranéens éprouvé que fort peu de goût au commerce. Il heurtait leurs valeurs traditionnelles qui voulaient que les richesses ne soient acquises qu'à la guerre et que le travail de la terre ou de l'artisanat n'assure que la substance de ceux qui l'accomplissent.

Parce qu'ils avaient besoin de produits exotiques qui n'existaient pas chez eux, ils demandaient aux Grecs de les leur procurer, en contrepartie du droit de traverser leur territoire. Mais cette activité, régulière depuis la fin du VIe siècle, n'a guère servi d'exemple pour eux, si l'on en croit le témoignage de la monnaie. Jusqu'à la création de la province romaine dans le Sud-Est de la Gaule, elle ne fut qu'un bien symbolique ne permettant pas l'échange généralisé des objets ou des services. Seule la présence plus forte de Romains en Gaule, à partir du IIe siècle, incite les Gaulois, les Éduens surtout, à prendre progressivement part aux affaires commerciales, par le contrôle à la fois politique et administratif de ces activités sur le territoire de la *civitas*. On sait que la forte production romaine de vin exigeait toujours de nouveaux débouchés et la création de véritables marchés de ce produit en Gaule. On peut donc raisonnablement penser que ce sont bien les Romains qui ont appris le commerce aux Gaulois, bien avant la conquête cependant.

Les Gaulois n'avaient pas la « logistique » nécessaire, les intermédiaires de tous ordres, des comptoirs et la maîtrise complète de la chaîne qui va du producteur au consommateur. Mais c'est surtout un réseau sûr de voies traversant le territoire qui faisait défaut. Les routes terrestres et fluviales existantes avaient été conçues par chacun des peuples pour leur usage personnel, parfois pour des confédérations, et elles restaient par conséquent segmentées car l'entretien et la sécurité de chacun des segments dépendaient d'autorités locales inégalement efficaces. L'une des premières œuvres de l'administration romaine, sous la houlette d'Agrippa, fut l'installation d'une première trame de quatre ou cinq grandes routes s'ajoutant à celles qui reliaient l'Italie à l'Espagne et à la Gironde et aux trois grandes voies fluviales, le Rhône, la Loire et la Seine. Lyon se trouvait au centre du dispositif avec deux autres carrefours situés chez les peuples alliés des Romains, Reims et Langres. L'ensemble se révéla rapidement d'une très grande efficacité : ces voies constituèrent des axes internationaux, à partir desquels, dans le siècle qui suivit, se développa une multitude de réseaux secondaires constituant une trame serrée sur tout le territoire de la Gaule.

En matière de politique, les historiens ont longtemps pensé – et l'opinion commune le croit encore – que les Gaulois étaient totalement incultes et n'en pratiquaient que les formes les plus grossières, discussions sans fin, agressions verbales menant jusqu'à l'affrontement physique dans des assemblées tumultueuses. Le responsable involontaire de ces lieux communs est paradoxalement le meilleur observateur des Gaulois et de leurs mœurs, Poseidonios d'Apamée, lorsqu'il décrit les banquets ritualisés des guerriers. La conception que les Gaulois se faisaient de la politique différait sensiblement de celle des Romains ou des Grecs. Chez ces derniers, la vie politique était soigneusement réglée et encadrée par un système de représentations complexe qui imposait au citoyen de suivre une carrière politique au parcours défini et lent. En Gaule, il en va différemment : l'ascension politique d'un citoyen, même issu de la plèbe, peut être rapide, du moment qu'il fait preuve d'un pouvoir charismatique, que ce soit par ses compétences guerrières, par son habileté à administrer les affaires civiles ou militaires, ou par sa puissance financière. Une assez grande proximité entre le citoyen et les assemblées et l'absence d'une réelle carrière politique conçue comme une suite d'étapes à franchir expliquent la facilité de l'ascension. Le citoyen gaulois a à cœur de conserver un contrôle sur les décisions de l'administration civile, militaire, enfin de la justice. Il peut, en tant que représentant, prendre part aux décisions, ou, comme client, faire pression sur son patron qui siège dans ces mêmes assemblées. Le système de la clientèle n'est en effet pas aussi figé qu'à Rome. Le récit de la conquête de César en donne de multiples preuves : hommes, familles, voire peuples entiers changent soudain de patron. C'est que, en Gaule, à ce que rapporte César lui-même, l'équilibre entre les devoirs du patron envers ses clients et les droits de ces derniers fait l'objet de règlements contraignants qui imposent au patron de défendre ses clients, surtout les plus défavorisés : s'il manque à son devoir, ceux-ci se détournent de lui et lui ôtent, de ce fait, tout crédit.

Comme les Grecs et les Romains, les Gaulois ignoraient les partis, au sens où nous entendons ce mot aujourd'hui. Il existait en revanche des factions qui se rassemblaient autour d'un chef dont le projet n'avait rien d'idéologique ou très peu : il tentait seulement de faire coïncider ses intérêts propres avec ceux de ses alliés dans des entreprises qui pouvaient être militaires, diplomatiques ou administratives. Des clivages récurrents sont perceptibles dans ce monde politique dès la fin du IIIe siècle, lorsque Hannibal traverse le Sud de la Gaule. Ils montrent d'évidentes parentés avec ceux que l'on connaît bien à Rome : les anciens s'opposent aux jeunes et l'aristocratie de souche ancienne aux hommes nouveaux, souvent issus de la plèbe. Au moment de la conquête romaine, ces oppositions s'affirment en fonction de la relation avec le puissant voisin romain. Les tenants d'un conservatisme gaulois se dressent face à un parti pro-romain. Mais il est hautement probable que la bipartition de la classe politique soit plus ancienne et date du moment – mal situé, aux environs du IIIe siècle – où les Éduens sont déclarés par Rome « frères de même sang ». Sur ces deux factions dominantes, César livre une information d'interprétation difficile. Il affirme que tous les peuples, toutes les tribus, toutes leurs divisions et presque toutes les grandes familles étaient divisés entre ces deux groupes. Même s'il s'agit d'une formule un peu générale, il faut y voir une part de vérité.

L'explication de la profonde division qui affecte tous les éléments constitutifs de la communauté civique tient peut-être à une particularité de la vie politique gauloise qui la distingue radicalement de ses illustres voisins. Très tôt, au moins trois ou quatre siècles avant la conquête romaine, les peuples les plus importants dans leur région ont eu des visées hégémoniques sur l'ensemble confédéral auquel ils appartenaient. Ils ont cherché à en obtenir la direction – ce que César appelle le *principatum* – qui consiste à occuper une position de patron. Celle-ci leur permettait de décider la tenue d'assemblées communes, d'en assurer la présidence et de revendiquer naturellement la direction des entreprises guerrières. Assez rapidement, en tout cas dès le IIIe siècle, cette prétention hégémonique s'étend à l'ensemble du territoire commun, chacune de ces trois « parties de la Gaule », comme les appelle César : la Celtique, la Belgique et l'Aquitaine. Nous savons qu'alors, en Celtique, les Arvernes obtinrent le leadership, tandis qu'en Belgique, les Suessions l'avaient même étendu jusqu'à l'île de Bretagne. Comme on le découvre dès les premières lignes de la *Guerre des Gaules* à propos du complot fomenté par trois chefs séquane, éduen et helvète pour conquérir l'hégémonie sur la Gaule, les alliances politiques passaient par les relations de parenté à distance où les femmes et les enfants jouaient un rôle aussi important que les hommes. C'est ainsi que les familles se déchiraient. Il en allait tout autrement dans le monde romain et dans les cités grecques où l'exercice politique visait avant tout à acquérir la première place dans la métropole – parmi ses propres concitoyens ou au sein des habitants des villes qui en dépendaient. Dans cette pratique particulière de la politique, la course à l'hégémonie, les Romains n'ont donc rien appris aux Gaulois. Mais leur premier soin après la conquête fut justement de mettre fin à de telles habitudes.

Que ce soit en matière d'économie et de politique au sens large qui comprend également les institutions, les Gaulois, eu égard à leur mode de vie, n'avaient aucun besoin particulier que les Romains pouvaient seuls satisfaire. Ce que ces derniers ont importé en ces domaines fut en surplus : ce sont pour l'essentiel les nouveaux modes de vie et de pensée. Là, les différences étaient grandes entre la Gaule et Rome. Participer à la vie économique et politique de l'Empire romain nécessitait de nouvelles habitudes et particulièrement l'*urbanitas* – vivre en ville avec des mœurs policées, ce que rend très mal l'acception actuelle de notre « urbanité ». Jusqu'aux premières réalisations architecturales sous Auguste, la plus grande partie de la Gaule et de ses habitants est demeurée dans le règne de la rusticité, sans que cet état ait eu le caractère dépréciatif que lui vouaient les Romains. Pour un Gaulois, vivre au milieu de ses terres parmi de vastes troupeaux de bovidés, élever une belle cavalerie, chasser des animaux sauvages et s'entraîner au combat étaient parmi les activités les plus luxueuses qui se puissent imaginer. Comme les héros grecs homériques, il s'agissait non seulement des signes mais aussi des conditions de la noblesse. Les terres, les troupeaux et la gloire militaire, matérialisée par les têtes coupées et l'or du butin ou des soldes, sont les trois piliers de la condition aristocrate qui permettent d'entretenir une puissante clientèle et de siéger au sénat. La ville, telle qu'elle s'est développée très tôt en Mésopotamie et sur les bords de la Méditerranée, ne répond à aucune nécessité pour les peuples celtes.

Si l'on entend par le mot « ville » le sens sociologique et économique qui lui est habituellement donné depuis Max Weber – une agglomération de marchands qui satisfait une part substantielle de ses besoins quotidiens sur le marché local –, force est de constater que bien peu de sites d'habitats gaulois répondent à ces critères. Lorsque c'est le cas, ce n'est que très tard, immédiatement après la conquête romaine, à quelques exceptions près. C'est qu'en Gaule, le pouvoir n'a jamais réussi à s'imposer sur un lieu où il se serait concentré, avec ses différentes instances, politique, administrative, résidentielle et religieuse. Les forteresses dites « princières » de la fin du premier âge du fer sont des exceptions qui demeurent énigmatiques, surtout parce qu'elles n'ont pas donné naissance à d'authentiques noyaux urbains. La raison principale tient sans doute à la structure des petits États gaulois, à la fois politique et ethnique : le pouvoir y demeurait partiellement distribué entre les vestiges tribaux du peuple, les *pagi*, communautés liées par des relations de parenté et par un territoire qui leur était propre. Ces derniers et leurs subdivisions disposaient de leur propre assemblée, armée, lieu de culte et peut-être d'un magistrat qui assistait le magistrat principal de la cité. Contrairement à ce que l'on observe en Grèce et en Italie, en Gaule le territoire de chaque État, cette *civitas* – comme la nomme César de façon ambiguë –, est plus important que son chef-lieu hypothétique, dont on se demande s'il n'est pas souvent une pure création romaine ou la projection de nos propres conceptions administratives, influencées par le découpage géographique de l'Assemblée constituante de 1790.

La ville ne répond donc à aucun besoin politique. Elle ne semble pas non plus apporter de solution à des besoins économiques ou purement commerciaux que les Gaulois, depuis des siècles, ont appris à régler par des échanges directs de biens ou de service avec d'autres puissances, avec des consortiums de commerçants grecs puis romains. Mais la différence tient surtout à la demande. Les Gaulois ont très peu de besoins matériels. Le marché demeure pauvre en quantité de marchandises recherchées et par le très petit nombre des demandeurs – uniquement les membres de l'aristocratie. C'est pourquoi les comptoirs de commerçants étrangers, dans les siècles qui précèdent la conquête, à Bourges et le long du Rhône ne génèrent pas spontanément des villes. Il en va de même des quelques centres artisanaux révélés ces dernières années par les fouilles archéologiques. En outre, l'absence d'un vaste réseau de voies n'a pas contribué à mettre en relation les différents centres de production entre eux. Généralement, au carrefour des chemins et des rivières, près des ports, se développent d'importants marchés qui attirent une population plus ou moins nombreuse. En Gaule, les grands chemins traversant le pays tout entier, de Marseille à Boulogne-sur-Mer, de Narbonne à l'estuaire de la Gironde, paraissent avoir été avant tout ceux des commerçants étrangers.

Le phénomène des *oppida*, qui a fait l'objet de nombreuses études ces dernières décennies, est très surestimé. Il ne concerne qu'une partie du territoire de la Gaule et se révèle assez tardif. Beaucoup de ces places fortes sont postérieures à la conquête. Si quelques-unes d'entre elles, Bibracte chez les Éduens par exemple, paraissent remonter au IIe siècle, elles ne constituent nullement le maillon manquant qui ferait le lien entre les petites forteresses princières de la fin du VIe siècle et les premières villes augustéennes. Le concept ambigu de « proto-urbanisation » évoqué à leur propos ne constitue pas une explication, car sur ces *oppida*, la part proprement urbaine est plus que limitée : aucun plan préconçu ne se révèle, les habitations ne sont pas contiguës, les aménagements collectifs insignifiants. En revanche, de vastes espaces paraissent avoir été réservés au parcage de troupeaux et au jardinage. Il n'est pas du tout sûr que, si la conquête romaine n'avait pas eu lieu, ces fortifications médiocres et souvent mal situées aient donné naissance à de véritables villes. On est donc amené à considérer avec le plus grand scepticisme l'affirmation de Plutarque, selon laquelle César aurait conquis en Gaule plus de huit cents villes. Il faut, à cet égard, réutiliser la critique que

Poseidonios formulait à l'encontre de Polybe qui parlait des trois cents villes conquises par Ti. Gracchus chez les Celtibères : il ne s'agirait que de « simples camps fortifiés » qu'on habille pompeusement du nom de « villes » pour donner du lustre au défilé du triomphe.

Quoi qu'il en soit, ce n'est ni sur ces *oppida* ni dans la proximité des comptoirs commerçants qu'a pu se développer cette *urbanitas* qui réussira peu ou prou à s'implanter dans la Gaule sous l'Empire.

Cette culture de la vie publique n'existait précisément pas dans la civilisation gauloise dans un cadre urbain dont l'expression la plus accomplie s'est développée dans la Grèce de l'âge classique puis dans la Rome républicaine et impériale. La *scholé* des Grecs et l'*otium* des Romains – mots difficiles à traduire et surtout à comprendre pour les esprits contemporains, « loisir » ne donnant qu'une vague idée des formes variées de ces pratiques sociales et culturelles – s'épanouissent quasi exclusivement à la ville, sur les lieux de réunion, dans les espaces réservés à l'exercice physique et à l'entretien du corps, dans les édifices de spectacle. À des degrés divers, selon leur origine et leur richesse, tous les citoyens y prennent part – c'est même un signe distinctif de la qualité de citoyen. En Gaule, les « loisirs » ne comprennent qu'un nombre limité de ces pratiques : les réunions politiques et militaires, les banquets, les exercices physiques et l'entraînement militaire, la chasse, des spectacles poétiques et musicaux. Ce simple catalogue pourrait laisser imaginer une certaine parenté entre les loisirs des Gaulois et de leurs prestigieux voisins. Mais, en réalité, leur forme les différencie radicalement. Pour les Gaulois, ces loisirs demeurent intimement attachés à des activités politiques, militaires et religieuses. Ils ne s'en démarquent pas en les pratiquant dans des lieux adaptés, à des moments de la journée et de la semaine qui leur soient consacrés. Les sanctuaires et les lieux de réunion sont polyvalents. Les villas rurales accueillent des réunions plus restreintes, permettent les activités physiques et militaires et surtout la chasse. Aucun lieu aménagé n'est propre aux spectacles, de quelque nature qu'ils soient. La principale différence tient donc à la dispersion des lieux communautaires, à leur caractère souvent provisoire. Ainsi les lieux de banquet, bien souvent, ne servent-ils qu'en une seule occasion.

Ce ne sont ni le hasard ni un état archaïque de la société qui expliquent la forme fruste des loisirs gaulois mais des raisons d'ordre spirituel, politique et économique. La dispersion de l'habitat et l'absence de structures centralisatrices nécessitaient des liens souples et multiples plutôt qu'institutionnels pour donner à la population le sentiment d'une appartenance à un même peuple. Rassembler les lieux de « loisir », c'était prendre le risque d'une rupture irrémédiable entre une population en majeure partie paysanne et un petit groupe d'aristocrates coupé du pays, du peuple et des moyens de production. Une expérience de ce type s'était produite à la fin du premier âge du fer. Elle avait échoué pour des motifs qui font encore l'objet de débats passionnés entre historiens et archéologues. Mais il est sûr que le nouvel ordre qui s'est institué ensuite a répondu au souci d'une meilleure occupation du territoire et d'un éclatement des organes de pouvoir pour mieux l'assurer. Entre les Ve et IIe siècles, le mouvement le plus perceptible est celui d'une multiplication des lieux d'habitat et de production agricoles : à côté des petits villages du début du second âge du fer se propagent à l'infini hameaux, grandes villas, fermes de toutes tailles. Les lieux de culte, de réunion et de banquet, en s'écartant des habitats, paraissent échapper à la logique de ce maillage, comme s'ils voulaient le transcender et établir un lien plus fort encore entre les habitants et la totalité de leur territoire.

Dans la forme surtout, c'est exactement l'inverse de la politique territoriale que les administrateurs romains apprennent aux Gaulois, à partir de l'époque d'Auguste. En effet, si le territoire dans son extension spatiale est généralement respecté, son organisation est totalement rénovée. Dans chacune des *civitates* est défini un centre politique, administratif, religieux et économique. La plupart du temps, il est défini arbitrairement, sans tenir compte d'un *oppidum* ou d'une bourgade qui se trouvait à proximité et aurait pu faire l'affaire. On privilégie des lieux neutres, sur un terrain généralement plat se prêtant à la réalisation d'une ville au plan prédéfini, et situés sur un axe routier ou au carrefour de voies terrestres et fluviales. L'habitude est acquise aujourd'hui d'appeler ces endroits « chefs-lieux de cité », peut-être en référence à l'administration de la France par Napoléon. Le terme est quelque peu minoratif : il s'agit en effet de véritables villes qui fonctionnent à l'intérieur du territoire de la cité comme des capitales mais des capitales doubles, à la fois de la cité et, par procuration et par un renvoi constant, de l'Empire. Ces chefs-lieux de cité sont des reproductions miniatures de l'*Urbs*, modèle, étalon, référence absolue d'un mode de vie à la romaine. Dans chacune se retrouve ce qui fait la quintessence de la civilisation romaine, le siège des magistrats, les lieux d'assemblée, les temples des dieux officiels, le marché et les installations de spectacles et de plaisir. Ces aménagements urbains, de faible extension spatiale au moment de leur construction sous Auguste, s'adressent d'abord à tous ceux, Gaulois et Romains, qui ont des charges administratives, ainsi qu'aux commerçants et aux militaires. Mais ils n'excluent nullement les propriétaires des domaines agricoles environnants ni les commerçants. Parce que ces petits centres sont des marchés et des lieux de loisirs, ils attirent de plus en plus la population rurale, jamais éloignée de plus de deux ou trois jours de route.

Pour autant, les villes nouvelles ne remettent pas en cause la répartition de la population sur le territoire ni son habitat. Le plus grand nombre demeure dans des myriades d'exploitations agricoles et de petites bourgades. Comme les villes-marchés du Moyen Âge, les chefs-lieux de cité aspirent la population rurale à date fixe, les jours de fête, de marché ou d'obligations civiques. Une nécessité liée à l'activité professionnelle, au commerce surtout, devient rapidement un plaisir, celui de se rassembler, de consommer et d'acheter des produits nouveaux, d'assister à des spectacles. Dès que l'habitude en est prise, aux environs du changement d'ère, il devient facile à d'autres habitudes, d'autres mœurs et d'autres façons de vivre de s'imposer lentement mais de façon définitive : admirer l'architecture des temples et des bâtiments civiques, découvrir les images des dieux, participer individuellement et selon ses moyens aux sacrifices et aux offrandes, envier le luxe et l'apparat de l'élite, copier leurs habitudes en allant aux thermes et aux spectacles.

Une nouvelle culture s'est ouverte aux Gaulois. Mais sa découverte et son acquisition n'ont pas été égales pour tous. L'ancienne aristocratie gauloise, les détenteurs des charges administratives, les habitants des villes s'y plongèrent littéralement. Les paysans, en revanche, n'en virent longtemps que de très lointains effets. Ce n'était pas la culture gréco-romaine dans toute sa splendeur : il y manquait la littérature et la philosophie qui nécessitent l'apprentissage de la langue latine, la fréquentation d'écoles où enseignent de véritables maîtres. Certes, Marseille offrait ces possibilités depuis longtemps mais peu de Gaulois y avaient accès. Pour que ces disciplines connaissent une meilleure audience dans les couches les plus élevées de la société, il faudra attendre que se développent les centres d'enseignement d'Autun et de Lyon. Au contraire, les arts plastiques, la musique, la danse, le mime et autres arts du spectacle s'adressent directement à un large public. Leur réception par des spectateurs peu habitués à de telles formes d'expression est souvent très imparfaite, lente surtout, mais elle finit toujours par creuser son sillon. Ce fut le cas pour les Gaulois que les voyageurs grecs disaient curieux de tout, ouverts aux étrangers, avides d'échange oral, et ce avec une force d'autant plus grande que la sculpture, la peinture, la musique avaient jusqu'alors été étroitement contrôlées par les druides et les bardes.

C'est donc très certainement une curieuse culture qui s'est développée en Gaule au début de notre ère, une explosion d'images et d'expressions artistiques tirées d'un répertoire étranger à ceux auxquels elles étaient destinées. Les référents culturels – la mythologie, l'histoire grecque et romaine, la religion de ces deux civilisations jumelles et leurs canons esthétiques lentement élaborés – n'étaient pas totalement inconnus des aristocrates gaulois mais ils étaient forcément mal assimilés et partagés par un nombre très faible d'individus. Une telle situation favorise ce qu'on appelle du terme très vague d'« acculturation ». Dans la Gaule sous Auguste et au cours des décennies qui ont suivi, elle a pris différentes formes : schématisation, incompréhension, interprétation avec des éléments gaulois, vulgarisation de techniques artistiques devenues artisanales. Plus que « gallo-romaine », il vaut mieux, comme on l'a déjà dit, définir cette culture comme « romaine provinciale », pour garder à l'esprit que l'influence du conquérant y est dominante mais qu'elle est retraduite par des peuples gaulois qui demeurent périphériques, en puisant dans leurs traditions locales.

Il serait donc faux d'affirmer que les Gaulois ont tout appris des Romains. Mais on aurait pareillement tort de minimiser les enseignements de ces derniers. Il serait plus juste de reconnaître qu'au contact de leurs voisins italiques, les Celtes de Gaule ont changé leurs manières de vivre, peu à peu, mais irrémédiablement. Ce fut tout d'abord la façon de faire de la politique et de participer à l'administration, puis, très vite, parce que les deux étaient liées dans la conception qu'en avaient les Romains, la pratique de la religion. La perception des dieux, la place de l'homme dans l'univers, la représentation de l'au-delà ne se sont modifiées que plus tard, parce que, dans ces domaines, l'imaginaire des Romains était plus pauvre que celui auquel il allait se substituer. Si le travail n'a guère changé, la population a largement découvert quelque chose dont elle ignorait pratiquement tout, le loisir. Il a pris des formes et des espaces de temps fort variables, suivant l'appartenance sociale, mais il a ouvert pour tous des perspectives insoupçonnées : l'accès passif ou actif à des expressions artistiques infiniment plus larges, la course aux honneurs et à une véritable carrière politique, la participation réelle aux affaires religieuses, la consommation sous des formes proches des nôtres. Contrairement à l'idée reçue, ces apprentissages n'ont pas été subits ni brutaux : engagés bien avant la conquête militaire, ils durent s'exercer pendant des décennies pour produire cette nouvelle forme de civilisation. Entre temps, la Gaule, comme le reste du monde, avait changé d'ère. Mais pour elle, il s'agissait moins d'une affaire de chronologie que d'un bouleversement culturel. Elle passait d'une culture archaïque, fondamentalement orale, comme ses voisins romains et grecs l'avaient connue quatre ou six siècles plus tôt, à une culture de la communication.

CINQUIÈME PARTIE

Que reste-t-il des Gaulois ?

CHAPITRE I

Les Gaulois, nos ancêtres ?

Dans un livre aujourd'hui un peu oublié, *La Gaule. Les fondements ethniques, sociaux et politiques de la nation française*, paru en 1947, l'historien Ferdinand Lot écrivait cette phrase qui ne laisse pas de nous étonner : « Si donc nous voulons représenter les Gaulois tels qu'ils étaient au temps où César va les soumettre à Rome, regardons autour de nous nos compatriotes et regardons-nous dans une glace. » Elle est parfaitement révélatrice de l'opinion bien affirmée dans la France du milieu du XXe siècle qui veut que les Gaulois soient nos ancêtres directs. Et dans le mot « ancêtre », il faut avant tout entendre une filiation ethnique – quelques années auparavant, on aurait même écrit « raciale ». Cet historien du Bas-Empire et du Moyen Âge, avant de parvenir à une telle conclusion, a pris en effet grand soin de distinguer dans la population gauloise la part celte de celles qu'il faut attribuer aux Ligures et aux Ibères en fonction de critères physiques. De nos jours, cette branche de l'anthropologie physique qui consistait à identifier des races dans les vestiges osseux des populations anciennes a été heureusement délaissée. Pour autant, l'idée que les Français conservent un lien peut-être ténu entre eux et les Gaulois est loin d'avoir disparu. Elle est même périodiquement ravivée par des faits culturels ou historiques souvent imprévisibles déjà évoqués : le siège de Paris en 1870 comparé à celui d'Alésia, la terre de Gergovie sacralisée par le régime de Vichy, une bande dessinée célèbre et, de nos jours, le quolibet « Gaulois ». Que cache cette croyance qui ne date ni d'aujourd'hui ni d'hier mais d'une époque plus ancienne encore ? Quelles sont les raisons de la perpétuation de ce fil tendu entre les générations d'habitants, qui remonte jusqu'aux temps les plus anciens où ces mêmes habitants revêtent pour la première fois une identité historique et deviennent des « ancêtres » ? Pourquoi choisir de qualifier de cette manière les Gaulois plutôt que l'homme de Cro-Magnon ou les Francs qui tinrent longtemps ce rôle auprès des Français ?

La recherche des ancêtres n'est ni une passion nouvelle ni une spécialité française. Tous les peuples d'Europe se cherchent des ancêtres avec une ferveur quasi égale depuis les temps les plus anciens. Dans l'Antiquité puis au Moyen Âge il était de bon ton de se réclamer des Troyens. Les premiers Français n'ont pas échappé à cette mode : ils ont eu leur propre Énée. La quête d'ancêtres vient tout d'abord du désir presque psychique d'établir une filiation, de se trouver un père, lui-même lié aux temps les plus reculés, comme pour montrer à tout prix qu'on n'est pas plus le fruit du hasard qu'on n'est seul sur une terre étrangère. L'homme a plaisir à se situer à l'extrémité d'une lignée dont les représentants sont d'autant plus prestigieux qu'ils sont éloignés de lui, pratiquement inconnus – hormis pour le nom – et, de ce fait, susceptibles d'être parés de qualités imaginaires. Le caractère illustre doit même compenser le recul dans le temps, de sorte que les premiers ancêtres de toute civilisation sont des héros mythiques, voire des dieux : derrière le désir de filiation se dissimule la quête d'une origine divine. L'homme ne se conçoit lui-même que comme la création privilégiée de son dieu. Du moins tant que la conscience historique ne vient pas perturber le lien direct qui paraît l'unir à son créateur. Cette conscience historique, le propre des peuples civilisés, se substitue – mais jamais totalement – à l'établissement d'une filiation paternelle et à la croyance en une origine divine ou du moins mythologique. Les Français, depuis le XIXe siècle, imaginent majoritairement que les Gaulois sont leurs ancêtres. Aussi n'est-il pas inintéressant de se demander quels ancêtres les Gaulois reconnaissaient-ils pour eux-mêmes.

L'historien allemand K.F. Werner, qui traite précisément des « origines », affirme que le silence des Gaulois sur leurs propres origines « trahit un manque de conscience historique et, probablement, de conscience politique ». Pour argumenter son assertion, il avait auparavant constaté que les mêmes Gaulois, appartenant pourtant à une civilisation brillante, n'avaient « laissé aucun texte sur leurs origines et leur histoire ancienne, pas même lorsqu'ils devinrent des "Gallo-Romains", avec des élites fort cultivées ». L'analyse qu'il fait de la conscience historique est tout aussi caricaturale que celle que nous avons stigmatisée précédemment à propos de leur conscience politique. L'absence de textes historiques ou généalogiques ne constitue nullement une preuve, puisque les druides interdisaient toute archive de cette nature. Aucune tradition annalistique n'a donc pu se constituer comme ce fut le cas à Rome dès les temps très anciens. César, en revanche, reprenant une information tirée de l'œuvre de Poseidonios, révèle que les druides, de leur côté, se chargeaient d'entretenir la mémoire historique. Ils avaient en charge la conservation orale des épopées, à la fois mythiques et réelles, des différents peuples, la généalogie des grandes lignées, ainsi qu'une chronologie fondée sur des observations astronomiques accumulées au cours des siècles. La disparition brutale des derniers druides lors des guerres césariennes a entraîné la perte de la plus grande partie de cette tradition orale. Sans documents écrits, il fut donc difficile de la reconstituer un siècle plus tard quand les élites commencèrent à user largement de l'écriture et des moyens de communication que leur offraient les Romains. Cependant, tous les savoirs historiques – au sens large – ne disparurent pas totalement. À la fin du IVe siècle après J.-C., le poète Ausone témoigne de l'existence dans les familles de lettrés d'un souci de la généalogie qui remonte probablement aux temps de l'indépendance gauloise. Quand il fait l'éloge de ses professeurs de Bordeaux, il précise que deux d'entre eux sont issus d'une vieille famille druidique, l'une originaire d'Armorique, l'autre du pays des Baïocasses.

Dans l'œuvre de César, on trouve quelques informations éparses mais suffisantes pour évaluer le contenu très général du savoir historique que les druides diffusaient auprès de la population. Ainsi les Belges étaient-ils réputés être originaires de régions situées outre-Rhin. Pour s'installer en Gaule du Nord et cultiver les riches terres qui s'y rencontrent, ils en auraient « jadis » chassé les Gaulois indigènes. Les progrès enregistrés par la recherche archéologique confirment cette tradition : les différents peuples belges seraient arrivés par vagues successives entre les IVe et IIe siècles. Ils la corrigent quelque peu aussi : les Gaulois indigènes n'ont certainement pas été tous chassés de leur territoire, les Rèmes, par exemple, semblent avoir résisté et constitué dans la Belgique une sorte d'isolat. Les druides faisaient également l'histoire de leurs doctrines – de leur origine et du moment où elles avaient été adoptées, amendées et diffusées. Poseidonios rapporte une croyance répandue en Gaule quand il y fit son voyage, selon laquelle la doctrine des druides avait pris naissance dans l'île de Bretagne. C'est pour cela que les druides qui voulaient approfondir leur connaissance devaient s'y rendre et y suivre une formation.

Mais il s'agit là d'histoire savante telle que nous la connaissons aujourd'hui, qui s'appuie sur des faits précis et se fixe dans une chronologie plus ou moins rigoureuse. À côté d'elle coexistait sans la contredire – toutes deux paraissaient compatibles aux conteurs et à leurs auditeurs – une histoire mythique : la Celtique aurait été civilisée par Héraclès lui-même qui avait aboli les mœurs barbares régnantes, celle de tuer les étrangers par exemple. Il aurait ainsi fondé la ville d'Alésia et sécurisé les grandes routes traversant la Gaule. S'étant uni à la fille du roi de ce pays, il en aurait eu un fils, Galatès, qui hérita du royaume de son grand-père maternel et donna son nom à tous les peuples qui se rangèrent sous ses lois. Cette belle légende n'était pas sans intérêt pour l'élite intellectuelle. Elle seule pouvait transmettre à une large population, peu habituée à l'apprentissage de faits historiques, des messages simples mais essentiels. Le premier, le plus évident, est que les Gaulois – notamment leur élite intellectuelle, autrement dit les druides – se revendiquaient comme philhellènes. La civilisation gauloise se posait aux yeux de tous comme la sœur de celle des Grecs dont elle affirmait vouloir suivre les grands principes : des lois assurant une vie plus harmonieuse de la cité, une pratique de la justice fondée sur des règles éthiques, une religion au service de la communauté tout entière. Cette « refondation » légendaire par Héraclès, que les Gaulois eux-mêmes devaient situer approximativement vers le début du second âge du fer, symbolisait une nouvelle ère, proprement historique, qui tournait résolument le dos aux temps obscurs, en s'accrochant par des relations de parenté et de filiation à l'histoire brillante de leurs voisins. L'histoire légendaire se faisait plus précise encore chez les peuples dominants qui avaient l'hégémonie sur la Gaule, ou du moins sur la Celtique. Les Arvernes, du temps de leur splendeur, c'est-à-dire bien avant le milieu du IIe siècle, revendiquaient une ascendance troyenne, comme en témoigne très clairement le poète Lucain : « Les peuples arvernes qui osaient se prétendre frères du Latin et nés du sang troyen. » Au demeurant, le témoignage révèle que la transmission des légendes grecques et latines en Gaule s'est faite à date haute. Les Éduens qui leur succèdent dans ce rôle n'auront de cesse de se construire une pareille ascendance : ils sont « frères du même sang » des Romains, ce qui doit certainement signifier qu'ils se considèrent fils d'Énée, tout comme eux.

Mais il ne s'agissait là, somme toute, que de liens physiques entre des fils et leurs pères supposés ou réels. Les druides introduisirent assez tôt un nouveau type de filiation dont on ne connaît guère d'équivalent dans le monde antique, si ce n'est peut-être chez les pythagoriciens. C'est de l'ascendance de l'âme – et plus précisément de celle dont la nature est divine – qu'il est désormais question. César est le seul à recueillir chez Poseidonios une information précieuse dont il ne semble pas mesurer lui-même toute l'importance :

> Tous les Gaulois se vantent d'être descendants de Dis Pater et ils disent que c'est une croyance transmise par les druides. C'est pour cette raison qu'ils mesurent les longueurs de n'importe quelle durée non en nombre de jours mais en nombre de nuits, ils observent les anniversaires et les débuts de mois et d'année de cette manière : c'est le jour qui fait suite à la nuit.

Chez les Romains, Dis Pater est un dieu assez obscur, assimilé au dieu grec des enfers, Pluton. La personnalité du dieu gaulois qui lui est comparée ne peut être comprise que si elle est mise en relation avec la croyance, également transmise par les druides, de la transmigration des âmes, une forme de métempsycose au cours de laquelle l'âme d'un défunt s'installe dans un autre corps humain à sa mort. Dans le texte de César, c'est bien de cela qu'il s'agit. Les corps humains ne sont que leur véhicule. Le dieu gaulois des enfers serait le père de toutes les âmes : celles-ci seraient toutes issues de ce monde souterrain qu'elles quitteraient pour gagner la vie terrestre. L'apparition de nouveaux rites funéraires à partir du IVe siècle doit sans aucun doute être mise en rapport avec ces croyances. Le corps n'est plus simplement inhumé comme s'il devait poursuivre une vie spectrale dans l'au-delà. Il est, au contraire, incinéré et ses restes enfouis dans le sol, un peu à la manière des libations cultuelles qu'on y verse. Il s'agit pour les vivants de rendre l'âme du défunt au dieu des enfers, afin qu'il le régénère peut-être, qu'il la transmette à un autre corps assurément. Cette conception du cycle des générations humaines est encore celle qu'exprime Bossuet dans son *Sermon sur la mort* en 1662 : « La nature [...] nous fait signifier qu'elle ne peut pas nous laisser longtemps ce peu de matière qu'elle nous prête, qui ne doit pas demeurer dans les mêmes mains et qui doit être éternellement dans le commerce. » Une telle croyance et les rites qui l'accompagnent devaient être nécessaires pour rendre sensible aux humains, même les plus humbles, l'idée que chaque être dispose momentanément d'une âme divine, qu'il doit la servir par une vie vertueuse, l'autorisant seule à quitter le cycle perpétuel de la transmigration. À la même époque, Platon, dans son dialogue *Timée*, fait état de conceptions assez similaires quand il imagine dans le corps humain trois âmes, l'une de nature divine enchâssée dans le crâne, l'autre de nature plus physique et guerrière enfermée dans la poitrine, une troisième située au niveau du bas-ventre, inspiratrice des passions de la chair et des plaisirs de table.

La conception que les Gaulois se faisaient de leurs ancêtres était par conséquent beaucoup plus complexe et riche que ne l'imagine K.F. Werner. Leur conscience historique se traduisait par une reconstruction du passé des quatre ou cinq siècles qui les avaient précédés. Au-dessus d'elle se développait une mythologie qui poussait ses racines dans l'histoire authentique mais en retravaillait les récits comme pour en masquer l'origine réelle : ainsi la légende du roi biturige Ambigat, qui demanda à ses deux neveux, Bellovèse et Sigovèse, d'aller conquérir de nouvelles terres pour la jeunesse du pays trop nombreuse, résume l'histoire alors presque oubliée des grandes invasions gauloises des Vᵉ et IVᵉ siècles en direction de l'Italie et des régions danubiennes. Enfin, cette conscience historique était supplantée, à un niveau supérieur, par une conception avant tout morale de l'origine divine de chaque âme.

Cette première exploration dans l'imaginaire historique et mythique des Gaulois établit ainsi un lien insoupçonné avec celui des Francs, qui, à partir du VIIᵉ siècle de notre ère, en Gaule septentrionale, revendiquent à leur tour l'ascendance troyenne. Une telle croyance, même si elle est le fruit d'une construction savante des clercs, ne s'est installée durablement dans l'esprit des habitants de la Gaule pour y survivre jusqu'à la Renaissance que parce qu'elle y a trouvé un substrat favorable. La population gauloise sous l'Empire romain devait déjà partager cette idée, héritée de ses ancêtres gaulois et ravivée par la lecture de Virgile. Elle se souciait peu, néanmoins, d'une origine commune avec les populations italiques. Son patriotisme ne s'exerçait pas de cette manière mais bien plutôt à un niveau provincial : il importait plus d'être considéré avant tout comme Rème ou Trévire que comme citoyen de l'Empire romain. Pour les Francs qui veulent s'intégrer à l'Empire, il en va tout autrement. Ils trouvent dans la légende troyenne un puissant argument idéologique pour prouver leur appartenance à la communauté des Romains et des Gaulois : leurs ancêtres, à l'instar d'Énée, auraient quitté Troie en direction du nord-ouest et c'est par conséquent bien des siècles plus tard que leurs descendants, un temps ennemis, se seraient retrouvés.

La légende parut suffisamment plaisante à leurs successeurs pour ne pas être remise en cause au long du Moyen Âge. Mais petit à petit, l'idée qu'ils descendaient directement des Francs séduisit davantage les premières générations de ceux qui s'appelaient désormais « Français ». C'est que les Francs auraient eu, à travers de multiples légendes, le mérite d'avoir su concilier les bienfaits de la civilisation antique et la foi chrétienne à laquelle ils s'étaient convertis assez tôt. Ils auraient sauvé les reliques des martyrs torturés par les Romains. Les papes, après avoir demandé leur aide contre les Lombards, les auraient présentés comme le nouveau peuple élu de Dieu. Enfin, les *Grandes Chroniques de France*, histoire presque officielle du royaume, tentaient de montrer que les Capétiens, à travers les Carolingiens et les Mérovingiens, étaient les descendants directs de Clovis, le premier roi catholique. Les rois de France auraient été ainsi en contact direct avec Dieu, comme Charlemagne dont on n'hésitait pas à faire un second Constantin. Ce privilège rejaillit naturellement sur l'aristocratie et, dans une moindre mesure, sur le peuple, surtout quand il avait la mission de sauver cette monarchie de légitimité divine.

La prétendue origine troyenne n'en était pas pour autant abandonnée. Elle servait à encore à prouver que les Francs n'étaient ni d'ascendance romaine ni d'origine germaine. La découverte de la littérature antique à la Renaissance bouleverse totalement cet édifice idéologique. La légende du Troyen Francion se révèle une pâle copie de celle d'Énée. L'occupation et l'administration romaines qui avaient été minimisées resurgissent avec d'autant plus de force que les humanistes s'émerveillent des ruines monumentales encore présentes sur le territoire et qui leur sont attribuables. La réévaluation de la part romaine dans la population ancienne de la Gaule s'accompagne, en réaction, d'une prise de conscience de celle des Gaulois, le peuple indigène conquis par les mêmes Romains. Elle met à mal soudain l'idée de l'unité ancestrale du peuple français. Elle laisse supposer que les Gaulois, vaincus une première fois par les Romains, l'ont ensuite été une seconde fois par un peuple barbare d'origine germaine. La population française serait issue de ces deux substrats. Pour éviter de montrer que les ancêtres ne forment pas un ensemble homogène et qu'une part de ces derniers est d'origine germanique – ce qui paraît inadmissible pour beaucoup – les historiens de la fin du XVIe siècle imaginent une incroyable théorie qui connaîtra un succès certain et ne fera encore que retarder la reconnaissance de l'origine gauloise. D'après eux, les Francs seraient des Gaulois qui avaient quitté la Gaule, lors de la conquête romaine ou même quelque temps avant, et seraient revenus plusieurs siècles plus tard pour la libérer des Romains. Ces hypothèses, qui paraissent pour le moins alambiquées, ne sont pourtant pas les exercices gratuits d'une histoire qui cherche encore sa méthode et sa légitimité. Elles dissimulent tant bien que mal des querelles plus profondes de nature politique, religieuse et même sociale.

En s'imposant lentement mais de façon plus assurée au cours du XVIIe siècle, l'ascendance gauloise conduit irrémédiablement à une révision radicale des prétentions de la noblesse, désormais incapable de revendiquer une essence supérieure qui tiendrait à ses pères les plus lointains. Mais l'évidence suscite un nouveau combat d'arrière-garde qui retarde jusqu'à la période révolutionnaire une reconnaissance unanime. La théorie du comte de Boulainvillers selon laquelle seuls les membres de l'actuelle noblesse seraient descendants des Francs est dangereuse et prémonitoire. Dans son célèbre pamphlet *Qu'est-ce que le tiers état ?*, l'abbé Sieyès propose de renvoyer « dans les forêts de Franconie toutes ces familles qui conservent la folle prétention d'être issues de la race des conquérants » et revendique, pour la première fois, de façon officielle, une ascendance gauloise – il est vrai associée à celle des Romains : « La nation, alors épurée, pourra se consoler d'être réduite à ne plus se croire composée que des descendants des Gaulois et des Romains. »

Néanmoins, il ne s'agit là encore que de pures théories d'histoire politique qui succèdent à une longue suite de thèses à la fois mythiques et historiques, formulées depuis le milieu du XVe siècle. Quelques décennies seront encore nécessaires pour que l'histoire de France débutant par les Gaulois devienne une doctrine officielle grâce à Amédée Thierry et il faudra attendre la fin du XIXe siècle pour qu'elle s'enracine dans l'opinion populaire, grâce aux ouvrages d'Henri Martin et d'Ernest Lavisse. C'est probablement parce que l'idée a eu grand mal à s'imposer face à de puissantes visions idéologiques de l'histoire nationale qu'elle est aujourd'hui durablement installée. Les Français n'ignorent pourtant pas qu'avant les Gaulois, d'innombrables générations d'hommes ont foulé le sol de la France. Ils connaissent très approximativement les grandes périodes chronologiques des temps préhistoriques. Mais ils ne s'identifient pas à ces auteurs d'admirables peintures rupestres, aux constructeurs de massifs monuments mégalithiques, pas plus qu'aux créateurs de belles armes de bronze que l'on peut voir exposées dans presque tous les musées de province.

Quelle est donc la raison du choix désormais délibéré de ne retenir que ces seuls ancêtres et non pas d'autres, tout aussi prestigieux, les hommes de Lascaux, ceux de Carnac, ou les contemporains de la princesse de Vix ? Plus qu'une mythologie nationale, les motifs mêlent la raison, le cœur, la psychologie individuelle. Contrairement aux hommes qui les précèdent qu'on ne peut définir que comme des « populations », indifférenciées et éparses sur le territoire, les Gaulois apparaissent – à tort ou à raison – comme un peuple. L'imagerie populaire le représente unique, tandis que, depuis deux siècles, les historiens y voient une mosaïque composite. Mais l'important est la perception d'une ou de plusieurs communautés dont les membres ont choisi de vivre ensemble et établi pour cela, d'un commun accord, des règles sociales et des institutions politiques. Ce vivre ensemble des Gaulois – en fait, le politique dans ce qu'il a de plus fondamental – fait appel à la raison de leurs lointains descendants actuels. Ils y voient l'acte de naissance d'un authentique pays – encore abusivement nommé « patrie » ou « nation » il y a quelques décennies –, constitué plusieurs siècles avant notre ère, nommé tout d'abord Gaule puis France. Sans précisément savoir ce qui la constitue, ils ont le sentiment d'une continuité ininterrompue entre les aïeux de Vercingétorix et ceux qui s'en réclament encore aujourd'hui. En réalité, il s'agit tout simplement de la perception d'une pratique politique qui n'existe pas encore au Néolithique, ni à l'âge du bronze mais devient sensible dans l'affrontement qui oppose les Gaulois aux Romains. Ils ne sauraient dire si les « cités » gauloises, préservées de l'oubli par César, formaient déjà de véritables États mais ils en ont la conscience aussi vague que profonde.

L'affectif aussi est sollicité au souvenir de ces communautés aux prises avec le plus puissant des adversaires, Rome. Une lutte sans merci, une résistance de près de dix années, l'écrasement final et l'occupation suscitent la compassion et même une tendresse certaine pour des indigènes émouvants, apparemment des sortes de bons sauvages tout droit sortis de la préhistoire face à des armées technologiques qui annoncent le monde moderne. La conquête de la Gaule est l'une des plus grandes guerres qu'ait connues l'Occident au cours de son histoire, assurément l'une des plus meurtrières. C'est ce qui fait peut-être que les Gaulois nous sont presque aussi chers que les poilus de la Grande Guerre, tous résistants farouches à la souffrance plus qu'à l'ennemi.

Une dernière raison tient à la psychologie. Les Gaulois sont les premiers personnages réels, décrits avec une précision relative, et porteurs d'un nom propre. Grâce à eux, les hommes du passé ne sont plus des fantômes anonymes qu'on se représente avec effort. L'orgueilleux et courageux Vercingétorix, l'ambigu Diviciacos, le traître Dumnorix, l'intrépide Commios forment une vivante galerie de portraits, dans laquelle, comme dans *La Comédie humaine* de Balzac, on peut recréer toute une société. Un peu à la façon des personnages de roman, ils permettent au lecteur de la *Guerre des Gaules* de se projeter suffisamment en eux pour rendre possible une lecture plus personnelle de l'histoire.

À la question initiale « les Gaulois sont-ils nos ancêtres ? », la réponse qui peut être donnée porte donc moins sur la réalité d'une ascendance toute relative que sur celle du possessif qui, depuis maintenant deux siècles, fait l'objet d'un choix délibéré des Français. Mesurer l'« ancestralité » qu'Amédée Thierry voulait voir dans le rapport entre ses contemporains et les Gaulois paraît dans la France colorée du XXIe siècle une préoccupation non seulement désuète mais encore totalement vaine. Les Gaulois figurent seulement parmi d'autres dans la multitude de couches de peuplement fort divers (Ligures, Ibères, Latins, Francs et Alamans, Nordiques, Sarrasins…) qui aboutissent à la population du pays à un moment donné. Le sont-ils dans une plus ou moins grande proportion ? La seule certitude est que les Français se sont approprié ces ancêtres-là dont ils attendent aujourd'hui bien autre chose que ce que les historiens nationalistes leur demandaient. Ils ne se voient pas leurs héritiers, comme les nobles voulaient l'être des Francs. Ils ne revendiquent pas une sorte de bagage spirituel qu'il leur faudrait transmettre à leur tour. Ils reconnaissent seulement en eux une origine qui n'est pas si mythique qu'on a voulu le dire, puisque c'est celle d'un pays et d'une vie en société qu'il a vue naître.

CHAPITRE II

L'héritage des Gaulois ?

N'en déplaise aux archéologues, si on leur demandait ce qui demeure de la civilisation gauloise, la plupart des Français seraient bien en peine de répondre et de citer des exemples concrets. Certes, beaucoup d'entre eux ont pu voir au musée des Antiquités nationales ou dans de nombreux musées de province des céramiques, des bijoux, des armes, datés de ce temps lointain. Quelques-uns ont visité les sites célèbres qui rappellent la résistance des Gaulois face aux armées romaines, le Mont-Beuvray, Alésia, Gergovie, par exemple. Mais pour la plupart, le souvenir de ces objets, de ces lieux, et des explications qui les accompagnent pour les rendre compréhensibles à chacun, se dissout avec le temps, se confond avec celui laissé par les témoignages d'autres époques, bijoux et armes de l'âge du bronze, outils et ustensiles gallo-romains, voire mobilier, qui accompagnent le défunt des sépultures mérovingiennes. Pour le béotien, il ne s'agit là que d'ustensiles en fer, bijoux et accessoires de bronze, vaisselle réalisée dans une céramique bien terne et dont le décor paraît indistinct. Rien n'a marqué suffisamment fort leur regard pour que l'image s'en imprime durablement et fasse par la suite assimiler cette civilisation à un type précis de monument, comme les aqueducs nous font immanquablement penser aux Romains et les pyramides aux Égyptiens. Bien sûr, ceux qui ont eu la chance d'admirer dans le petit musée de Châtillon-sur-Seine l'imposant cratère de la princesse de Vix ont pris conscience de la richesse de ces aristocrates qui se faisaient offrir de tels présents de provenance lointaine, mais ils savent aussi que cet objet est avant tout l'un des plus impressionnants chefs-d'œuvre de l'art grec et que les princes de la fin du premier âge du fer ne sont pas encore pleinement ces Gaulois, au sens où on l'entend généralement, les guerriers du second âge du fer qui ont fait trembler tous les riverains de la Méditerranée avant de se soumettre aux plus brillants d'entre eux.

Imaginer de surcroît que cette civilisation, dont les vestiges matériels paraissent si rares et si ténus, puisse nous avoir transmis un héritage spirituel, ou du moins culturel, est un effort impossible à la plupart. Il leur paraît clair qu'une telle filiation est de l'ordre du mythe, une histoire qui fait rêver mais dont les preuves sont quasi inexistantes. La situation n'a rien de nouveau. Dès que les habitants de la France ne se pensèrent plus comme des Gaulois, c'est-à-dire à la fin du Bas-Empire, ils perdirent la conscience de ce qu'ils devaient à leurs devanciers. Dans leur environnement, il n'y avait rien de spécifiquement gaulois ou qui pût passer pour tel. Tous les aménagements humains arboraient d'indéniables vêtements romains. La pierre et la brique étaient partout, elles qui avaient été ignorées des habitants de la Gaule. Les décorations de monuments et des habitations privées qui foisonnaient étaient de tradition gréco-romaine et se référaient à la mythologie et aux dieux des Romains. La vie quotidienne elle-même était empreinte de latinité, tandis que tout ce qui était authentiquement gaulois – les vêtements, les différentes sortes de charrettes et de chariots, certains métiers, des techniques agricoles, des innovations, la pharmacopée traditionnelle – avait été si largement adopté par les Romains et les peuples de leur empire qu'il passait pour avoir une origine italique que personne n'aurait eu l'idée de contester. Au moment de la chute de l'Empire romain, seuls de grands intellectuels, tels qu'Ausone et ses professeurs de Bordeaux, revendiquaient une filiation gauloise. Autant dire que les trois siècles d'invasions de peuples aux origines les plus diverses qui suivirent ne favorisèrent guère le sentiment d'appartenance à une communauté humaine d'origine gauloise, pas plus qu'à la reconnaissance d'institutions et de coutumes directement issues de la civilisation celtique. La culture romaine ou « gallo-romaine » avait bien du mal à préserver quelques monuments de sa grandeur passée. Que dire alors de la strate humaine précédente dont les représentants n'avaient pas cherché à inscrire dans l'éternité quelques témoignages de leur vie qu'ils savaient soumise au cycle continu des réincarnations ? Pendant le haut Moyen Âge, le nom même du pays, la *Gallia* ou les *Galliae* administratives, disparut. Seul le milieu ecclésiastique continua à le désigner du terme de *Gallicana ecclesia*, tandis qu'on appelait *Francia* l'entité politique et géographique.

Il est clair que, dès la fin du premier millénaire, il ne subsistait rien – que ce soit dans le paysage, les constructions humaines, la langue, les mentalités et même dans les objets de la vie quotidienne – qui pût rappeler à ceux qui l'occupaient alors l'ancienne Gaule et ses illustres habitants. Le legs des Gaulois, s'il existait, n'était nullement visible, d'autant plus que les seules informations historiques dont on disposait alors sur eux étaient le célèbre récit de César dans lequel les lecteurs – les nobles et les gens d'Église – ne voyaient que la figure triomphante du conquérant, symbole de la future latinisation du monde barbare. Mais d'héritage proprement dit, il ne fut pas question avant la Révolution, si ce n'est chez quelques esprits exaltés, historiens et juristes, fascinés par les fonctions inattendues et quasi avant-gardistes des druides dans la société gauloise. Il est vrai, toutefois, qu'il n'est d'héritage que revendiqué par ses éventuels bénéficiaires. Les humanistes de la Renaissance se réclament d'une culture et d'une esthétique gréco-romaines qui leur semblent la meilleure réponse à l'obscurantisme du Moyen Âge. Les philosophes du siècle des Lumières tournent plutôt leur regard vers d'autres horizons géographiques, les pays anglo-saxons entre autres, qui font preuve d'une avance considérable sur les Français en matière d'institutions politiques et juridiques. Si l'Empire des Romains suscite encore l'intérêt d'un Montesquieu, sa curiosité ne s'étend pas aux peuples que celui-ci domina et absorba.

Lorsque les Français du XIXe siècle commencent à chercher autour d'eux les traces de l'héritage gaulois, ils éprouvent les plus grandes peines. Identifier comme celtiques ou gaulois des objets archéologiques, des aménagements terrestres ou des vestiges linguistiques sera tout d'abord un art délicat et périlleux. L'exemple le plus éclairant est l'interprétation erronée des mégalithes. L'erreur était assez grossière car dès le milieu du XVIIIe siècle, l'un des premiers archéologues celtisants (on disait alors « antiquaires »), le comte de Caylus, écrivait à propos de la pierre levée de Poitiers : « Il est vraisemblable que les ouvrages de cette nature sont du temps des Gaulois et que leur construction doit avoir précédé de plusieurs siècles les guerres de César. » On aurait pu attendre que l'affinement des méthodes de datation et l'établissement d'une chronologie plus raisonnable au cours du XIXe siècle précisent l'intuition de Caylus, celle d'une antériorité sensible des constructions mégalithiques. S'il n'en a rien été et si, de nos jours, encore beaucoup de nos contemporains demeurent convaincus que les Gaulois, à l'image d'Obélix, fabriquaient des menhirs, c'est avant tout parce que cette croyance vient combler un vide intolérable, celui d'une brillante civilisation qui n'a laissé derrière elle quasiment rien de tangible.

Est-ce la réalité ? Les Gaulois ne nous ont-ils donc rien légué ? À l'issue d'une période d'une quarantaine d'années où les recherches archéologiques, historiques et philologiques sur cette civilisation se sont totalement renouvelées, aucune réponse claire et sûre ne s'impose d'elle-même. Les générations qui nous ont précédés avaient raison : les véritables monuments, les œuvres d'art spectaculaires, les traditions, les mythes, les corpus lexicaux font toujours autant défaut. Ce que les archéologues mettent au jour, ce que révèle l'étude des sources littéraires grecques et romaines, ce que nous apprend l'analyse des rares textes en langue gauloise tient du discret, du périssable, parfois de l'infime, comme si les Gaulois eux-mêmes s'étaient évertués à ne rien livrer d'eux. Leurs maisons dont ne demeurent que les fosses aujourd'hui comblées où s'ancraient les poteaux, les sépultures à incinération qui ne livrent que quelques cendres et, au mieux, un ou deux vases de céramique seraient ainsi, à l'image de leur civilisation, des réalisations éphémères où l'esprit se dérobe. Il est probable, comme il a déjà été dit, que cette matérialité, discrète plutôt que pauvre, trouve ses raisons dans une philosophie de l'existence dont la meilleure expression est la théorie de la transmigration de l'âme. Contrairement aux Romains qui ne concevaient d'existence que sur terre et s'évertuaient donc, de leur vivant, à laisser des traces de leur bref séjour parmi les hommes, les Gaulois privilégiaient l'âme et ses voyages et négligeaient l'existence charnelle. Arnaldo Momigliano a parlé de « fluidité » de la civilisation gauloise à juste raison. Elle est certainement l'expression matérielle de cette spiritualité qui ne distingue pas l'âme de l'univers, pas plus qu'elle ne le fait du corps d'avec la nature où il s'épanouit. Cette fluidité transparaît dans les décors sinueux et évanescents qui incisent le plat des fourreaux d'épées ou dans ceux qui, en relief, modèlent le jonc des torques et des bracelets. Mais on la pressent aussi dans les rapports complexes entre les hommes que tissent des hiérarchies provisoires fondées sur la bravoure, l'honneur et la réputation, et toujours remises en cause. Ce caractère inéluctable s'éprouve aussi dans le récit des migrations, des conquêtes ou des simples campagnes de mercenaires dans lesquels le destin individuel n'est pas le seul qui soit en jeu, mais aussi, plus largement, celui de peuples entiers ou de générations, comme dans le *ver sacrum*, cette migration quasi rituelle de la jeunesse.

Cette fluidité de la civilisation gauloise peut être le fil conducteur qui nous fasse avancer dans la recherche du legs des Gaulois. On doit s'attendre, en effet, à ce qu'une telle civilisation ait produit des témoignages à son image, discrets parce que cachés, plus inscrits dans la spiritualité que dans la matérialité et, par là, peut-être plus durables qu'on ne l'imagine. Le lieu commun qui prévaut largement sur cette question est celui d'une domination complète de la Gaule et de ses habitants par la civilisation romaine. La dernière était si puissante, si riche et raffinée que des peuples sans écriture, connaissant encore pour une part une économie guerrière, ne pouvaient y résister. Les recherches archéologiques menées ces dernières décennies ne contredisent nullement une telle idée : la romanisation a été, somme toute, extrêmement rapide et efficace sur l'ensemble du territoire des Gaules, bien qu'avec une intensité diverse d'une région à l'autre. Cependant, si les effets matériels de cette domination sont incontestables, les raisons de son succès ne sont probablement pas celles que les historiens ont longtemps imaginées, à savoir la puissance irrésistible de Rome et la faiblesse politique des Gaulois. Comme on l'a vu, la romanisation avait débuté bien avant la conquête de César, tout d'abord sous une forme commerciale. Ainsi, une partie des Gaulois se sont d'eux-mêmes romanisés sur le plan économique, culturel puis politique ; ils ont même assisté les forces romaines dans la soumission des autres peuples gaulois.

Autrement dit, la civilisation gauloise n'a pas seulement été écrasée par sa grande sœur latine, elle s'est aussi volontairement dissoute en elle. On pourrait croire qu'elle le fit en raison de l'épuisement de ses ressources propres et de la lassitude des affrontements multiséculaires avec Rome. C'est ce que laisse penser une analyse qui se limiterait à l'histoire récente de la Gaule du Ier siècle avant notre ère. Mais l'histoire plus large des Celtes fait envisager d'autres explications. Le phénomène de la « gallo-romanisation » n'est que l'exemple le mieux illustré d'une longue série de fusions entre les Celtes et des peuples voisins, intervenues à toutes les époques, depuis la fin du premier âge du fer jusqu'à la fin de l'âge du fer romain en Allemagne du Nord et au Danemark. Elles concernent des peuples très divers, Étrusques, Grecs d'Asie Mineure, Ligures, Ibères, Germains, indigènes des îles Britanniques. Chaque fois, le nouvel ensemble devint si homogène que Poseidonios d'Apamée, dans sa description des populations de l'Europe occidentale, avait renoncé à privilégier un membre du couple plutôt que l'autre. Il préféra forger des néologismes, tels que Celto-Ligures et probablement Celtibères, pour les désigner. La recherche archéologique menée ces dernières décennies en Italie du Nord, dans la Cisalpine gauloise, offre une excellente documentation sur la réalité matérielle de ces populations mixtes. Les Gaulois qui occupent massivement la plaine du Pô à partir du Ve siècle se confondent très rapidement avec la population étrusque, au point qu'il devient impossible de distinguer les établissements qui relèvent d'une culture plutôt que d'une autre. Les habitats sont construits suivant des règles d'urbanisme étrusque, mais les objets de la vie quotidienne proviennent plus ou moins largement du monde celtique. La chose devient tout à fait évidente pour les sépultures qui livrent à la fois armes et bijoux gaulois et des accessoires de toilette et une vaisselle métallique étrusques. On le perçoit également en Provence du Ve au IIe siècle : parmi des vestiges qui appartiennent autant aux sphères ibère, celte, ligure que massaliote, il est vain de chercher une composante qui dominerait les autres.

À l'inverse des Grecs et des Romains qui ont toujours, par des voies différentes et avec des résultats variables, cherché à préserver leur culture, les Celtes et les Gaulois font preuve d'une aptitude rare à s'ouvrir à celle des autres, à s'y assimiler, sans pour autant perdre leur âme ni abandonner leurs différences. Ce n'est pas faiblesse de leur part mais une qualité rare que les historiens ont très vite oubliée, alors que les auteurs grecs et latins s'en étonnaient avec une admiration non dissimulée. Il demeure quelques échos de cette ouverture d'esprit décrite par Poseidonios chez Diodore : « Ils [les Gaulois] invitent aussi les étrangers à leurs festins, et, après le repas, leur demandent qui ils sont, quels besoins les amènent » ; chez César : « Ils sont une sorte d'hommes d'une extrême adresse et de la plus grande aptitude à imiter et à produire tout ce qui leur a été montré » ; ou encore chez Strabon : « Leur intelligence est pénétrante et non sans disposition naturelle pour les sciences. » Cette curiosité naturelle, cette appétence pour l'autre et le nouveau se doublent de surcroît d'une remarquable capacité d'adaptation qu'ils tiennent de leurs lointains ancêtres nomades. Leur conception particulière du mercenariat en donne la mesure : très tôt, ils se mettent au service du tyran de Syracuse, Denys l'Ancien, s'intègrent à ses troupes, lui offrent régulièrement leurs services, s'installent même à Syracuse d'où ils sont envoyés vers des régions inconnues et lointaines. On attendrait que leur individualisme à la guerre soit un handicap. Au contraire, ils prennent place au premier rang des immenses armées qui s'affrontent à Rome lors des guerres puniques et paient le prix le plus élevé des victoires comme des défaites. Mais ils sont tout aussi capables de coups de main spectaculaires, avec quelques dizaines de cavaliers. La conquête romaine confirme ces qualités guerrières et César met tout autant à contribution leur habileté dans les métiers de charpentier et de marins.

Aussi la romanisation serait-elle moins le formatage latin du Gaulois que l'acquisition assumée de la civilisation romaine. L'oubli relatif et certainement superficiel des racines gauloises se comprendrait mieux ainsi. De même, la facilité avec laquelle la population de la Gaule à la fin du Bas-Empire accueille et intègre des Barbares venus d'horizons divers dut être à coup sûr grandement aidée par cet état d'esprit propre aux Gaulois, dans lequel il entre aussi une part de fatalisme. Les Gaulois, au temps de leur indépendance, n'éprouvaient nul besoin de faire de leur civilisation un monument éternel et ne se battirent donc pas pour préserver une « celticité » dont il n'est pas sûr qu'ils aient eu vraiment conscience – et qui, si cela avait été le cas, ne les aurait guère préoccupés. Lorsque les historiens du XIXe siècle voulurent trouver quelque témoignage de résistances gauloises dans les premiers temps de l'occupation romaine, c'est surtout leurs propres fantasmes et des projections de leur regard nationaliste qu'ils y découvrirent. Les nobles, le Trévire Florus et l'Éduen Sacrovir, qui prennent la tête des révoltes en 21 après J.-C. se battent surtout pour sauvegarder leurs privilèges. Mais la noblesse dans son entier et déjà une bonne partie des populations gauloises ont irrémédiablement basculé dans la civilisation romaine. L'établissement de l'administration romaine n'a rien de commun avec l'occupation militaire d'un vainqueur : elle remplaça de façon quasi salvatrice la multitude de petits États gaulois qui venaient de s'effondrer et la présence militaire demeura presque invisible dans la plus grande partie de la Gaule, à l'exception des frontières du Rhin. Les Gaulois purent donc continuer à faire montre envers les commerçants et voyageurs romains de leur sens inné de l'hospitalité qui suscitait déjà l'admiration des Grecs. Si les actuels Français possèdent encore un peu de cette qualité qu'on leur dénie le plus souvent, peut-être la tiennent-ils des Gaulois.

Il existe donc fort peu de traces évidentes de la civilisation gauloise, mais d'autres, seulement perceptibles aux esprits avertis ou curieux, sont à chercher en des domaines où on ne les attendrait pas forcément. En marge de cette matérialité, à la lisière du cadre naturel, un aménagement infiniment plus vaste est largement redevable aux Gaulois, celui du paysage. Ce sont eux qui, les premiers, l'ont modelé de façon presque définitive. Les populations néolithiques avaient abondamment puisé dans les ressources naturelles, ne laissant derrière elles que jachères, brûlis, pacages en cours de reboisement, forêts à peine essartées et privées de leurs plus belles futaies. Dès le début du second âge du fer, en Gaule Celtique et en Champagne, et, un siècle plus tard, en Belgique et dans le reste de la Gaule, les Gaulois entreprennent de mettre à contribution tous les terroirs agricoles disponibles. Ils sélectionnent les forêts qui seront préservées et soigneusement utilisées pour fournir le principal matériau de construction. Ils défrichent les sols qui deviendront terres arables et pâtures mais nivellent aussi lentement le relief où se formeront terrasses et talus à l'aide de haies et de murettes. Dès les IIIe et IIe siècles, une grande partie du territoire français acquiert ainsi une physionomie qui est celle que nous connaissons aujourd'hui, à l'exception des concentrations urbaines qui maintenant la ponctuent. À l'époque romaine, ce paysage fut largement respecté. Au Moyen Âge, friches, forêts investirent à nouveau une part des terres cultivées ou pâturées mais peu à peu, après plusieurs siècles, les paysans retrouvèrent les aménagements de leurs lointains ancêtres. La mosaïque de champs, de pâtures, de forêts et de bois, parfois encadrés comme dans un vitrail de haies épaisses, de talus abrupts et de cours d'eau maîtrisés, est probablement le plus sûr héritage que nous ont légué les Gaulois. On ne le voit pas, on l'oublie, mais il est présent. À l'image peut-être d'une civilisation qui s'est sans cesse dérobée à l'histoire.

Associés à ce paysage, et tout aussi discrets, les toponymes masquent leur lointaine origine, peut-être parce que depuis deux millénaires, ils répètent leur même mélodie devenue trop familière. Ils nous parlent pourtant de ceux qui les tirèrent de leur langue. Chacun connaît Paris, Bourges, Reims, Trêves, Amiens. Qui sait que ces noms ne sont autres que ceux des peuples qui occupaient deux mille ans plus tôt leur emplacement, Parisii, Bituriges, Rèmes, Trèvires, Ambiens ? Mais à ces noms à l'origine transparente il faut ajouter ceux encore dont la filiation est moins aisément reconnaissable : les Abrincates d'Avranches, les

Andécaves d'Angers, les Ausques d'Auch, les Bellovaques de Beauvais, etc. La liste est longue. S'y ajoutent aussi les noms des régions qui tirent leur origine d'autres peuples gaulois : l'Auvergne des Arvernes, le pays de Caux des Calètes, le Périgord des Pétrocores, le Poitou des Pictons. Enfin, les tribus qui composaient ces peuples ont aussi laissé leur nom dans ceux de villes ou de « pays », ces minuscules régions directement héritées des *pagi* gaulois. Senlis nous vient ainsi du nom des Silvanectes, tribu des Suessions, le pays de Buch des Boïates, le Médoc des Médulles.

Toute une part de notre actuelle toponymie est donc redevable à la lointaine géographie humaine des Gaulois. Ces noms, pour la plupart, se sont forgés sous l'Empire romain et au début du Moyen Âge par abréviation : ce qui permettait de distinguer les noms des chefs-lieux de cité était moins évidemment les *Augusta*, *Augustomagus*, *Caesarodunum*, *Caesaromagus* que le nom du peuple qui leur était associé. Ainsi les génitifs pluriels *Suessionum*, *Auscorum* se sont-ils substitués à celui qui les associait étroitement à l'empereur. Mais les Gaulois eux-mêmes ont donné à de simples lieux ou à des phénomènes naturels des noms encore demeurés jusqu'à nous. Les doux noms de « Vivonne », « Pinsonne », « Bièvre », qui faisaient les délices musicales de Marcel Proust ainsi que l'objet des étymologies fantaisistes de son héros Brichot, ont gardé, comme enchâssés en eux, les mots gaulois *onno* (« rivière ») et *biber* (« castor »). Évidemment, la liste des rivières à l'identité celtique est beaucoup plus vaste : « amicale » Charente, Oise et Isère « sacrées », Marne « la Mère », « divine » Divonne, Doubs « noir » et « tranquille » Thève. Puis vient toute la cohorte des lieux dont le nom dérive des aménagements anciens : les Nanteuil ou « clairières de la vallée », les innombrables *dunum* (« ville » ou « forteresse ») encore perceptibles dans Lyon (Lugdunum), Châteaudun, Verdun, les *briga*, les *magus* qui entrent dans la composition de dizaines de noms de villes et de villages. Héritages invisibles pour beaucoup et pourtant compagnons de notre vie quotidienne, ils donnent à nos lieux de vie une âme dont le mystère agréable tient certainement à leur lointaine origine et à l'usure de vingt siècles de répétitions qui ne parvient toutefois pas à effacer leurs sonorités celtiques.

La persistance de ces toponymes soulève la question de la langue. Camille Jullian, dans son *Histoire de la Gaule*, écrivait : « De toutes les choses de la Gaule qui nous échappent, la langue est à coup sûr celle que nous ignorons le plus. » Cette affirmation pessimiste n'était pas tout à fait juste, elle l'est moins encore de nos jours. La très médiocre connaissance que nous avons des parlers gaulois ne doit nullement être interprétée comme la preuve de leur totale disparition. Des mots gaulois ont persisté dans notre vocabulaire. Il est vrai qu'ils sont peu nombreux : une centaine dont l'origine est certaine auxquels s'ajoutent une cinquantaine d'autres pour lesquels elle est probable. On y trouve des mots aussi familiers que « alouette », « ardoise », « auvent », « bec », « bercer », « boue », « bouge », « bruyère », « caillou », « cervoise », « change », « char », « charpente », « charrue », « chemin », « chêne », « claie », « gaillard », « glaise », « gober », « gosier », « grève », « if », « jarret », « jambe », « lande », « mouton », « raie » (au sens de « sillon »), « ruche », « souche », « suie », « talus », « trogne », « truand », « truie », « vanne ». Beaucoup sont aujourd'hui très peu usités ou relèvent d'un vocabulaire spécialisé : « alisier », « alose », « arpent », « banne », « benne », « bief », « bille » (au sens de « tronc d'arbre »), « bouleau », « braie », « combe », « coule », « dru », « glaner », « gouge », « jante », « lauze », « lieue », « marne », « saie », « soc », « tan, tanin, tanner », « tarière ». Des mots tels qu'« ambassadeur » et « vassal » ont subi beaucoup de déformations et sont passés dans une langue voisine – l'italien pour le premier – avant d'être adoptés par notre langue. Mais le plus grand nombre de mots gaulois encore vivants subsistent sur un territoire restreint et perpétuellement menacé, celui des dialectes et des patois régionaux. Ainsi, à travers ce vocabulaire, les Gaulois participent encore d'une histoire inconsciente et secrète. Alain Rey, dans le *Dictionnaire historique de la langue française*, n'écrit-il pas : « la présence gauloise est, sinon infime, du moins imperceptible et très profonde en français » ?

Outre le vocabulaire d'origine gauloise, notre langue offre d'autres persistances, peut-être redevables à nos lointains ancêtres.

On pense naturellement à la syntaxe mais l'indigence actuelle de sa connaissance pour le gaulois interdit quasiment d'en rechercher la filiation. En revanche, on peut se demander si l'esprit de la langue ne doit pas quelque chose au gaulois. Il est généralement admis que le français est l'héritier du latin, mais les linguistes relativisent cette affirmation en précisant que le français est une langue romane issue du « latin populaire » ou « latin parlé ». Ils supposent en effet que dans l'Empire romain, et plus particulièrement en Gaule, les habitants utilisaient une langue assez différente de celle que l'on connaît par la littérature classique, et par des auteurs tels que Cicéron et César. Le vocabulaire était à peu près le même mais la syntaxe était plus relâchée. Les cas n'étaient sans doute pas toujours respectés, surtout quand des prépositions facilitaient la compréhension. Enfin, le système verbal devait être très réduit. Les linguistes estiment que dans la *Romania* – ensemble territorial européen où se sont épanouies les langues romanes –, la langue de substrat, c'est-à-dire la langue évincée par celle du conquérant, qui eut le plus d'influence fut précisément le gaulois : les domaines de la morphologie, de la prononciation et peut-être de la syntaxe en gardent les traces évidentes. C'est à lui qu'on devrait, entre autres, la transformation du *u* latin – prononcé [ou] – dans le *u* prononcé [ü] qui est une des particularités les plus étonnantes de la langue française. Mais c'est dans la conception même de la langue – dont la syntaxe n'est que la traduction grammaticale – que la différence entre français et latin dérive sans doute d'une différence du même ordre entre le gaulois et le latin. Jules Marouzeaux exprime fort bien ces conceptions opposées :

> La phrase latine nous apparaît à l'égard de la construction comme fondamentalement différente de la langue française. Le français tend à joindre dans l'énoncé les éléments qui sont unis par la construction et à les présenter dans un ordre satisfaisant pour l'esprit. Le latin se complaît à dissocier les appartenances syntaxiques [...]. La phrase latine est une charade, ou même une combinaison de charades emmêlées et entrecroisées, qui demande à l'esprit de s'embarrasser sans cesse de données nou-

velles. La phrase française est une suite d'explications dont chacune se classe avant que la suivante ne soit amorcée.

Il ne fait nul doute que les Gaulois s'approchaient plus de la seconde façon de s'exprimer que de la première et que ce sont eux qui, dès le départ, c'est-à-dire dès la réception de la langue latine, lui ont donné cette inflexion demeurée dans la langue française. Le latin est une langue pour des esprits logiques amateurs de jeu, le français est, par excellence, la langue de l'esprit cartésien.

De l'esprit de la langue gauloise à l'esprit gaulois, il n'y a qu'un pas. On songe inévitablement à ce qui en serait la caricature, la gauloiserie. Celle-ci ne concerne que de très loin ce qui nous préoccupe. Le mot n'a été inventé que fort tard – il est attesté pour la première fois en 1865 – comme substantif pour le sens très particulier de l'adjectif « gaulois » (plaisant, licencieux, comique) qui a pris naissance au XIVe siècle par confusion et assimilation. Ce *galoy* n'est devenu *gaulois* qu'au XVIIe siècle : il dérive du verbe d'ancien français *galer* (« se réjouir »). Longtemps après, on a imaginé qu'il faisait référence à la prétendue liberté de mœurs des Gaulois. L'esprit qui nous intéresse ici désigne non seulement les aptitudes intellectuelles mais aussi une façon générale d'appréhender le monde. La pauvreté relative des connaissances sur la civilisation gauloise pourrait laisser croire qu'on ignore tout ou presque de cet esprit gaulois. Ce n'est pas tout à fait vrai. Par chance, Poseidonios d'Apamée s'était livré à un portrait à la fois moral, psychologique et intellectuel des Gaulois.

Par malheur, ce passage de son œuvre n'a pas été conservé dans son intégralité. Mais Diodore de Sicile et Strabon l'ont résumé. Diodore ne retient que deux traits qui lui paraissent marquants et bien résumer sa source : « Ils ont une intelligence vive et une véritable aptitude pour les sciences. » Strabon, au contraire, n'a gardé que les caractères qui illustrent directement son propos. Selon lui, leurs aptitudes intellectuelles sont en grande partie redevables à l'influence romaine et n'ont rien des possibilités naturelles et latentes qu'y voyait Diodore : « On peut les persuader aisément de faire des choses utiles, si bien qu'ils s'affrontent même aux arts libéraux et à l'éloquence. » Cette condescendance inspire également son rapide portrait moral : « la race *gallique* ou *galatique* [...] est simple et sans vice », « ils sont francs et droits ». Ces caractères, qui étaient assurément des qualités aux yeux du philosophe grec Poseidonios, passent pour une preuve de rusticité auprès du géographe acquis à la cause romaine. Ce qu'il retient surtout, ce sont tous les éléments de caractère qui peuvent servir d'explication aux relations tumultueuses des Gaulois avec Rome.

> Cette race [...] a la folie de la guerre, elle est ardente et toujours prompte à se battre [...]. Ils sont faciles à vaincre pour qui veut les combattre par la manœuvre : il suffit qu'on provoque leur colère par n'importe quel prétexte au moment et à l'endroit désiré pour qu'on les trouve prêts à tout risquer sans aucun secours que leur force et leur audace.

Ainsi, tantôt Strabon présente les Gaulois comme des sortes de bons sauvages, en mentionnant toutefois leurs incompréhensibles excès : « Leur irréflexion s'accompagne aussi de barbarie et de sauvagerie, comme si souvent chez les peuples du Nord », écrit-il pour expliquer leur tradition aberrante du sacrifice humain. Tantôt il en fait de grands enfants qui ne parviennent pas à atteindre la maturité : « À la simplicité et à l'exubérance des Gaulois s'ajoutent beaucoup d'irréflexion, beaucoup de vantardise et une grande passion pour la guerre. » On comprend mal alors pourquoi ces Barbares infantiles font preuve d'un sens inné de la justice, une préoccupation qui est plutôt le propre des hommes civilisés : « Leur caractère simple et droit les pousse à soutenir toujours les protestations de leurs voisins qu'ils croient victimes de quelque injustice. » La raison en est simple : Poseidonios d'Apamée s'était livré à une étude très détaillée de l'esprit gaulois, enrichie d'exemples concrets et remontant loin dans le temps chaque fois que la documentation le permettait. Les citations faites un peu au hasard par Strabon ne reflètent donc nullement la construction scientifique à laquelle était parvenue sa source. Poseidonios cherchait dans cet esprit gaulois une illustration de sa théorie de l'influence du climat sur les hommes ; il distinguait donc Belges du Nord, Celtes du Centre de la Gaule, Aquitains et Gaulois de la province romaine. Il tentait aussi d'en brosser l'historique : cet esprit avait évolué au cours du temps. Autant de nuances, de subtilités qui ont disparu de la pâle copie qu'en a faite Strabon.

Pour les Grecs et les Romains, il y avait donc bien un esprit gaulois qui se distinguait de celui des autres peuples. Les Gaulois, doués ni pour le commerce ni pour l'agriculture, leur semblaient des hommes simples, d'une seule pièce, n'usant ni de la tromperie ni du calcul, ouverts aux autres, bavards et vantards, facilement irascibles mais d'une colère active qui les portait à un besoin constant de justice et souvent à la guerre. Ces traits moraux et psychologiques conditionnaient leurs aptitudes intellectuelles : leur simplicité et leur ouverture d'esprit modelaient leurs capacités d'assimilation et de reproduction pour les connaissances et les techniques qu'ils découvraient chez leurs voisins, tandis que leur franchise et leur goût du risque les conduisaient naturellement à toutes les expérimentations.

Dans beaucoup de ces traits, on pourrait reconnaître bien des caractères qui font le charme – quand ils n'exaspèrent pas – des actuels Français que l'on dit volontiers vantards, « grandes gueules », à la fois querelleurs et soucieux de justice. Tocqueville écrivait déjà : « L'égalité est une passion française. » C'est certainement ce que pensent nos voisins qui, depuis le Moyen Âge, ont repris à notre propos l'antique image, guère valorisante, du coq gaulois, cet animal imbu de lui-même, vociférant au milieu de la basse-cour, dressé sur ses ergots plantés dans le fumier. La persistance, au cours du temps, de cette image devenue un emblème national « subie avant d'être assumée », ainsi que l'écrit Miche Pastoureau, a peut-être sa vérité. Le choix de l'assimilation du Gaulois puis du Français à cet animal, un peu ridicule, même s'il repose initialement sur le jeu de mots *gallus* (coq)-*Gallus* (Gaulois), n'a rien d'anodin. Il tranche singulièrement avec les animaux nobles qui symbolisent nos deux plus puissants voisins, le léopard anglais et l'aigle allemand. Cet « animal quelque peu négatif : vaniteux et batailleur, coléreux et lubrique, sot, fanfaron, sensible à la flatterie » (Pastoureau), convoqué par les Romains pour singer le Gaulois, redécouvert par les ennemis des rois de France et ceux de la République, répond à des critères qui paraissent évidents à ceux qui nous entourent.

Doit-on pour autant imaginer une longue filiation qui, à travers le temps, nous transmettrait la quintessence de cet esprit gaulois ? Ne serait-ce pas admettre qu'il existe des traits de caractère innés, comme il en est de caractères physiques ? Ce serait une nouvelle forme, non moins acceptable, de racisme. En réalité, ce que donnent à voir les témoignages antiques sur les « Gaulois », comme les caricatures médiévales, ce sont plus certainement des caractères acquis culturellement. Autrement dit, un regard que l'autre pose sur nous et que nous acceptons, de la même manière que, à d'autres époques, les Gaulois puis les premiers Français reçurent, comme en miroir, l'image que leur renvoyaient leurs ennemis. Celui-là comme celle-ci font partie intégrante de notre identité.

CHAPITRE III

Les Gaulois et nous
Une identification toujours en question

La dernière idée reçue qu'il reste à examiner est la plus paradoxale et la plus problématique. Elle est aussi la plus tenace car elle s'ancre dans le passé le plus lointain, de façon insidieuse. Son message pourrait se résumer ainsi : « Les habitants de la France actuelle sont depuis toujours des Gaulois. » Il ne s'agit ni d'une thèse historique clairement affirmée ni d'une croyance nationaliste mais d'une sorte de raccourci de la pensée qui surgit dans les métaphores, les caricatures, voire les insultes, au gré du temps, généralement dans les périodes difficiles de notre histoire. L'idée, souvent réduite à sa plus simple expression dans sa formulation, est d'autant plus difficile à comprendre qu'on ne sait pas vraiment qui en est l'auteur. Est-ce l'autre qui nous voit ainsi, nous, Français, sous l'apparence du Gaulois ? Est-ce nous qui revendiquons, sans le dire, un héritage et une qualité attachés à cette figure ? Les formes anecdotiques qu'elle revêt au hasard des circonstances et des époques révèlent bien, en tout cas, le besoin de l'identification que nous partageons avec nos voisins. À certains moments, ces derniers, comme nous-mêmes, éprouvons la nécessité de projeter sur nous l'image du Gaulois, tantôt inquiétante, tantôt ridicule, mais qui peut aussi nous rassurer. Bien évidemment, derrière cette identification imposée et plus ou moins assumée, se tapit le problème toujours actuel de notre identité.

L'idée de l'assimilation du territoire de la France à ceux qui l'occupèrent dans la plus ancienne Antiquité est aussi vieille que l'apparition des Gaulois sur la scène historique. On la doit évidemment aux Romains, leurs ennemis héréditaires. C'est au début du IVe siècle avant J.-C. que ces derniers découvrent, d'une manière dramatique et brutale, l'existence de peuples puissants dont ils ignoraient auparavant quasiment tout et qu'ils ne savaient pas situer dans l'espace avec précision. Ils sont les premiers à appeler *Galli* ceux que les Grecs dénommaient du terme de *Celtae*. Probablement installés depuis quelque temps au nord du Pô, ces peuples assez divers par leur origine et les liens qu'ils établirent avec les populations indigènes se virent donc regroupés comme une même entité dont la réalité ethnique et politique est loin d'être une évidence. Conscients du danger que ces populations faisaient courir à leur entreprise en Italie centrale, ayant appris qu'elles recevaient du secours de tribus situées cette fois au nord des Alpes, les Romains cherchèrent l'origine de ces Celtes qui avaient fait le siège de Rome et offraient leurs services de mercenaires aux autres populations italiques, une source d'approvisionnement guerrier qui paraissait intarissable. S'adressant aux historiens et géographes grecs, ils comprirent que les peuples celtes les plus puissants résidaient dans le Centre de la France, un territoire que ses habitants appelaient *Celticum*, version latinisée du gaulois *Keltikon*. Tous ces peuples divers sont alors également et de façon arbitraire qualifiés de « Gaulois ». On les distinguera désormais de ceux résidant en Italie par l'adjectif « transalpins », le terme « cisalpins » étant réservé à ces derniers. Le souci de simplification des hommes politiques romains répond à un procédé de généralisation, habituel quand il s'agit de peuples réputés barbares, qui fait des Gaulois une masse indistincte et confuse, aussi dangereuse qu'éloignée des vertus de la civilisation. Il paraît donc nécessaire de lui attribuer un territoire propre : ce sera la *Gallia*.

Ainsi, deux siècles avant que la Gaule ait acquis la physionomie que décrit Poseidonios d'Apamée, pour des raisons que nous qualifierions aujourd'hui de géopolitiques, les Romains avaient eu la conception d'une Gaule homogène et fermée. Il n'est pas impossible – mais cela reste difficile à vérifier – que cette idée reçue des Romains ait eu sa propre influence sur l'émergence du sentiment d'un espace politique commun étendu à toute la Gaule chez les Gaulois eux-mêmes.

Après la conquête romaine, les Romains administrateurs du pays cherchèrent à briser l'identité gauloise en découpant le territoire en provinces distinctes, auxquelles se rattachaient des cités au statut variable. Cependant le pays entier, des Pyrénées au Rhin et de l'Océan aux Alpes, continua de s'appeler la Gaule, ou les Trois Gaules pour l'administration. On l'a vu, les Gaulois se considéraient surtout comme les membres des anciens peuples transformés en cité gallo-romaine et ils gardèrent le sentiment d'habiter un même pays, tout en se revendiquant citoyens de l'Empire romain. Avec l'administration romaine, ils obtinrent même ce qu'ils n'avaient jamais connu : une métropole commune, presque une capitale. C'est Lyon, *caput Galliarum*. Ainsi, les Romains, malgré leur ingéniosité, et à cause du poids de l'histoire et de la méconnaissance des leurs en matière de géographie, renoncèrent à transformer l'identité gauloise. Strabon reconnaît même que ce pays s'affirme par son « accord harmonieux [...], témoignage de la providence, manifestée dans le fait que ces lieux ont été disposés non pas par l'effet du hasard, mais selon un plan en quelque sorte logique ». Bien longtemps après, à la fin de l'Empire romain, l'historien Ammien Marcellin s'exprime en des termes semblables : « Des remparts les enserrent [les Gaules] de toutes parts, disposés par la nature comme par la main de l'homme. » Ainsi que l'écrit Camille Jullian : « Géographes, rédacteurs d'actes officiels, historiens, rhéteurs, maîtres d'école appliquaient constamment ces noms ["Gaule" et "Gaulois"] à tout ce qui vivait entre le Rhin et les Pyrénées. »

Cette conscience historique d'un pays dont ils sont les occupants légitimes, ses habitants la conservent encore lors des grandes invasions, puisque leurs voisins, comme eux, l'appellent « Gaule ». Cependant, le sentiment d'être Gaulois ne résiste pas à l'arrivée de peuples étrangers, divers, et qui dominent partout la population indigène. Après une période où les différentes tribus barbares se partagent le territoire en imposant parfois leur nom à la région qu'ils ont conquise – la Bourgogne, par exemple, doit son nom aux Burgondes –, les Francs unifiés par Clovis se répandent sur une grande partie du territoire, après avoir annexé le royaume gallo-romain de Syagrius, et donnent leur nom au pays. À ce moment commence précisément l'histoire de France. Ses habitants n'ont pas pour autant l'impression d'être eux-mêmes devenus tous des Francs mais, assurément, ils ne se perçoivent plus comme des Gaulois. Ceux qui, dans les siècles qui suivent, commencent à se dénommer eux-mêmes « Français » auraient alors dû perdre toute conscience d'une filiation avec les habitants antiques de leur pays. Mais cela aurait été sans compter sur les historiens et géographes antiques qui, dès les environs de l'an mil, rappellent aux habitants de la France leur identité gauloise. Alors qu'il ne reste plus rien du souvenir des Gaulois dans les traditions orales ni dans de quelconques vestiges matériels identifiables, l'œuvre de Jules César, celles de Pline et d'Orose qui commencent à être largement diffusées chez les lettrés leur apprennent qu'antérieurement le pays s'appelait Gaule, ses habitants Gaulois et que ces derniers n'avaient pas seulement été battus et conquis par les Romains mais qu'ils s'étaient d'abord répandus dans tout le Bassin méditerranéen et avaient ravagé l'Italie. La préface demeurée célèbre de l'*Historia Francorum* d'Aimoin, abbé de Fleury, dans les dernières années du Xe siècle, marque à cet égard une étape importante. Il est le premier à suggérer que la Gaule et la France sont une seule entité géographique. Il propose même une comparaison avec la Germanie, autre entité géographique qui entretient un lien encore plus évident avec ses occupants antiques, puisqu'elle a gardé jusqu'en 1024 le nom de Royaume de Germanie.

Certes, jusqu'à la Renaissance, il ne fait pas de doute pour la très grande majorité que les Français descendent des Francs. Cependant, la découverte d'une Gaule précédant et préfigurant la France complique singulièrement le sentiment identitaire. Comme la légende de l'origine troyenne, l'intérêt pour les Gaulois, quasi refoulé par une orthodoxie généalogique, témoigne d'un besoin profond de s'ancrer aussi loin que possible dans l'histoire universelle. Il est d'autant plus fort que les écrits antiques lui offrent le témoignage de peuples puissants, guerriers, souvent glorieux et qui n'avaient rien à envier aux Francs qui leur ont succédé, quand les chroniqueurs médiévaux ne se nourrissaient presque exclusivement que de légendes. À cela, s'ajoute le sentiment simple et rassurant que des peuples qui, un millénaire et demi plus tôt, ont habité pendant plusieurs siècles notre pays ne peuvent pas nous être totalement étrangers. C'est pourquoi la nouvelle thèse, selon laquelle les Francs seraient une fraction de Gaulois ayant fui la Gaule à l'approche de César pour y retourner quelques siècles plus tard, connut un succès qui serait sinon incompréhensible. Elle établit enfin une continuité parfaite dans le peuplement du pays, des Gaulois aux Français en passant par les Francs. Elle fait même de la conquête et de l'occupation romaines un accident de l'histoire qui n'a pas brisé l'identité gauloise-française et lui fut même bénéfique, puisqu'il s'est accompagné de progrès techniques.

Cette récriture de l'histoire aurait pu connaître une certaine longévité et recevoir peu à peu un accueil favorable des classes populaires, si elle n'avait été corrigée au profit de la noblesse dès le début du XVIIIe siècle par Henri de Boulainvillers. Le peuple qui n'a pas directement accès aux ouvrages historiques, encore moins à ceux de langues latine et grecque, ne peut s'approprier pleinement son ascendance gauloise et devra, pour le faire, attendre les bouleversements politiques de la Révolution française. Mais ces querelles idéologiques n'auront pas seulement retardé cette échéance, elles ont surtout dissuadé les intellectuels de se pencher sérieusement sur l'antiquité nationale. Poursuivant la tradition commencée par les humanistes de la Renaissance, ils ne s'intéressent guère qu'aux civilisations grecque et romaine qu'ils considèrent comme les mères des principaux progrès techniques mais aussi des arts et de la philosophie. Le dégoût d'un Voltaire pour les Gaulois, images d'un monde barbare et antérieur à la naissance de la civilisation, est tacitement partagé par Montesquieu et les encyclopédistes. La raison en est simple : l'homme, l'objet de leur réflexion, est évidemment beaucoup plus proche de la figure du bourgeois telle qu'elle va se dessiner au cours du siècle suivant que de celle de l'homme du peuple. Or dans ces Gaulois que décrit la littérature antique et particulièrement la *Guerre des Gaules*, il est difficile à un noble d'y reconnaître son semblable, à un humaniste de trouver son lointain équivalent. C'est pourtant ce qu'avaient réussi à faire, dès la Renaissance, quelques juristes de province : ils avaient vu dans les druides des modèles pour une justice plus morale qui ne soit pas soumise à l'autorité d'un pouvoir central.

Au contraire, il fut plus aisé aux révolutionnaires de découvrir dans les Gaulois des prédécesseurs étonnamment précoces. La résistance, l'héroïsme, la soif de justice, le refus de l'ordre établi, une certaine indiscipline même, pouvaient passer pour des modèles auxquels plus de mille ans de royauté n'avaient guère habitué le peuple. Mais surtout, le tiers état, nouvellement reconnu, retrouvait dans les habitants immémoriaux de l'ancienne Gaule ses propres ancêtres. Une fusion harmonieuse entre les Français et les Gaulois était d'autant plus envisageable que les nations voisines depuis le Moyen Âge les assimilaient implicitement, à travers la figure du coq. Les historiens des cours royales réactivaient le jeu de mots sur *gallus*. Tout d'abord raillerie des velléités guerrières des souverains français, le volatile devint un emblème revendiqué par Louis XIII, Henri IV et surtout Louis XIV. L'Église elle-même avait été mise à contribution pour redorer ce symbole à l'aide de références chrétiennes, notamment l'épisode du reniement de saint Pierre. L'image du Gaulois, adoptée avec enthousiasme par le tiers état, était acceptable pour les représentants des deux autres ordres.

Étrangement, la prise en charge de l'antiquité nationale par une histoire se constituant en discipline autonome et rigoureuse dans les décennies qui suivent fait perdre aux Gaulois ce que la Révolution française avait révélé en eux de vivant, d'actuel, de charnel même. Ils deviennent immédiatement un enjeu politique et idéologique qui dissimule la fraîcheur que le texte de César leur gardera à jamais. Ils ne constituent déjà plus un univers entièrement à découvrir mais servent d'exemples, de modèles. Les romantiques en font des héros désincarnés dont ils attendent seulement qu'ils investissent les décors de carton-pâte de leur imagination, les forêts primaires des temps anciens, les phénomènes d'une nature que l'homme n'a pas encore maîtrisée. Les historiens de la même époque, encore soumis aux contingences de la politique, trouvent en eux des figures types, propres seulement à incarner les valeurs fondamentales : le patriotisme, l'esprit de résistance et, curieusement, le sens de l'unité nationale. Parce qu'ils ne sont prétexte qu'à la projection des fantasmes de ceux qui les réquisitionnent au gré des événements et des modes, ils ne sont plus que des images. Et il ne s'agit pas seulement d'une métaphore : pendant toute la seconde moitié du XIXe siècle et la première du siècle suivant, les gravures des premières histoires de France populaires, puis les images d'Épinal, enfin les grandes illustrations qui décorent toutes les classes primaires stérilisent la figure du Gaulois, désormais momifié avec ses grandes moustaches, des vêtements et un équipement dont la réalité chronologique est toujours fautive.

Or dans la discipline historique que fut l'histoire des Gaulois, dont l'existence, entre l'ouvrage d'Amédée Thierry et ceux de Camille Jullian, n'excède même pas cent ans, les Gaulois n'y sont en réalité pas vraiment étudiés pour eux-mêmes. Ils sont simplement une introduction, plus ou moins fouillée, à l'histoire de France qu'ils ont pour mission de justifier parmi les grandes civilisations anciennes, grecque et romaine principalement. On ne cherche nullement à questionner les rapports entre les Gaulois et leurs frères celtes, leurs cousins germains, ibères et ligures. On n'interroge guère plus leur filiation au cours des âges des métaux dont ils sont l'aboutissement. Les Gaulois sont toujours vus par rapport aux autres, les Français à la riche histoire qui leur succéderont, leurs voisins civilisés aux brillantes cultures. Il ne faut donc pas s'étonner que l'enseignement temporaire – il s'est éteint à la fin du siècle précédent – de l'histoire des Gaulois ait surtout suscité des vocations de médiévistes, d'hellénistes et de latinistes. L'archéologie des Gaulois est demeurée une passion pour amateurs éclairés, sans lien avec l'histoire universitaire. Aucune volonté politique n'a jamais eu, sauf brièvement à la fin du règne de Napoléon III, le projet d'associer intimement ces deux types de recherche. Il y a vingt ans déjà, Fernand Braudel s'insurgeait contre le jugement qui se voulait définitif de Michelet, selon lequel « la Gaule est perdue comme l'Atlantide », et se proposait de faire revivre la Gaule celtique. La nouvelle histoire de la Gaule, à laquelle l'introduction de cet ouvrage appelait, demeure entièrement à faire.

En réalité, les Gaulois ne trouvent pas leur place entre nous et les autres. Ils sont comme ces peuples qu'on disait, il y a peu encore, « primitifs ». Ils nous paraissent trop éloignés de ce que nous sommes. Mais au fond, nous savons bien qu'ils nous ressemblent. Nous voudrions effacer ce qu'il y a en eux de « trop humain », comme disait Nietzsche, cette animalité première et inquiétante enfouie en chacun. Une telle attitude à leur égard n'est pas nouvelle. Poseidonios, dans le portrait psychologique et moral qu'il brosse, ne pouvait s'empêcher, après avoir vanté leurs qualités de simplicité, de franchise et d'ouverture d'esprit, de signaler qu'il y avait en eux du « barbare et du sauvage ». Ignorait-il que ces défauts pouvaient aussi être reprochés à beaucoup de ses congénères, comme nous pourrions les blâmer encore chez un certain nombre de nos contemporains, vingt et un siècles plus tard ? De même qu'on est toujours le « primitif » d'un peuple qui se prétend plus civilisé, nous sommes toujours les Gaulois des autres.

C'est pourquoi nos rapports de parenté avec les Gaulois sont si compliqués. Ils sont nos ancêtres de circonstance, quand l'air du temps et les événements les rendent convenables. Mais même alors, ils ne le sont que superficiellement. Nous admettons qu'ils soient nos lointains ancêtres, un peu exotiques, très folkloriques, mais nous ne voyons pas en eux de vrais pères.

La longue traversée du désert d'un demi-siècle que viennent de connaître les Gaulois s'assimile peu ou prou à la mise à mort du père, en langage freudien. Il est donc temps désormais de poser un regard d'adulte sur cette petite enfance de notre humanité.

Bibliographie

Textes antiques

Tous les textes antiques mentionnés dans l'ouvrage ne sont pas disponibles dans des éditions récentes. Il faut parfois se reporter à des éditions étrangères ou avoir recours à des recueils d'extraits choisis.

Par souci d'exactitude, nous avons nous-même bien souvent proposé notre propre traduction, plus littérale et qui rend mieux compte des réalités gauloises.

On trouvera une excellente édition des ouvrages suivants dans la « Collection des universités de France », publiée aux Belles Lettres :

Ammien Marcellin, *Histoires*, livres XIV-XVI.
Appien, *Histoire romaine.*
Callimaque, *Hymnes. Épigrammes. Fragments.*
César, *Guerre des Gaules.*
Cicéron, *Discours*, tome VII, *Pour M. Fonteius*, *Pour A. Cecina*, *Sur les pouvoirs de Pompée.*
Denys d'Halicarnasse, *Antiquités romaines.*
Hérodote, *Histoires.*
Lucain, *La Guerre civile. La Pharsale.*
Pausanias, *Description de la Grèce*, tome I.
Pline l'Ancien, *Histoire naturelle.*
Plutarque, *Vies*, tome IX, *Alexandre*, *César.*
Polybe, *Histoire*, livres II et III.
Silius Italicus, *La Guerre punique.*
Strabon, *Géographie*, livres III et IV.
Tite-Live, *Histoire romaine.*

Les œuvres des auteurs grecs concernant la Gaule ont été recueillis par Éd. Cougny, *Extrait des auteurs grecs concernant l'histoire et la géographie des Gaules*, Paris, Librairie Renouard, 1878-1886 (rééd.

Paris, Errance, 1986-1993, uniquement la traduction). On y trouvera les textes de Diodore de Sicile, Timagène, Dion Cassius, Flavius Josèphe, Arrien.

Les extraits retrouvés de l'œuvre de Poseidonios d'Apamée ont fait l'objet d'une édition savante en langue anglaise :

Posidonius, tome I, *The Fragments* (éd. L. Edelstein et I.G. Kidd), Cambridge, Cambridge University Press, 1972 ; tome II, *The Commentary* (éd. I.G. Kidd), Cambridge, Cambridge University Press, 1988 ; tome III, *The Translation of the Fragments* (éd. I.G. Kidd), Cambridge, Cambridge University Press, 1999.

Histoire de la Gaule

J.-L. Brunaux, *Les Gaulois*, Paris, Les Belles Lettres, « Guide Belles-Lettres des civilisations », 2005.
A. Grenier, *Les Gaulois*, Paris, Payot, « Petite bibliothèque Payot », 1970.
Am. Thierry, *Histoire des Gaulois*, Paris, Librairie académique Didier, 1881, 10e éd.
Chr. Goudineau, *César et la Gaule*, Paris, Errance, 1990.
–, *Par Toutatis ! Que reste-t-il de la Gaule ?*, Seuil, « L'Avenir du passé », 2002.
C. Jullian, *Histoire de la Gaule*, Paris, Hachette, 1993 (1re éd. 1927).
F. Lot, *La Gaule*, Paris, Arthème Fayard, 1947.
A. Momigliano, *Sagesses barbares*, Paris, François Maspero, 1979.
A. Piganiol, *La Conquête romaine*, Paris, PUF, « Peuples et civilisations », 1967 (5e édition).
E. Thévenot, *Histoire des Gaulois*, Paris, PUF, « Que sais-je ? », 1946.

La Gaule, pays et nation

F. Lot, *La Gaule. Les fondements ethniques, sociaux et politiques de la nation française*, Paris, Fayard, 1947.
K. Pomian, « Francs et Gaulois », in P. Nora (dir.), *Les Lieux de mémoire*, Paris, Gallimard, « Quarto », 1997, tome II, p. 2245-2300.
M. Pastoureau, « Le coq gaulois », in P. Nora (dir.), *Les Lieux de mémoire*, Paris, Gallimard, « Quarto », 1997, tome III, p. 4297-4319.
K.F. Werner, *Les Origines. Avant l'an mil*, in J. Favier (dir.), *Histoire de France*, tome I, Paris, Fayard, 1984.

Art

G. Bataille, « Le cheval académique », *Documents*, n° 1, 1929, p. 27-31 (reproduit dans *Œuvres complètes*, tome I, Paris, Gallimard, 1979, p. 159-163).
P.-M. Duval, *Les Celtes*, Paris, Gallimard, « L'Univers des formes », 1977.
P. Jacobsthal, *Early Celtic Art*, Oxford, Clarendon Press, 1944 (rééd. Oxford, Oxford University Press, 1969).
L. Lengyel, *L'Or gaulois dans les médailles*, Paris, Corvina, 1954.
A. Malraux, *Psychologie de l'art. La Monnaie de l'Absolu*, Paris, Albert Skira, 1950.
S. Moscati, *I Celti*, Milano, Bompiani, 1991 (catalogue de l'exposition du Palazzo Grassi à Venise).

Religion

P. Arcelin et J.-L. Brunaux, « Lieux et pratiques du culte en France à l'âge du fer » (dossier sous la direction de P. Arcelin et J.-L. Brunaux), *Gallia*, n° 60, 2003.
J.-L. Brunaux, *Les Druides. Des philosophes chez les Barbares*, Paris, Seuil, 2006.
–, *Les Religions gauloises. Rituels celtiques de la Gaule indépendante*, Paris, Errance, 1996 (rééd. 2000).
M. Détienne, *Les Maîtres de vérité dans la Grèce archaïque*, Paris, François Maspero, 1967.
G. Dumézil, *Servius et la Fortune*, Paris, Gallimard, 1943.
S. Reinach, *Cultes, Mythes et Religions*, Paris, Robert Laffont, « Bouquins », 1996.
J. Vendryes, *La Religion des Celtes*, Coop Breizh, 1997 (1re éd. 1948).

Société, guerre, technologie

J.-L. Brunaux, *Guerre et religion en Gaule. Essai d'anthropologie celtique*, Paris, Errance, 2004.
J.-L. Brunaux et P. Méniel, *La Résidence aristocratique de Montmartin (Oise) du IIIe au IIe siècle av. J.-C.*, Paris, Maison des Sciences de l'Homme, 1997.
O. Buchsenschutz, *Les Celtes*, Paris, Armand Colin, 2007.
H. Hubert, *Les Celtes depuis l'époque de La Tène et la civilisation celtique*, Paris, Albin Michel, « L'évolution de l'humanité », 1932 (rééd. 1973).

F. Malrain, V. Matterne et P. Méniel, *Les Paysans gaulois*, Paris, Errance, 2002.
Y. Mennez, *Une ferme de l'Armorique gauloise, Le Boissanne à Plouër-sur-Rance (Côtes-d'Armor)*, Paris, Maison des Sciences de l'homme, 1996.

Langue

G. Dottin, *La Langue gauloise*, Paris, Klincksieck, 1918.
X. Delamarre, *Dictionnaire de la langue gauloise*, Paris, Errance, 2001.
P.-Y. Lambert, *La Langue gauloise*, Paris, Errance, 1994 (nouvelle éd. révisée 2003).

Chronologie

	Périodes de l'âge du fer	**Chronologie relative**		**Événements historiques**
800 650	Premier âge du fer ou époque du Hallstatt (site éponyme en Autriche)	Hallstattien ancien Ha c		754 Fondation légendaire de Rome
475		Hallstattien récent Ha d		600 Fondation de Massalia (Marseille)
375	Deuxième âge du fer ou époque de La Tène (site éponyme en Suisse)	Latènien ancien	LT a	387 Prise de Rome par les Gaulois
275			LT b	369-368 Mercenariat gaulois à la solde de Denys de Syracuse 335 Alexandre le Grand en Dacie 280 Expédition des Celtes en Macédoine et en Grèce
150		Latènien moyen LT c		222 Conquête romaine de la Cisalpine
25		Latènien final LT d		124 Création de la *Provincia* 58-51 Guerre des Gaules
	Époque gallo-romaine			

Index

Index thématique

Index géographique

Index des personnes

Table

QUATRIÈME PARTIE

Les relations avec Rome

CINQUIÈME PARTIE

Que reste-t-il des Gaulois ?

DANS LA COLLECTION
L'UNIVERS HISTORIQUE

(derniers titres parus)

L'Islam et la Fin des temps
L'interprétation prophétique des invasions musulmanes
dans la chrétienté médiévale
par Jean Flori
2007

Nourritures canailles
par Madeleine Ferrières
2007

Batailles
Scènes de guerre de la Table ronde aux tranchées
par Hervé Drévillon
2007

Le Saint chez le sultan
La rencontre de François d'Assise et de l'islam
Huit siècles d'interprétation
par John Tolan
2007

Enfants en exil
Transfert de pupilles réunionnais en métropole (1963-1982)
par Ivan Jablonka
2007

Histoire de la conquête amoureuse
De l'Antiquité à nos jours
par Jean Claude Bologne
2007

Pourquoi la France
Des historiens américains racontent leur passion pour l'Hexagone
sous la direction de Laura Lee Downs et Stéphane Gerson
2007

Pouvoir et Poison
Histoire d'un crime politique de l'Antiquité à nos jours
par Franck Collard
2007

RÉALISATION : PAO ÉDITIONS DU SEUIL
IMPRESSION : NORMANDIE ROTO IMPRESSION S.A.S. À LONRAI (ORNE)
DÉPÔT LÉGAL : JANVIER 2008. N° 94321-2 (08-0404)
Imprimé en France